Como criar prédios espetaculares em 16 lições:

estética e edificação

Frederico Carstens
Antonio Gonçalves Jr.

Rua Clara Vendramin, 58 . Mossunguê . CEP 81200-170
Curitiba . PR . Brasil . Fone: (41) 2106-4170
www.intersaberes.com . editora@intersaberes.com

Conselho editorial
Dr. Alexandre Coutinho Pagliarini
Drª Elena Godoy
Dr. Neri dos Santos
Dr. Ulf Gregor Baranow

Editora-chefe
Lindsay Azambuja

Gerente editorial
Ariadne Nunes Wenger

Assistente editorial
Daniela Viroli Pereira Pinto

Copidesque e edição de texto
Tiago Krelling Marinaska

Tradução para versão em inglês
Camila Rosa

Capa, projeto gráfico e diagramação
Charles L. da Silva
Realiza Arquitetura (imagem de capa)

Iconografia
Regina Claudia Cruz Prestes

Dados Internacionais de Catalogação na Publicação (CIP)
(Câmara Brasileira do Livro, SP, Brasil)

Carstens, Frederico
　Como criar prédios espetaculares em 16 lições: estética e edificação = How to create spectacular buildings in 16 lessons: aesthetics and construction/Frederico Carstens, Antonio Gonçalves Jr.; tradução Camila Rosa. Curitiba: InterSaberes, 2022.

　Ed. bilíngue: português/inglês.
　ISBN 978-65-5517-162-4

　1. Arquitetura – Aspectos ambientais 2. Arquitetura – Aspectos sociais 3. Edifícios – Projetos e plantas 4. Estética 5. Inovações tecnológicas 6. Projetos – Avaliação 7. Projetos – Desenvolvimento 8. Projetos – Planejamento I. Gonçalves Jr., Antonio. II. Título. III. Título: How to create spectacular buildings in 16 lessons: aesthetics and construction.

22-104897　　　　　　　　　　　　　　　　CDD-720.4

Índices para catálogo sistemático:
1. Prédios: Arquitetura 720.4

Eliete Marques da Silva – Bibliotecária – CRB-8/9380

1ª edição, 2022.
Foi feito o depósito legal.

Informamos que é de inteira responsabilidade dos autores a emissão de conceitos.

Nenhuma parte desta publicação poderá ser reproduzida por qualquer meio ou forma sem a prévia autorização da Editora InterSaberes.

A violação dos direitos autorais é crime estabelecido na Lei n. 9.610/1998 e punido pelo art. 184 do Código Penal.

Sumário

Inventando 10 milhões de metros quadrados, 7
Realizatur, 11

01 Desenvolva um *mindset*, 23

Lição 1   Pense grande, muito grande, 25
Lição 2   Faça ser absolutamente autoral, 45
Lição 3   Conheça profundamente a história, 61

02 Elabore estratégias, 77

Lição 4   Estabeleça o ser humano como a métrica principal, 79
Lição 5   Crie uma harmonia sustentável, 99
Lição 6   Persiga a beleza, 121
Lição 7   Mantenha a cabeça no céu sem perder o contato de seus pés com o chão, 143
Lição 8   Utilize tecnologia de ponta, 159
Lição 9   Aplique engenharia reversa, 179
Lição 10   Inove, 193
Lição 11   Desenhe, 205
Lição 12   Simule à exaustão, 215

03 Cultive atitudes, 235

Lição 13   Hierarquize as prioridades, 237
Lição 14   Harmonize as partes ao todo, 247
Lição 15   Simplifique, 263
Lição 16   Celebre seu projeto espetacular, 273

Colecionando prédios, 295
Usando a criatividade como motor da arquitetura, 297
Referências, 299
Anexo A, 309
Anexo B, 317
Os fundadores do sonho, 319
English version, 322

Dedicamos este livro às nossas famílias, que tanto nos apoiam em todos os momentos de nossa trajetória pessoal e profissional.

Agradecemos a Deus pelo dom e paixão pela arquitetura.

A nossos familiares, amigos, colaboradores, colegas, clientes e usuários de nossas criações pelo suporte e pelo carinho sempre direcionados a nós.

É impossível nominá-los um a um. No entanto, vocês certamente enxergaram seus nomes cintilando nas entrelinhas deste livro e perceberam sua participação indispensável em cada traço, projeto e pensamento deste nosso universo feito de formas, cores, texturas e emoções

"Um homem pode ser ignorante não só por ser inepto, ou por atuar erradamente, mas por sentir ou querer o que é inapropriado sentir ou querer" (Scruton, 1979, p. 37).

"A forma artística da arquitetura é logicamente uma categoria 'impura' ou 'confusa', pois contém e funde ingredientes de categorias contraditórias e até irreconciliáveis: materialidade e sentimento, construção e estética, fatos físicos e crenças, conhecimento e sonhos, passado e futuro, meios e fins. Na verdade, é difícil imaginar esforço mais complexo e internamente mais contraditório que a arquitetura" (Pallasmaa, 2014, p. 158).

Inventando 10 milhões de metros quadrados

São quatro os fatores que conferem uma base sólida a qualquer realização: o desejo, uma meta, as pessoas certas e uma grande parceria. A **Realiza Arquitetura** nutre o desejo de aliar estética e inovação em cada linha dos seus projetos. Com esses dois valores em seu DNA, a empresa tem a meta de ser disruptiva, desafiadora, criadora de uma visão arquitetônica que ecoe no tempo e, claro, no espaço. Com as pessoas certas, a organização vem materializando, há mais de 40 anos, seus projetos mais ousados. E a grande parceria foi o primeiro passo para que todos esses ingredientes se combinassem à perfeição.

Meu sócio, Antonio Gonçalves Jr., e eu estudamos juntos na Universidade Federal do Paraná (UFPR). Apaixonados pelas artes e pela arquitetura e admiradores da criatividade e dos trabalhos um do outro, logo estávamos realizando projetos juntos em equipes de trabalho de arquitetura, dinâmica muito comum na área, fazendo estágios nos melhores escritórios da cidade, comandados, para nosso privilégio, por nossos professores. Vencida a trajetória acadêmica em 1986, nossa vontade de crescer só aumentava, e logo nosso escritório estava em pleno funcionamento.

Antonio e eu começamos como estagiários, mas não demoramos para deixar nossa marca na então LR Empreendimentos, a futura Realiza. Graças a outros estágios que fizemos em vários grandes escritórios e instituições de arquitetura de Curitiba, trouxemos vários parceiros extremamente valiosos para a nossa empresa. Quando enfim nos formamos, pudemos nos tornar sócios da LR e assinar projetos.

O assunto do momento naquela época era a **arquitetura pós-modernista**. Na realidade, o grande assunto do momento era o enorme ponto de interrogação que essa nova visão arquitetônica representava. Nossos mestres (especialistas em arquitetura moderna) não nos deram nenhuma resposta. Internet? Não existia. Bibliotecas especializadas, então? A única disponível, a da UFPR, estava defasada além de qualquer defesa. A única fonte atual e confiável daquele tempo vinha literalmente do além-mar – um periódico que chegava ao Brasil de navio, quase disputado a tapas pelos profissionais da área. Essa dificuldade gerou uma oportunidade: graças a estudos feitos por conta própria, criamos o **Projeto Gérmen*** – uma iniciativa promotora de pesquisas e produção de artigos sobre arquitetura que rodaram o mundo todo.

A pergunta que sempre nos guiou desde a criação do Projeto Gérmen e que ainda fundamenta todos os nossos trabalhos é a mesma: **como ocorre a apropriação estética na arquitetura?** Perceba o seguinte: a medicina trata de aspectos relacionados à saúde, correto? O direito estuda as leis e a sua aplicação no cotidiano. E quanto à

---

*   O Projeto Gérmen era composto por Antonio José Gonçalves Jr., Aurélio Santana, Frederico Carstens, Mário César Costenaro e Rossano Lúcio Fleith (Carstens, 2002).

arquitetura? Ela estuda o processo de construção? É possível, mas essa não seria a especialidade do engenheiro? Na realidade, **a arquitetura trata da estética ligada à maior arte de todas, que são as construções**. Portanto, a arquitetura trata de um elemento da percepção humana que é intimamente ligado ao sentimento de pertencimento, do que é certo, do que é bom, e também do que é errado, do que é ruim; e tudo isso ligado a um *zeitgeist*, ao espírito de um tempo que precisa ser compreendido.

Toda essa dinâmica acadêmica, profissional e artística foi a forja na qual a Realiza Arquitetura foi criada. Na trajetória árdua desses 40 anos, aprendemos lições valiosas sobre o trabalho na área da arquitetura e, mais especificamente, da estética. E é exatamente sobre essas lições que queremos conversar neste nosso "manual", no qual desejamos mostrar, em 16 preciosos ensinamentos, que qualquer pessoa pode construir prédios espetaculares, que espantam, que impactam, que geram uma experiência estética espetacular e memorável!

Siga conosco nesta viagem pelo mundo da realização, da estética e da inovação na área da arquitetura!

www.realiza.com

> Na realidade, a arquitetura trata da estética ligada à maior arte de todas, que são as construções

Realizatur

A estética dos projetos da Realiza Arquitetura pode ser percebida em inúmeras facetas da cidade de Curitiba. Criando uma forte ligação entre sustentabilidade e beleza, nossos empreendimentos criaram sua marca no espaço urbano, mostrando as possibilidades de uma arquitetura propositiva e arrojada. Na sequência, daremos uma pequena amostra dos nossos projetos e seu vínculo com as 16 lições para a construção de prédios espetaculares. Para começar nossa degustação, elencamos algumas joias da Realiza que estão incrustradas no tecido urbano curitibano.

Figura A – Guia de alguns empreendimentos Realiza

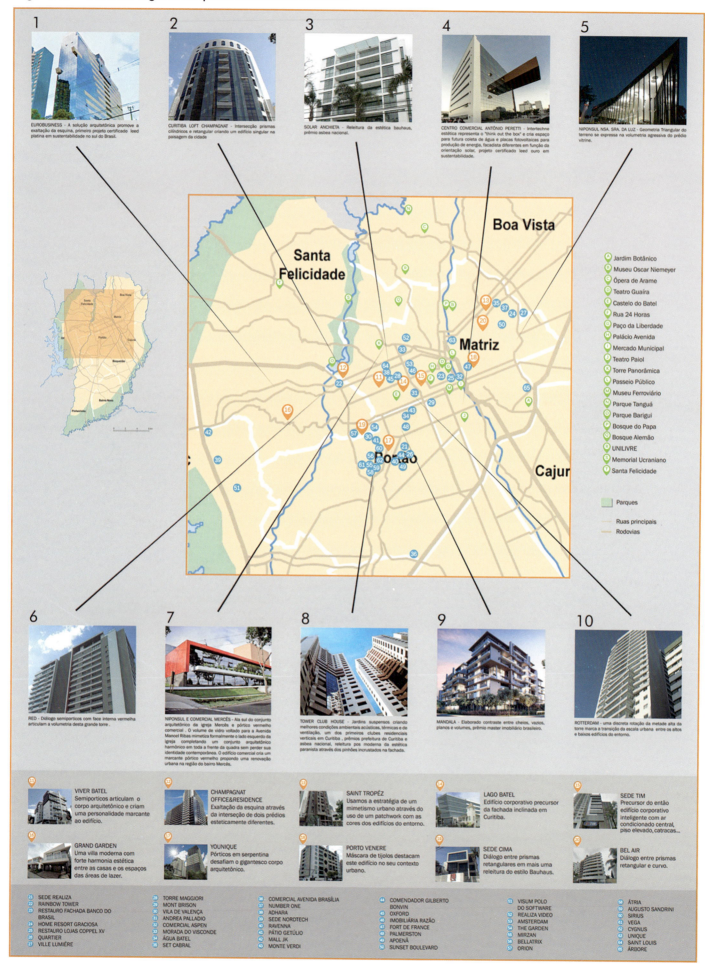

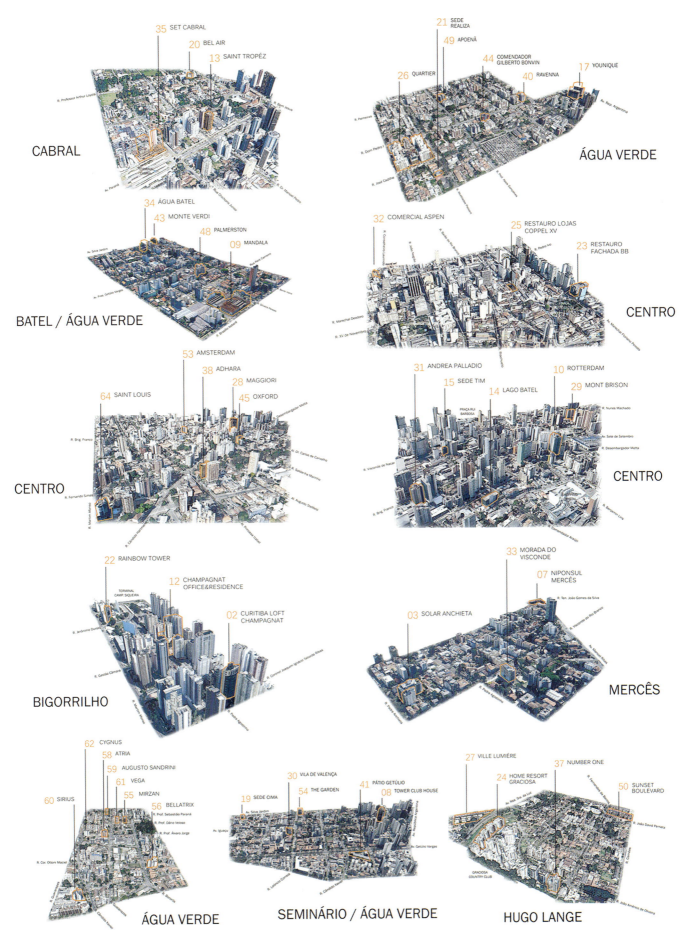

Os projetos da Realiza participam do dia a dia de centenas de milhares de pessoas. A nossa paixão pela interação entre o espaço e o humano e nossa busca constante pela inovação estão materializadas em todas as linhas de nossos desenhos. A organicidade e o mimetismo estão inscritos nos mais ínfimos detalhes – natural e sintético estão na mais perfeita harmonia, criando construções vivas. Saboreie a seguir alguns dos nossos mais ousados empreendimentos.

Jockey – Multiuso – Curitiba

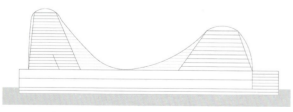

CORTE ESQUEMÁTICO

PLANTA TÉRREA

1. LOJAS ÂNCORAS
2. LOJAS MÉDIAS
3. LOJAS PEQUENAS
4. APOIO/SERVIÇO
5. ESTACIONAMENTO

Nesse projeto de uso misto, a essência estética experimental é levada ao extremo. A volumetria❶ dos diferentes edifícios é unificada por uma casca formada por lâminas ondulantes. Usamos nesse empreendimento a estratégia das formas inspiradas na leveza e na organicidade da natureza. Uma concha arquitetônica❷ é então criada para abrigar diferentes usos, em uma sinergia dinâmica.

---

1 "**Volumetria**: refere-se às dimensões que definem o volume de um determinado edifício e das suas partes, incluindo os agregados, a terra removida do terreno ou ali colocada, etc." (Figueiredo, 2020).

Endereço: Rua Konrad Adenauer, 370 – Tarumã, Curitiba-PR.

Área total construída: 151.039,00 m².

Número de pavimentos: 2 subsolos; área de *shopping*; torre de 5 pavimentos de hotel; torre de 19 pavimentos de office; torre com 10 pavimentos de salas coorporativas.

Shopping: térreo e 2º pavimento.

Torre office: 279 unidades.

Torre hotel: 198 unidades.

Torre lajes corporativas: 10 unidades.

Estacionamento: subsolos 1 e 2, térreo e 2º pavimento, totalizando 2.072 vagas.

Amores da Brava

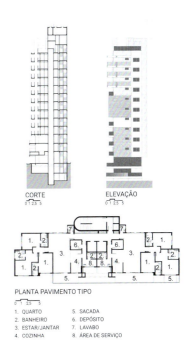

A estratégia compositiva de implantação das torres, que permite a visualização lateral do mar para todos os apartamentos, estruturou a solução final desse projeto. A área de lazer permeia toda a lateral do empreendimento, criando um pulmão paisagístico de contemplação e recreação[1].

A solução plástica proposta harmoniza as cores mais fortes no embasamento e as cores mais suaves à medida que os prédios crescem em altura[2]. Terra, floresta e céu recriados na fachada dos edifícios.

Endereço: Rua Delfim de Pádua Peixoto – Itajaí-SC.

Área total construída: 46.537,56 m².

Distribuição: 5 torres com 14 pavimentos.

Número de unidades:
- Torre 01 – 22 unidades residenciais do 2º ao 12º pavimento.
- Torre 02 – 44 unidades residenciais do 2º ao 12º pavimento.
- Torre 03 – 44 unidades residenciais do 2º ao 12º pavimento.
- Torre 04 – 44 unidades residenciais do 2º ao 12º pavimento.
- Torre 05 – 44 unidades residenciais do 2º ao 12º pavimento.

Total: 198 unidades.

Porto Belo

Uma bela ilha e um projeto para torná-la maravilhosa. Incrustações arquitetônicas de madeira e vidro[1] foram cuidadosamente elaboradas para preencher delicadamente cada cicatriz existente na topografia e harmonizar as construções naturais com o ambiente nativo. Um trabalho de mimetismo com muito respeito ao simples e ao local.

- **Endereço**: Ilha João da Cunha – Porto Belo-SC.
- **Área total construída**: 265.033,50 m².
- **Distribuição**: hotel, pousada e bangalô.
- **Número de unidades**: Hotel A (37 unidades); Hotel B (37 unidades; Bangalô) 27 unidades.

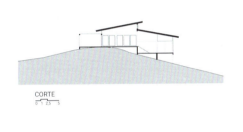

CORTE
0 1 2,5 5

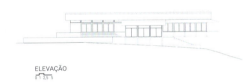

ELEVAÇÃO
0 1 2,5 5

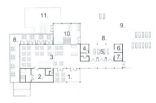

PLANTA TÉRREA
0 5 10

1. TERRAÇO
2. COZINHA
3. LOUNGE E BAR DO LOBBY
4. BEAUTY
5. DESCANSO
6. SAUNA SECA
7. SAUNA
8. DECK
9. PISCINA
10. LOBBY
11. PÁTIO

01

Desenvolva um *mindset*

Lição 1

PENSE GRANDE, MUITO GRANDE

Se não for para fazer a diferença, nem comece

Antes de mais nada, vamos alinhar alguns conceitos importantes para esta obra? Vamos primeiramente pensar no título da obra: o que vem a ser *espetacular*?

De acordo com Ferreira (2019, p. 24), espetacular é

> uma elaboração visual destinada a captar e manter a atenção [...] é uma demonstração, uma exibição, algo posto para ser visto e que tem a capacidade de provocar o interesse, o assombro ou a curiosidade [...] ideia de algo urdido com esmero para causar efeitos notáveis no público. [...]. Por vezes essa noção está associada ao resultado grandioso e à surpresa que insta o olhar, valendo-se de recursos superlativos como a habilidade fora do comum ou o apelo irresistível aos sentidos, entre outros. [...] Para Armindo Bião, a espetacularidade é formada por "macroeventos que ultrapassam a rotina" [...] (BIÃO, 2009, p. 163). A espetacularidade seria uma categoria

de jogos sociais "onde o aspecto ritual ultrapassa o aspecto rotina" (BIÃO, 2009, p. 163). Dessa forma, a espetacularidade seria uma tipologia ou a natureza extraordinária que caracteriza um evento espetacular. Todos os que estão presentes e assistem o evento participam dele.

Perceba que a ideia de *espetacular* que queremos defender neste manual é a de gerar espanto por meio da arquitetura. Acima de tudo, queremos provar nesta obra que qualquer pessoa, que por si só já é um potencial infinito, é capaz de fazer isto: criar prédios que assombrem, que mostrem a vida por entre o concreto, o aço, as pedras e a madeira, que tirem os indivíduos do marasmo do dia a dia, que convidem à interação com suas estruturas, que mostrem como o ser humano pode evoluir de um organismo extrator para uma forma de vida criadora.

E qual é o significado da ideia de *beleza*? De acordo com Baumgarten, citado por Suenaga et al. (2012, p. 4), esse conceito

> Reside primeiro num acordo dos pensamentos, abstraindo da ordem porque se apresentam e dos sinais que servem para exprimi-los; o acordo desses pensamentos entre si num só elemento é fundamental. [...] A beleza é o acordo da ordem interna segunda a qual arrumamos as coisas belamente pensadas. Mas a ordem das coisas é uma ordem interna que deve ser sentida e não pensada. [...] Finalmente, a terceira definição de beleza, segundo Baumgarten, é o acordo dos sinais, acordo interno, acordo com os pensamentos e acordo com as coisas. É o acordo da expressão, da dicção, com os pensamentos, com a ordem por que se arrumam e com as próprias coisas.

> qualquer pessoa, que por si só já é um potencial infinito, é capaz de fazer isto: criar prédios que assombrem

Portanto, a beleza é um elemento da realidade que nos atinge tanto no âmbito racional quanto no afetivo, com maior predominância neste último; é um conhecimento sensível que nos permite determinar, com base em fatores emocionais, históricos, sociais, psicológicos, sociológicos e antropológicos o que é bom ou mau, o que é certo ou errado. Esse conceito tem de saltar aos olhos em um projeto espetacular; tem de causar uma reação instantânea, que pode ser tanto de aprovação quanto de rejeição. É óbvio que, na criação de um prédio, nosso desejo é o de que a comunidade em seu entorno o veja com admiração, que deseje acessá-lo, interagir com ele, que veja nele o belo. Mas não se preocupe: a rejeição a um empreendimento não precisa ser necessariamente um problema, afinal, se um projeto for concebido de modo adequado, de modo a conciliar os desejos, as necessidades e as culturas à inovação, à harmonia e ao belo, se todos esses elementos forem concatenados de maneira perceptível e eficiente, uma experiência estética inicialmente negativa pode se tornar positiva por meio do entendimento. Em outras palavras, se um projeto é corretamente motivado, uma pessoa que inicialmente não gostou do empreendimento pode vir a gostar dele se entender essas motivações.

Por fim, o que podemos entender como *realizar*? De acordo com o Dicionário Priberam (2021), *realizar* significa "Tornar ou tornar-se real ou concreto [...] Concretizar, Materializar". Esse verbo é fundamental, seja para nossa empresa, seja para projetos espetaculares: o projeto precisa ser materializado. Assim como todo anseio humano, o empreendimento deve ser convertido em realidade para que ele deixe uma marca no mundo que ressoe no tempo. Esse é o valor principal da Realiza.

Essa ambição não pode ser levada a termo sem vontade de realizar grandes voos, sem prazer imenso e agradecimento pela chance que Deus proporcionou a você de poder materializar algo realmente

> "[A beleza] tem de saltar aos olhos em um projeto espetacular; tem de causar uma reação instantânea, que pode ser tanto de aprovação quanto de rejeição."

relevante para a humanidade. Essa sede por edificar maravilhas e por fazer a diferença no mundo é a base da jornada para a criação de obras que farão os corações baterem mais forte, que emocionarão e influenciarão diariamente a vida de muitas e muitas pessoas. Criar um palco à altura do desenrolar do milagre cotidiano da humanidade depende de sua coragem para deixar suas ideias fluírem com a plenitude de seu potencial vital criativo. Tenha como meta realizações importantes, por mais prosaico que seja o tema proposto, por menor que seja o porte do projeto. O que importa é a mensagem final forte e direta que sua obra vai entregar, as dificuldades que ela vai transformar em êxtase e amor.

Esta é a beleza da arquitetura: a possibilidade de exercer uma profissão que permite criar, propor possibilidades nunca antes concebidas e fazer as coisas acontecerem, como na proposta do Projeto Parallax da Realiza – criamos um "prédio ao contrário" (como você poderá observar no estudo de caso dedicado a esse projeto nesta Lição) que demandou o trabalho de um calculista para comprovar que a construção "pararia em pé".

se um projeto é corretamente motivado, uma pessoa que inicialmente não gostou do empreendimento pode vir a gostar dele se entender essas motivações.

Depoimento

A ousadia também pode se estender aos materiais utilizados em projetos. Em uma parceria com *designers* de produtos, pretendemos instalar nas fachadas de nossos prédios verdes, telas com floreiras de tecido, deixando toda a paisagem verde. Outro exemplo é o Projeto Caelum*,

---

* De acordo com Frederico Carstens, "No Duet Mercês nós criamos uma série de cenários para que os moradores possam desfrutar o interior e o exterior do prédio, trazendo a natureza para dentro de casa. Esse projeto é chamado projeto [Caelum], céu, paraíso, com um teto solar que abarca não só a praça central do empreendimento, mas também os quartos dos apartamentos, trazendo a lua e as estrelas para dentro das residências" (Em Curitiba..., 2021).

no qual propusemos a criação de tetos solares desenvolvidos em uma parceria com duas grandes fabricantes de esquadrias. São muitas coisas acontecendo, e o mais importante é que a Realiza conta com pessoas que têm capacidade para realizar e que aceitam trabalhar com nossos sonhos e desenvolver esses projetos, de modo que seus usuários utilizem as estruturas projetadas e que essas mesmas instalações inspirem outras criações. Se simplesmente construíssemos meros condomínios de apartamentos, qual seria o desafio? Nenhum. Contudo, olhar para a situação e criar um projeto diferenciado é o que anima a equipe da Realiza Arquitetura.

A questão do desafio é interessante, e é por isso que a Realiza é procurada. Contudo, é importante enfatizar que o diferente e o desafiador têm de ter uma função, um porquê. Podemos criar um prédio rosa que pula, mas isso de nada servirá.

Resumindo

Qualquer um é capaz de criar prédios espetaculares; o nosso potencial é inesgotável, apesar de ele ser constantemente reprimido. Por isso, você tem de se permitir, por mais que estejamos vivendo em uma sociedade cada vez mais sectária, intolerante a discursos contrários ou minimamente diferentes, porque muitos indivíduos não suportam que suas identidades sejam diretamente atingidas. Justamente por esse motivo, o mundo precisa de pessoas que tenham coragem de dar a cara a tapa e, principalmente, que não tenham medo do "ridículo", que ousem ser autorais e extrapolar a realidade sem se preocupar com as críticas externas.

A Lição 1 conseguiu abrir seus horizontes e desafiá-lo a enxergar mais longe? Maravilha. Na sequência, apresentamos alguns de nossos projetos mais inspirados e movidos pelo desafio!

Estudo de caso: Drone Tower

PLANTA PAVIMENTO TIPO

1. SUÍTE
2. BANHEIRO
3. CLOSET
4. ESCADA
5. HALL SERVIÇO
6. ÁREA DE SERVIÇO
7. ÁREA TÉCNICA
8. QUARTO SERVIÇO
9. LAVABO
10. COZINHA
11. HALL SOCIAL
12. ESTAR/JANTAR
13. SACADA

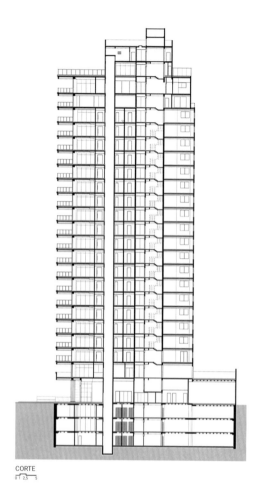

CORTE

PLANTA TÉRREA

1. HALL SOCIAL
2. BANHEIRO
3. ECLUSA SOCIAL
4. GUARITA
5. BANHEIRO CADEIRANTE
6. SALA DO CONDOMÍNIO
7. SALA DE SEGURANÇA
8. D.M.L.
9. COPA/ESTAR FUNCIONÁRIO
10. HALL SERVIÇO
11. DESPENSA
12. COZINHA
13. SALÃO DE FESTA
14. ESTACIONAMENTO MOTOS
15. BICICLETÁRIO
16. ESTACIONAMENTO

Endereço: Rua Bento Viana, 1078 – Batel, Curitiba-PR.

Área total construída: 11.272,37 m².

Número de pavimentos: edificação com 25 pavimentos e 3 subsolos.

Número de unidades:
- Residencial: 1 unidade residencial no 3º pavimento.
- 1 unidade residencial no 4º pavimento.
- 16 unidades residenciais do 5º ao 20º pavimento.
- 1 unidade tríplex no 21º pavimento.

Total: 19 unidades.

Estacionamento: torre com 3 subsolos direcionados ao estacionamento e um total de 91 vagas no pavimento térreo.

O Projeto Drone Tower reflete uma futura alteração logística drástica que será trazida pelos **veículos aéreos não pilotados para transporte de passageiros e de cargas**. Por quê? Por um motivo óbvio: uma das grandes ilusões urbanísticas é a de que o transporte coletivo é a solução para os problemas de trânsito:

> "Não há obra que dê conta para que todos tenham carro. O espaço viário é limitado. Pode-se melhorar pontualmente, em áreas periféricas, mas não vai muito longe do que está aí. Não tem solução a não ser reduzir o número de automóveis" [...].
>
> A maneira mais simples de se fazer isso seria ampliar o uso do transporte coletivo. Contudo, de 2015 a 2018 o número de passageiros caiu na cidade. O cálculo mais recente da prefeitura é de 1,39 milhão de usuários por dia útil, o que significa que 230 mil pessoas deixaram de passar pelas roletas dos ônibus, estações-tubo e terminais curitibanos nos últimos anos. (Única..., 2019)

De acordo com Vaccari e Fanini (2016), as cidades de nosso país não foram concebidas para deslocamentos com automóveis. Por muito anos, a participação de veículos ficou restrita a 25% do total de modais de deslocamentos urbanos, motivo pelo qual todas as atividades socioeconômicas ficavam concentradas nos centros das cidades. Basta pensarmos em Belo Horizonte: criada a partir de um centro histórico ao qual foram sendo acrescentadas várias extensões de terra com o passar dos anos, a cidade não foi planejada para receber grandes afluxos viários de pequenos e grandes percursos. Em outras palavras, as cidades foram crescendo de acordo com um interesse direcionado muito mais aos detentores de solo do que a sistemas viários eficientes, corretamente distribuídos de acordo com as diferentes atividades da região e de suas características geográficas. Assim,

> o que encontramos é uma rede viária formada, quase que exclusivamente, por vias com características físicas para atuar como vias locais ou, no máximo, coletoras. Raros são os casos em que o processo de expansão das cidades foi sustentado por vias com características físicas para atuar como vias artérias superiores ou vias expressas urbanas. (Vaccari; Fanini, 2016, p. 20-21)

Além disso,

> Apesar da rede de transporte público de passageiros historicamente transportar a maioria da população nas cidades brasileiras, este fato não foi utilizado como parâmetro para orientar os investimentos públicos na mobilidade urbana. Pelo contrário, o transporte individual por automóvel sempre recebeu a maior parte destes recursos e incentivos. (Vaccari; Fanini, 2016, p. 39)

Analisando a civilização, tal como o fez Alvin Toffler, podemos observar que os ritmos de trabalho estão se tornando mais fluidos, o que desestimula a criação de transporte coletivo. Para que esse modal se pague, é necessário um volume muito grande de pessoas, motivo pelo qual não há metrô em Curitiba. O transporte está cada vez mais personalizado, tanto para deslocamento quanto para entrega de produtos e serviços. Daí a necessidade do espaço aéreo, e a tecnologia destinada a essa mudança com certeza há de surgir. Quando há um período de ruptura, a tecnologia se desenvolve, dá um salto. Os carros autônomos também serão cada vez mais comuns, incentivando a sincronização de semáforos. Por isso criamos o PUIMAT (Planejamento Urbano de Incentivo aos Modais de Alta Tecnologia); nessa esteira, a Embraer está investindo pesado na Eve, companhia independente da instituição para acelerar a produção de mobilidade urbana aérea (MUA). É fundamental ressaltar que toda essa dinâmica tem de ser concebida em paralelo ao Plano Urbano da cidade (para evitar problemas como a construção irregular de heliportos, cujos donos podem cobrar o quanto quiserem para a remoção das estruturas, haja vista que em regiões dessa natureza não é permitida a construção de prédios altos). Toda essa tecnologia informática e de transporte virá para as cidades. E elas têm de "entrar na marra" no cotidiano das cidades, pois a burocracia urbana é avessa a essas novidades. Tanto que o PUIMAT se diferencia por ter a ambição de ser um *hub* para essas novas tecnologias. Em suma, é um processo para colocar em teste novos recursos tecnológicos para as cidades.

Estudo de caso: Parallax

Este projeto é ainda um conceito.

O projeto Parallax é uma resposta arquitetônica às aspirações dos usuários e às metas econômico-financeiras dos empreendimentos imobiliários em edifícios altos. Os andares superiores são o alvo da admiração e da vontade de morar da maioria das pessoas que optam pela moradia verticalizada. Consequentemente, o mercado precifica esses lugares com valores superiores, fazendo com que o preço por metro quadrado chegue a ser três vezes maior do que o valor relacionado aos andares mais baixos.

Em um trabalho conjunto com projetistas estruturais, desenvolvemos uma solução inovadora de uma torre que dispõe de mais área construída à medida que a altura do edifício cresce. Dessa forma, pode-se chegar a um valor geral de venda duas vezes maior do que um edifício convencional com mesma área construída. Outro resultado importante é a possibilidade de oferecer aos usuários melhores oportunidades de moradia na parte superior das edificações democratizando essa viabilidade do morar.

As questões ambientais, como insolação e ventilação, bem como a maior liberação para espaços de lazer coletivo no piso térreo, acrescentam valor a esta proposição arquitetônica.

Esteticamente, as possibilidades arquitetônicas são muito estimulantes. Uma volumetria inédita para prédios altos, permitindo criações plásticas inquietantes que desafiam a ideia de equilíbrio estático do mundo arquitetônico.

Veja a seguir como projetos da Realiza estão integrados à Lição 1, levando a ousadia e o arrojo a níveis mais elevados. Os projetos Palmas do Arvoredo e Younique provam isso.

Palmas do Arvoredo

Um conjunto de edifícios que serpenteiam a margem do rio que deságua na costa sul da praia de Palmas do Arvoredo❶. Essa forma sinuosa ganha vida e confere escala à fachada dos edifícios❷.

◉ **Endereço**: Praia Palmas do Arvoredo-SC.

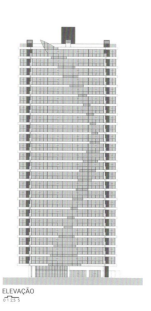

ELEVAÇÃO

O traço arquitetônico horizontal harmoniza-se com o vertical; o rio agora está representado plasticamente nas elevações das edificações – o contínuo ir e vir e do sobe e desce das marés, bem como o encontro das águas do rio com as águas do mar estão materializados em uma composição harmoniosa de abas que aumentam e diminuem, evocando a suave brisa marinha❸.

Younique

O programa proposto resultou em dois grandes volumes integrados❶ por uma área de lazer central❷. A volumetria impactante foi utilizada como oportunidade estética, como um grande pano de fundo para suportar um traço de destaque que serpenteia todo o conjunto.

É a liberdade lúdica do risco arquitetônico solto no espaço.

○ **Endereço**: Rua Romédio Dorigo, 85 – Água Verde, Curitiba-PR.

◪ **Área total construída**: 39.702,45 m².

▥ **Distribuição**: 2 torres com 19 pavimentos e 3 subsolos.

▦ **Número de unidades**:
- Torre 01 – 90 unidades residenciais do 4º ao 19º pavimento.
- Torre 02 – 90 unidades residenciais do 4º ao 19º pavimento.

▦ **Total**: 180 unidades.

🚗 **Estacionamento**: 405 vagas no total.

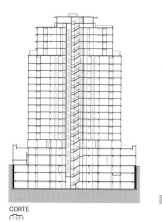

CORTE
0 1 2,5 5

ELEVAÇÃO
0 1 2,5 5

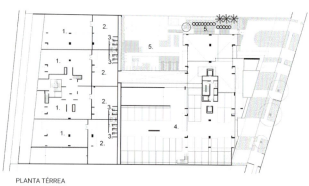

PLANTA TÉRREA
0 1 2,5 5
1. LOJA
2. ADMINISTRAÇÃO
3. BANHEIRO E COPA
4. ESTACIONAMENTO
5. PRAÇA

Autódromo de Curitiba

Fizemos uma proposta para preservar a utilização esportiva do autódromo aliada a um novo empreendimento. Utilizamos formas sinuosas que remetem ao *design* das pistas de automobilismo e às tecnologias de ponta que serão desenvolvidas no local.

Lição 2

FAÇA COM QUE SEU PROJETO SEJA ABSOLUTAMENTE AUTORAL

Confie em você

Um dos grandes observadores das mudanças do fim do século XX e das alterações que estavam por vir com o advento do novo milênio – incluindo na arquitetura e em seu enfoque sobre a estética –, foi **Alvin Toffler**, autor da obra *A Terceira Onda*, que, utilizando-se única e exclusivamente da lógica, predisse muito do que iria ocorrer no futuro imediato da humanidade. Nosso trabalho foi profundamente influenciado por esse pensador em nosso esforço de descobrir o "novo", uma abordagem arquitetural que assimilasse e ao mesmo tempo superasse o modernismo, muito forte na área, tendo em vista a antecipação da estética industrial trazida por essa tendência, cujo maior representante foi **Le Corbusier** (sobre quem falaremos na sequência), que anteviu essa abordagem cultuada por antecipar uma dinâmica da realidade que, em uma medida ou outra, ainda vivemos na atualidade.

Como afirma Domingues (2016, p. 14), "O espírito de uma época é expressado pela arquitetura, a qual não poder ser analisada por condições isoladas, mas sim que seja contextualizada no conjunto da expressão da cultura de um povo". Entre as expressões sociais da área, podemos considerar a **estética** como um de seus fatores fundamentais. No âmbito acadêmico, percebemos rapidamente que a esse elemento é tratado de maneira doutrinária, ortodoxa, que dispensa a atividade do pensamento mesmo. Nesse sentido, a academia é sectária: ou o projeto é bom, fundamentado nos preceitos de Le Corbusier, ou é simplesmente ignorado. Por quê? Pelo fato de os projetos baseados no grande arquiteto francês serem "limpos".

Ainda de acordo com Domingues (2016, p. 21),

> No ensino da arquitetura, os alunos já não faziam mais cópias de modelos prontos, mas tinham a liberdade da criação. Paulatinamente, a arquitetura foi-se transformando, as fachadas das casas foram ficando sem beiras, sem frontões, sem guarnições, uma construção mais limpa, sem ornamento. Nos pavimentos superiores começavam a surgir as lajes em balanço, as plantas eram livres, inspirados nos ensinamentos de arquitetura moderna do mestre Le Corbusier e, assim, consequentemente, a paisagem da cidade transformava-se também.

Essa mudança paradigmática extrema teve suas origens nos traumas do pós-Grande Guerra, evento que trouxe inúmeras outras alterações consigo. Conforme Tramontano (1997), foi nessa época que o movimento moderno europeu foi responsável por uma verdadeira devassa na área da arquitetura, que teve todo o seu trabalho de desenho e produção de espaços totalmente revisada – conferindo uma nova relevância ao arquiteto –, num esforço cujas repercussões se fazem sentir ainda hoje.

> a academia é sectária: ou o projeto é bom, fundamentado nos preceitos de Le Corbusier, ou é simplesmente ignorado

> No entanto, os arquitetos modernos previram uma habitação prototípica, que correspondia a um homem, a uma cidade, a uma paisagem igualmente prototípicos em sua formulação. Criaram um arquétipo, o da habitação-para-todos, ainda que a abrangência das proposições que ele continha tenha sido gradativamente desconsiderada pela lógica técnico-financeira dos empresários da construção, que preferiram apropriar-se apenas de elementos e conceituações economicamente rentáveis. (Tramontano, 1997, p. 1)

A influência do arquiteto francês no mundo da arquitetura foi enorme, chegando aos mais renomados profissionais da ainda incipiente arquitetura brasileira, como Lucio Costa.

> "Razões da Nova Arquitetura" marca a inserção de Lucio Costa dentro do grupo de defensores e difusores da nova arquitetura moderna. Até então, sua produção textual era voltada para o neocolonial, defendendo a procura das origens de uma legítima arquitetura brasileira nacional e descartando possíveis desvios de entendimento dessas origens (como no caso do ensaio sobre o Aleijadinho, de 1929, depois refutado pelo próprio autor). Nesse texto, o encantamento com a nova arquitetura, "encontrada" por Costa na produção de Le Corbusier, desvia seu olhar do passado para o futuro, do nacionalismo de então (representação da tradição construtiva derivada dos portugueses) para o moderno, internacional, advento arquitetônico da máquina. (Galvez, 2012, p. 91)

Esse espírito gerou uma linguagem de cartilha, que deveria ser seguida à risca, sem espaço para o desafio da criatividade. Por isso o trabalho autoral é tão importante! Somos ensinados a "ficar no

Por isso o trabalho autoral é tão importante! Somos ensinados a "ficar no nosso cantinho", pois não nos comparamos ao grande paradigma que foi Le Corbusier

nosso cantinho", pois não nos comparamos ao grande paradigma que foi Le Corbusier. Essa prisão, essa conformação impede que o estudante e o profissional de arquitetura pensem no que fazem em seu cotidiano, pois tudo que poderia ser inventado já está posto.

Depoimento

Essa vida profissional asfixiada e monótona provocou meu sócio e eu a pesquisar, a estudar maneiras de romper com esse ciclo, de criar obras realmente autorais. Nós, brasileiros, temos de aprender a arrogar a "paternidade" de nossas obras, a mostrar como somos inventivos e originais. Daí é que surgiu o **Projeto Gérmen**, iniciativa motivada pela seguinte pergunta: "quando surgirá a nova estética"? Utilizando o método lógico de Toffler, chegamos à conclusão de que esse advento ocorreria com as mudanças das ferramentas do mundo, das relações sociais e das tecnologias, como no caso do surgimento do conceito de "sustentabilidade" (quando o termo sequer existia), sobre o qual já falávamos nas décadas de 1980 e 1990, quando propusemos a criação da "casa viva" (sobre a qual falaremos nesta obra, mais especificamente na Lição 5). Naquele período, ninguém entendeu nossa proposta. Contudo, com o tempo, a compreensão chegou aos profissionais da área: hoje é possível ver projetos estéticos que preveem a criação de floreiras, de formas orgânicas; ainda que a tecnologia atual não dê conta de criar sustentabilidade em seu sentido estrito – já que o pressuposto dessa ideia é de que o ser humano pare de extrair insumos da natureza –, já é viável sintetizar elementos que nos permitem abandonar "construções mortas" para viver em estruturas vivas.

Nessa nova dinâmica, é fundamental que o arquiteto reconheça o seguinte fato: **cada terreno é único, assim como a combinação desse elemento com o projeto elaborado para ele, o clima e as características da região**. Todos esses fatores sempre pedem uma solução original. Portanto, a originalidade é como que um "item obrigatório" do projeto espetacular.

No entanto, é necessário que o verdadeiro profissional da arquitetura esteja aberto a **críticas**: este é o teste do arquiteto, do esteta – ter sua obra escrutinada por terceiros. Conviver com a crítica é fundamental. E ainda que as "tesouradas" sejam constantes, são elas que nos fazem crescer. Nós temos de nos habituar a "receber pedrada" sem nos machucarmos, afinal, é a respeito de um conceito que a crítica é feita. Na realidade, é na concordância total que reside o problema, pois aí nada se desenvolve.

Resumindo

Acredite que você tem, sim, o direito sagrado de transformar seus sentimentos em formas e cores, em arquitetura, em prédios e em cidades. Independentemente de quem lhe disser o contrário, tenha a convicção de que sua marca única e maravilhosa é o ingrediente fundamental de uma construção singular e emblemática. Sim, é você que está fazendo esse projeto e sua voz deve ecoar livre e forte em cada detalhe de seu trabalho. Sua obra é sua autoria.

Esta lição trouxe novas possibilidades para o seu trabalho? Maravilhoso! Vamos a um estudo de caso que materializa esta nossa conversa?

Estudo de caso: Olimpíadas Rio

Coautoria: RMJM, Intertechne e Orlando Ribeiro.

O projeto procura recriar os elementos naturais da paisagem do Rio de Janeiro, integrando o mar, o lago e as montanhas verdes com o projeto paisagístico, o desenho dos edifícios e as conexões criadas pelas vias de acesso❶. As características principais das paisagens do Rio e da Barra são as montanhas adornadas por florestas exuberantes. Nosso *masterplan* corresponde diretamente a essas especificidades – apesar de ser baixo e plano, o local para o qual nosso projeto foi destinado é uma península no coração da Barra da Tijuca, que pode ser vista das áreas elevadas ao redor e das bordas ao longo da lagoa❷.

O projeto paisagístico tem o objetivo de promover cuidadosamente a interação entre as pessoas que, por exemplo, se movem entre locais, desfrutam o sol com os amigos durante os jogos, caminham pelas lojas ou, ainda, praticam *jogging* ou cultivam vegetais nos jardins da comunidade no modo legado. O empreendimento procura ser aberto e acessível, permitindo que pessoas de todas as origens e idades se misturem e usufruam do ambiente da maneira que melhor lhes agradar.

Passeie a seguir por outros empreendimentos e projetos da Realiza Arquitetura que priorizam o valor da autoria em todos os seus traços.

Tower Club House

◎ **Endereço**: Av. Iguaçu, 2960 – Água Verde, Curitiba-PR.

◪ **Área total construída**: 26.376,53 m².

▤ **Número de pavimentos**: 27 pavimentos + 2 subsolos.

▦ **Número de unidades**: 144 – em 3 torres com 2 apartamentos por andar.

Um dos prédios mais altos de Curitiba nos anos de 1990, com uma altura de 90 m (2 embasamentos + 27 pavimentos).

Nesse projeto utilizamos o conceito criado pela Realiza chamado *permeabilidade vertical*, no qual os vazios criados nas torres[1] funcionam como esponjas que, por sua vez, absorvem ruídos, possibilitam a passagem do vento e da iluminação e criam visuais inesperados. Esses espaços formam praças em andares altos ao longo do edifício, com vegetação e ambientes de convívio[2]. Numa época em que os conceitos de sustentabilidade ainda eram incipientes, esta foi uma das primeiras torres verdes do mundo. Esse conceito apresentado pela Realiza para a comunidade é essencialmente urbanístico, pois a repetição dessas torres criaria efeitos benéficos de sustentabilidade numa escala urbana regional.

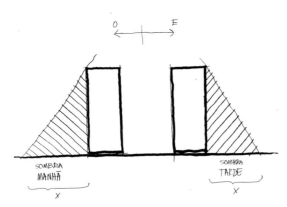

X = VARIÁVEL DE 0 A ∞

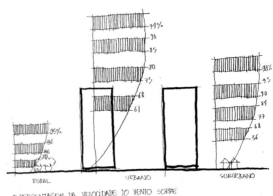

* PERCENTAGEM DA VELOCIDADE DO VENTO SOBRE TERRENO RURAL, SUBURBANO E URBANO

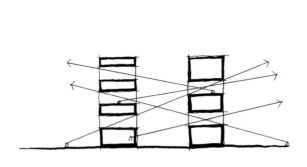

CONTINUIDADE/VARIEDADE VISUAL

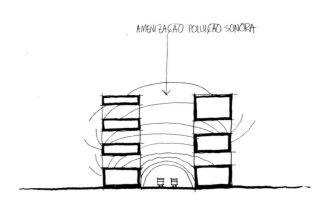

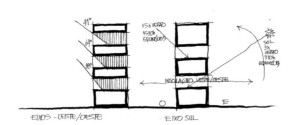

CURITIBA
ALTURA DO SOL
MEIOS-DIAS — VERÃO 88°
— PRIM/OUT 64°
— INVERNO 41°

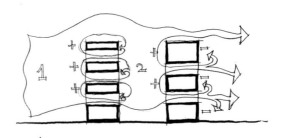

1. VENTO LAMINAR
2. VENTO COM TENDÊNCIA LAMINAR
+ PRESSÃO POSITIVA (AR ENTRA)
− PRESSÃO NEGATIVA (SUCÇÃO DO AR)

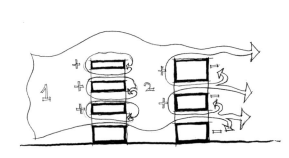

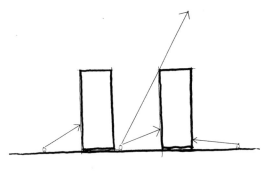

OBSTRUÇÃO VISUAL

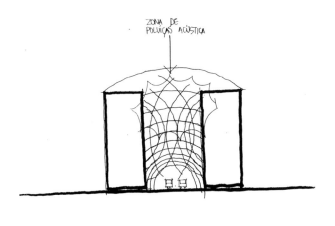

ZONA DE POLUIÇÃO ACÚSTICA

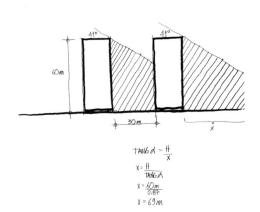

$$\tan \alpha = \frac{H}{X}$$
$$x = \frac{H}{\tan \alpha}$$
$$x = \frac{60m}{0.87}$$
$$x = 69m$$

FAÇA COM QUE SEU PROJETO SEJA ABSOLUTAMENTE AUTORAL

Itapema Tower

Esse projeto foi concebido com base em uma volumetria dinâmica, uma transformação estética à medida que o prédio cresce em altura. Buscando vistas, luz e ventilação especiais, esse projeto persegue a forma, seguindo a natureza.

CORTE ESQUEMÁTICO
0 5 10 20

PLANTA PAVIMENTO TIPO
0 1 2,5 5
1. APARTAMENTO
2. CIRCULAÇÃO VERTICAL
3. CIRCULAÇÃO HORIZONTAL

- **Endereço**: Avenida Nereu Ramos – Meia Praia, Itapema-SC.
- **Área total construída**: 74.712,00 m².
- **Número de pavimentos**: 53 pavimentos.
- **Número de unidades**: 4 unidades residenciais por andar do 4º ao 53º pavimento.
- **Total residencial**: 200 unidades.
- **Estacionamento**: localizado no embasamento da torre, a área conta com 800 vagas no total.

Mercure

◎ **Endereço**: 2355 NE 163rd St. – North Miami Beach, FL 33160, Estados Unidos.

O traço esguio e inclinado propõe uma nova abordagem para a tradicional e repetitiva lógica do desenho urbano resultante da legislação local, onde o embasamento acaba se constituindo em um volume separado da torre.

A forma triangular aguda confere uma unidade dinâmica ao conjunto volumétrico, e as cores mesclam espíritos específicos para momentos especiais em eventos e ocasiões comemorativas.

Capela Fred

Arquitetura resultante da simbologia cristã: três elementos similares estruturam a composição, remetendo à Santíssima Trindade e ao movimento de ascensão ao Céu. O primeiro elemento está apoiado sobre um plano em repouso[1]; o segundo encontra-se apoiado em uma aresta como num movimento de elevação[2]; e o terceiro apoia-se em dois pontos, deslocando-se em direção ao Céu[3]. Essa elevação também é a Ressureição e os três elementos nas três posições representam a integração e a reconciliação entre a Terra e o Divino.

Corporativo Antonio

Esse projeto, feito pelo Antonio no quarto ano da faculdade no ano de 1986, talvez seja um dos primeiros projetos de edifícios com giro dos pavimentos da torre no mundo. Nos tempos atuais, 40 anos depois, esses prédios são conhecidos como *Twisting* e se proliferam ao redor da Terra, principalmente nos Emirados Árabes e na Ásia.

O saudoso professor Lubomir Ficinski Dunin, depois de ver a prancha do projeto, falou ao Antonio que era um conceito impressionante pela ideia e por sua resolução estrutural.

O princípio do projeto são quatro pontos estruturais fixos, onde ficam as áreas de apoio dos escritórios (elevadores, escadas, banheiros etc.) e as lajes que giram 15 graus a cada pavimento. Com as áreas de apoio na periferia, as lajes de escritórios, com 1.700 m² a 1.800 m² cada, ficam totalmente livres de pilares ou qualquer outro obstáculo.

Lição 3

CONHEÇA PROFUN- DAMENTE A HISTÓRIA

Conheça os prédios espetaculares e o porquê de terem se tornado espetaculares

> devemos visitar *in loco* as grandes construções da humanidade e perceber as características dessas grandes realizações, bem como as razões pelas quais essas especificidades ainda ecoam em nossos tempos

Como arquitetos, precisamos conhecer a história profundamente. Na atualidade, graças à internet, o acesso a inúmeros materiais e a incontáveis especialistas em história está à distância de um clique. Obviamente, essas facilidades não dispensam as viagens, que são fundamentais – devemos visitar *in loco* as grandes construções da humanidade e perceber as características dessas grandes realizações, bem como as razões pelas quais essas especificidades ainda ecoam em nossos tempos. Também é importante compreendermos o contexto histórico das civilizações responsáveis por essas edificações, pois assim podemos apurar nosso senso estético e até mesmo nos despir de preconceitos. É gratificante revisitar e criar a história, queiramos ou não. Com essa consciência, podemos perceber como tudo é tão interligado, motivado, como todas as nossas ações têm consequências que se estendem pelo tempo e pelo espaço. Por isso, a grande lição é esta: devemos entender a nossa importância no contexto de toda a humanidade.

Depoimento

Por acaso há um método para realizar esse estudo dos grandes feitos arquitetônicos da humanidade?

Particularmente, eu observo inicialmente o que eles me fazem sentir. Quando tenho a oportunidade de visitar pessoalmente as grandes construções históricas, levo um pequeno caderno comigo, para anotações e rabiscos; no entanto, não começo a desenhar de imediato. Quando estou diante de uma grande construção histórica, é inevitável a emoção, pois de imediato passa um filme na cabeça que mostra a importância daquela edificação para a história da humanidade quando ele foi concebido.

Guenter Albers/Shutterstock

Pense nas **pirâmides**: há uma forma mais perfeita que essa, pensando na cultura e na história dos egípcios? Aquelas formas não existiam. Toda aquela estrutura ligada ao pós-vida; um formato tão simples, com orientações solares incríveis. Que forma traduz melhor essa civilização?

Vamos investigar mais a fundo as características dessas monumentais realizações humanas?

- **A primeira pirâmide**: essa construção monumental, assim como as demais que a sucederam, foi erigida em nome de Rá, apontando para o céu e para o além-vida. Construída na época do Faraó Djoser em cerca de 2630 a.C., em Saqqara, a edificação contava com "6 degraus de pedra que juntos atingiam 62 metros de altura" (Pirâmides..., 2021).

- **Pirâmide de Quéops, Pirâmide de Gizé ou Grande Pirâmide**: erigida pelo faraó de mesmo nome, a Pirâmide de Quéops percorreu a história até a Idade Média como a mais elevada construção humana – 146,5 metros. Hoje não passa de um vestígio de sua majestade: apenas a sua estrutura, construída em 2560 a.C., ainda pode ser observada. É a sombra de uma edificação que, no auge do poderio do Egito, era coberta por pedras calcárias que refletiam a luz do Sol.
- **Pirâmide de Quéfren**: erigida pelo sucessor de Quéops, esse gigante de calcário de 136 metros de altura figura como a segunda maior pirâmide do Egito.
- **Pirâmide de Miquerinos**: seguindo a trajetória de seus dois acentrais anteriormente citados, Miquerinos construiu no planalto de Gizé a menor das pirâmides do Egito, que mede modestos 65 metros de altura.

Construções cercadas de mistérios desconsertantes, as pirâmides estão envoltas por um eterno véu de encantamento, que encobre muitas de suas principais características. Ainda assim, há especificidades interessantíssimas dessas edificações que foram legadas para o nosso presente:

- A altura e a largura dessas edificações foram concebidas com base em cálculos estabelecidos em paralelo com os conceitos religiosos da civilização egípcia.
- Os blocos de calcário utilizados na construção desses monumentos eram movimentados por trenós de madeira, em frente aos quais era jogada água, de modo a facilitar o deslocamento.
- As cheias do rio Nilo também auxiliam no manejo das pedras utilizadas na edificação das pirâmides.
- As rochas eram lapidadas por meio de ferramentas de cobre e de pedra.

Fonte: Elaborado com base em Pirâmides..., 2021.

Agora imagine o **Coliseu**: com certeza essa edificação era um verdadeiro *show* para a época – o *mise-en-scène* do imperador, o formato do estádio, a vida e a morte em um só lugar. Tudo extremamente impactante, assim como os estádios ainda o são! Em relação à tecnologia usada em construções dessa natureza, podemos ver construções efêmeras, feitas de madeira e tecido, a beleza dos aquedutos, entre outras estruturas.

cesc_assawin/Shutterstock

> A construção do anfiteatro Flaviano começou por volta do ano 71 d.C., durante o reinado do Imperador Vespasiano. O Coliseu romano tornou-se o maior anfiteatro, com uma estrutura elíptica de 188 metros de comprimento, 156 metros de largura e 57 metros de altura.
>
> Construído com tijolos e revestido em mármore travertino, ele foi dividido em cinco níveis e suas áreas eram definidas de acordo com a classe social, elevando o nível dos que permaneciam mais perto da arena de espetáculos. (Vegini, 2021)

Do profano ao sagrado, há inúmeras realizações arquitetônicas que demonstram o desejo humano de explorar do bestial ao sublime, como a **Catedral de Notre-Dame**, um dos exemplos mais acabados do estilo gótico da Idade Média (Amorin Junior, 2022):

Richie Chan/Shutterstock

- O projeto é estruturado com base na cruz latina, consagrado em 1189, e conta com um deambulatório extenso em torno do coro.
- As duas torres da fachada ocidental contam com as mesmas medidas, conferindo simetria a essa parte da construção. Construção que data aproximadamente de 1200, essa porção da catedral também conta com uma "rosácea de 13 m de diâmetro e um pórtico composto por três portas (ao centro o Juízo Final, para o Norte a Porta de Santa Ana e para o Sul a Porta da Virgem)" (Amorin Junior, 2021).

- Os três tímpanos apresenta uma reunião dos reis descritos nos textos bíblicos e os reis franceses, materializando o conceito de poder secular unido ao poder divino.
- A Catedral foi coroada com um transepto (braços da cruz no sentido norte-sul) criado pelos renomados arquitetos Jean de Chelles e Pierre Montreuil, no perído entre 1250 e 1267. Influenciada pela arquitetura gótica, a construção se vale de paredes esguias que contam com o suporte de contrafortes situados na parte externa da igreja, o que viabiliza a "elevação de arcos ogivais e a colocação de vitrais. Suas dimensões são 127 m de comprimento por 48 m de largura e 35 m de altura no seu interior (Amorin Junior, 2022).

Quanto ao seu marcado estilo, Maria Fernanda Derntl, citada por Contaifer (2019), explica que:

> "É uma ruptura com a maneira anterior de fazer igrejas. O gótico pensa a estrutura de forma diferente, de forma a abrir as paredes para os vitrais e usar os arcos com intuito de liberar uma altura que não se tinha até então, criando um efeito impactante".

Obviamente, não podemos nos esquecer que a arquitetura tem o objetivo de chocar, de mover as emoções, de incidir ao mesmo tempo sobre o racional e o intuitivo, e com Notre-Dame não foi diferente. De acordo com Imaginario (2021):

> Qualquer mortal que tenha chegado à entrada da igreja sente imediatamente a grandeza incontestável daquela massa de concreto repleta de símbolos, lendas e histórias.
>
> Portanto, em primeiro lugar devemos destacar a monumentalidade e o seu poder simbólico, sublinhando a importância da construção para a arte gótica. Compatível com uma visão do mundo teocêntrica, cada espaço do edifício gótico foi diligentemente cuidado e, embora muitas vezes não tenha uma função específica, cada espaço recebeu a atenção detalhada de artesãos que acreditavam que Deus os observava.

A arquitetura, em grande medida, extrai sua força motriz do impalpável, do imponderável; ela é voltada para formas puras, como nos projetos neoclássicos de Claude-Nicolas Ledoux, criador da incrível **Barrière de la Villette**: "consistindo de um cilindro alto saindo de um bloco quadrado baixo com pórticos de pilares dóricos quadrados e pesados, exibe todos os elementos essenciais do estilo: megalomania, geometria, simplicidade, detalhes antigos, formalismo e estilofilia (uso de muitas colunas)" (Arquitetura..., 2020). Além disso,

julie woodhouse / Alamy / Fotoarena

> Nesta obra [o autor] combinou duas formas elementares, uma cruz grega e um cilindro contendo a cúpula, de forma a sobrepor uma forma esférica a uma cúbica, com um imponente pórtico formado por pilares toscanos com capitéis simples. Além disso, o efeito de grande grandeza é acentuado pelo claro-escuro dado pela alternância de sólidos e vazios e pelo contraste gerado pelas janelas quadradas do sótão e pelos arcos semicirculares abaixo delas. (Claude-Nicolas Ledoux, 2022)

Avançando no tempo e nas tendências, podemos observar como a arte, o cinema, a fotografia e a ciência foram ganhando cada vez mais espaço na construção de projetos arquitetônicos, como no caso do expressionismo alemão*, genialmente concretizado por Erich Mendelson na **Torre Einstein**, finalizada na década de 1920:

SuperPapero/Shutterstock

---

*   "Remetendo-se [...] à Gombrich (1999), a expansão da fotografia e cinema durante o início do séc. XX reconfigurou o que as artes poderiam representar de novo em suas obras. Se na fotografia poderia se expressar verdadeiramente numa figura ou paisagem, o que deveríamos representar? Aqui, dentre inúmeras respostas, focaremos no expressionismo. O sentimentalismo, romantismo e a poeticidade da expressão da figura podem ser interpretadas como características de destaque expressionistas, evidentemente na produção de pintores como Ernst Kirchner e Franz Marc, ao qual o Mendelsohn existe não apenas num espectro regional" (Costa; Bueno, 2018).

Conforme denotado por Bruno Zevi (1999), podemos compreender a Torre como uma manifestação formal da transformação do paradigma gravitacional enunciado por Einstein. [...] Na Teoria da Relatividade, publicada em 1911 com a revisão para a Teoria Geral, Einstein explica que a relação gravitacional com os fenômenos do tempo e espaço são constituídos intrinsecamente. Durante as vanguardas, o cubismo tentou explicitar essa relação de maneira experimental, representando a unidade temporal em seu contexto espacial. Zevi explica esta relação entre a unidade de tempo da constituição material (ZEVI, 2002) do espaço, onde a Torre Einstein torna-se emblemática, com o seu questionamento da materialização da passagem material do tempo.

[...]

Os materiais, para Mendelsohn, são o meio para a finalidade da sua expressão formal (FRAMPTON, 2003). O que importa para o arquiteto, conforme descrito detalhadamente por Zevi (1999) acerca de sua compilação de toda a trajetória projetual, é de que sua experiência simbólica das tradições e da tecnologia constituem a linguagem moderna de suas arquiteturas. Esta impressão veio de forma imageticamente unilateral e formal, posteriormente transformada na experimentação de signos, onde passado e história surgem na expressão de sua arquitetura.

Podemos estabelecer aqui conexão com o rompimento com seus contemporâneos na busca da expressividade da Torre Einstein, utilizando como junção dos elementos constituintes da arquitetura processos de ligação usando dobras formais tais como vedação e estrutura, vedação e vãos para realização de efeitos estéticos influentes da relatividade. (Costa; Bueno, 2018)

leo74ms/Shutterstock

O poder do conceito arquitetônico se tornou tão poderoso com o passar dos anos que muitas construções são verdadeiras **marcas**, logos poderosos que convertem grandes edificações em produtos, como é o caso do **Edifício Chrysler**, monumento ao *art déco* do fim da década de 1920. Lar da empresa Chrysler até 1950, a edificação ainda celebra seu glorioso passado estético com suas gárgulas em forma de pássaro em suas calhas de escoamento de águas pluviais, que emulam o famoso capô Chrysler. Criteriosamente construído, o prédio obedece a mais de 1900 leis de zoneamento de sua cidade natal, Nova York, "que restringem a altura de paredes externas do lado da rua" (Simões, 2020). Sua construção em camadas resultou em uma silhueta formada por agrupamentos de diferentes dimensões.

- Essa incrível edificação de 77 andares foi construída com base em uma robusta estrutura que combina aço e alvenaria distribuídos em seus 319 metros.
- O revestimento de sua parte inferior é ornamentada por um belo contraste de granito preto polido e mármore branco.
- Com uma linda composição em grades, as janelas, sem soleiras, são alinhadas em paralelo com as fachadas do prédio.
- O *art déco* pode ser admirado nos segmentos de seu elevado átrio revestido de tom dourado. A era dourada em que foi construído pode ser vista no seu piso travertino, em suas paredes com revestimento de mármore vermelho africano e em suas luminárias (Simões, 2020).

Com a evolução cada vez mais acelerada pelo pós-modernismo, a arquitetura elevou ainda mais sua capacidade de converter as edificações em verdadeiras obras de arte, como no caso do **Guggenheim Bilbao**: um espetáculo embebido em titânio, a estrutura do museu é arte por si só. Com suas cascatas de blocos contorcidos e irregulares, o prédio desafia qualquer noção de hierarquia. Seu átrio envidraçado atua tal como uma explosão de volume. Desafiando toda e qualquer análise, sua configuração conta com planos e arestas que se mostram de maneira incrível, mas nunca totalmente, pois abarcá-lo em seu conjunto é um trabalho vão. Combinando texturas metálicas a

Emanuel Pintado/Shutterstock

um *design* aerodinâmico, o museu desafia as convenções ao unir tais elementos arquitetônicos com simples blocos de alvenaria e formas regulares extraídas da pedra.

Obviamente, a edificação não peca por ausência de funcionalidade: a racionalidade se encontra perfeitamente impressa, em diversos níveis, na distribuição de suas galerias e no subsolo, destinado aos serviços administrativos do museu, marcadamente rígido e funcional:

> Essa mesma dualidade, embora atenuada pelo revestimento uniforme de pedra, pode ser verificada no Centro Americano em Paris, um bloco em "L" regular o bastante para abrigar um edifício residencial que aproveita a inflexão do volume e a liberdade programática dos espaços públicos da instituição para acomodar a sobreposição de formas irregulares. (Rego, 2001)

Observe que a arquitetura imprime uma marca na face da Terra, uma tatuagem que registra nossos desejos, nossos anseios, nossas necessidades, nossas crenças; as construções da humanidade materializam nossas ambições, nossos sonhos, nosso desejo de eternidade, nossa luta contra o tempo, nosso esforço por preservar memórias. Essas realizações humanas monumentais mostram como as grandes construções são pontos altos de várias culturas. É claro, um prédio espetacular não precisa marcar a história como esses grandes monumentos da humanidade, mas pode ser um ponto nas abordagens marcantes da arquitetura de um tempo, tais como o **paranismo**, tendência que vem sendo relembrada na atualidade. De acordo com Afonso e Queluz (2007, p. 145, 149, 151), esse movimento foi concebido para conferir uma imagem ao estado do Paraná, dando à população da região um sentimento de pertencimento fundado nos símbolos do pinheiro, do pinhão e de seus derivados que até hoje permanecem no imaginário paranaense. Por meio da elaboração de mobiliários urbanos e outros objetos arquitetônicos, nomes como João Turin, Frederico Lange de Morretes e João Guelfi marcaram história como ativos defensores do movimento. De Lange ainda guardamos as melancólicas calçadas de *petit-pavê*, que percorrem muitos trajetos importantes de Curitiba.

Alf Ribeiro/Shutterstock

> O grande legado paranista foi o incentivo para uma produção não apenas regionalista, mas por figuras verdadeiramente ligadas ao que estava ocorrendo no Estado. Nota-se que, juntamente com este incentivo, restou também o símbolo do pinheiro (*Araucária angustifólia*) e seus derivados como logotipo do Estado. (Afonso; Queluz, 2007, p. 150)

Nesse sentido, podemos afirmar que o pós-modernismo, movimento que marcou a década de 1960 como a antítese do referencial moderno, passou por cima de tudo que o paradigma de Le Corbusier representava. Nessa tendência que bebe nas fontes dos símbolos e de seus valores culturais, a padronização foi abandonada para dar lugar a um culto às diferenças e à variedade social típica das cidades. Tendo na figura de Robert Venturi um estandarte do movimento, o pós-modernismo se divide nos seguintes valores, de acordo com o estudioso:

> simplificação × complexidade; unicidade × tensão; unidade × vitalidade emaranhada. Em vez da rigidez formal e estética do modernismo, Venturi propõe a incorporação de elementos históricos, materiais incomuns, além de fragmentações e rupturas nas fachadas, tidas como elementos primários. Ou seja, o pós-modernismo representa uma nova forma de pensar os edifícios, tanto que quando questionado sobre a frase "menos é mais" de Mies Van der Rohe, Venturi rebate dizendo que "menos é um tédio". Uma espécie de paródia que diz muito sobre este estilo. (Ghisleni, 2021)

Podemos assimilar esse fenômeno e combiná-lo com nossos próprios pensamentos, extraindo o que o movimento tem de positivo, como o revisionismo histórico e o diálogo com outras manifestações. É assim que a história é criada: nada é de fato eliminado; tudo é assimilado e ressignificado, ganhando outros contornos, atendendo a outras demandas e a outros ideais, que um dia serão transformados novamente. E como isso se aplica à arquitetura atual? Quais critérios podemos utilizar para avaliar se uma construção poderá entrar para a história e, posteriormente, contribuir para novas perspectivas da arquitetura? Ela deve gerar uma experiência estética espontânea, conectada com nosso tempo, associada com um desejo propositivo visível de criar uma civilização melhor, com espaços interativos e sustentáveis (na Lição 5 deste manual, veja o Projeto Eurobusiness, da Realiza Arquitetura: um verdadeiro exemplo de uma construção que ficará para a história; veja também o incrível caso do arquiteto Norman Foster e seu audacioso projeto na Lua!).

Resumindo

Beba diretamente na fonte das grandes edificações da história da humanidade; se puder, conheça-as pessoalmente. Transporte-se no tempo e imagine os desafios encontrados pelos grandes arquitetos da história, bem como os caminhos que os conduziram às geniais soluções por eles encontradas. Maravilhe-se com os ecos, mas também perceba como as grandes edificações da história continuam até hoje imponentes e importantes para a humanidade. Aproveite cada detalhe com a curiosidade de uma criança. Faça dessas obras balizas luminosas para a condução de sua carreira e as revisite constantemente.

A Lição 3 inspirou você com toda essa herança histórica? Maravilha! Admire projetos da Realiza que respeitam os traços históricos da cidade de Curitiba em suas linhas.

Equilíbrio Solare

Releitura dos prédios históricos de esquina em Curitiba, que contornavam as esquinas com curvas suaves.

- ⊙ **Endereço**: Rua Urbano Lopes – Cristo Rei, Curitiba-PR.
- ↗ **Área total construída**: 18.487,51 m².
- ▮▮ **Distribuição**: 24 pavimentos e 2 subsolos.
- 🏢 **Número de unidades**: 120 unidades residenciais no total, do 5º ao 24º pavimento.
- 🚘 **Estacionamento**: 170 vagas distribuídas nos dois subsolos.

ELEVAÇÃO

PLANTA TÉRREA

1. HALL
2. RECEPÇÃO
3. GUARITA
4. MARKET
5. ADMINISTRAÇÃO
6. ESTACIONAMENTO

PLANTA PAVIMENTO TIPO

1. QUARTO
2. BANHEIRO
3. ESTAR/JANTAR
4. LAVABO
5. COZINHA
6. ÁREA DE SERVIÇO
7. SACADA
8. CLOSET
9. ESTAR ÍNTIMO
10. HALL SOCIAL

Gadens André de Barros

Releitura dos prédios da década de 1960 da região central de Curitiba, por estarmos fazendo uma nova inserção nessa região, revitalizando o entorno.

- **Endereço**: Rua André de Barros, 513 – Centro, Curitiba-PR.
- **Área total construída**: 18.532,95 m².
- **Distribuição**: 28 pavimentos e um subsolo.
- **Número de unidades**: 14 unidades do 5º ao 28º pavimento.
- **Total**: 336 unidades.
- **Estacionamento**: 97 vagas no total, divididas em 2 subsolos.

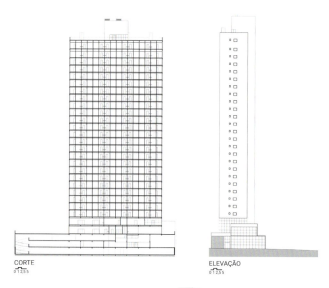
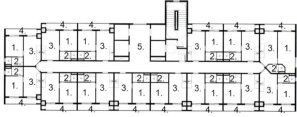

Gadens Ecoville

Destaque no embasamento e no coroamento, numa releitura dos mestres clássicos da arquitetura: base + corpo + coroamento.

- **Endereço**: Rua Bárbara Cvintal – Mossunguê, Curitiba-PR.
- **Área total construída**: 24.908,62 m².
- **Distribuição**: 29 pavimentos e 3 subsolos.
- **Número de unidades**: 144 unidades residenciais no total, do 2º ao 29º pavimento.
- **Estacionamento**: 146 vagas distribuídas nos subsolos.

CORTE

ELEVAÇÃO

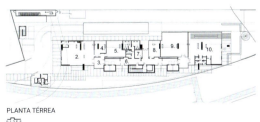

PLANTA TÉRREA

1. GUARITA
2. SALÃO DE FESTA
3. HALL DE RECREAÇÃO
4. BRINQUEDOTECA
5. SALÃO DE JOGOS
6. HALL SOCIAL
7. SALA DE REUNIÃO
8. COWORKING
9. ACADEMIA
10. PISCINA

02

Elabore estratégias

Lição 4

ESTABELEÇA O SER HUMANO COMO A MÉTRICA PRINCIPAL

O homem como medida e parâmetro para todas as decisões projetuais

Filósofo sofista, Protágoras de Abdera (481-411 a.C.) tornou-se famoso pela seguinte sentença: "o homem é a medida de todas as coisas, das que são, enquanto são, e das que não são, enquanto não são" (citado por Santos, 2017, p. 1). De acordo com Aristóteles, estudioso dos conceitos defendidos pelo pensador, Protágoras defendia que

> o homem é a medida de todas as coisas, querendo dizer com isso o seguinte: o que parece a alguém existe seguramente. Mas se é assim, segue-se que a mesma coisa é e não é, que é boa e má, e que é também todos os outros contrários: e isso porque muito amiúde a mesma coisa para alguns parece bela, enquanto para outros parece exatamente o contrário, e a medida das coisas é aquilo que parece a cada um. (Aristóteles, citado por Santos, 2017, p. 64)

Esse fundamento é essencial para o pensamento da arquitetura e, no nosso caso, da estética – um fenômeno que, ainda que possa gerar uma reação negativa num primeiro contato, pode ser revisto e ressignificado pelo observador: quando este é incentivado a compreender as motivações de determinadas escolhas estéticas, ele pode mudar de ideia sobre seus julgamentos. Portanto, a experiência estética é uma apreensão da realidade tanto intuitiva, no sentido de que gera uma reação espontânea, quanto racional, haja vista que o observador pode rever seus conceitos estéticos sobre determinado objeto se ele perceber como válidos os argumentos e as motivações que levaram à sua criação.

Reviva o homem ancestral

A arquitetura, o urbanismo e as legislações específicas formaram um arcabouço cultural e tecnocrático que amarraram o homem com cordas invisíveis. Tanta proteção e pseudoconforto trataram de adoecer o ser humano, tornando domesticado e imobilizado um corpo desenhado por milhões de anos para ser uma máquina com mobilidade e adaptabilidade constantes. Nesse contexto, redescobrir a vocação natural de nosso *design* biológico e criar espaços e cidades que seduzam pela exploração e pela dinâmica saudável passa a ser uma estratégia inovadora e consistente.

De acordo com William Myers, autor de *Biodesign: Nature + Science + Creativity* (2012), citado por Abolafio Junior (2013), o *design* biológico, como o próprio nome diz, é uma conciliação entre *design* e sistemas biológicos criados para uma alta *performance* ecológica. É por meio da inserção de microrganismos vivos que se obtém na atualidade tecnologias como a do isopor feito de cogumelos; a ilha biogestora da Philips, que é capaz de gerar gás metano aplicado

> A arquitetura, o urbanismo e as legislações específicas formaram um arcabouço cultural e tecnocrático que amarraram o homem com cordas invisíveis

a várias funções; a luminária Bacterioptica, de estúdio americano MADLAB, fundamentada em colônias de bactérias que alimentam fibras óticas destinadas à iluminação; e o Edifício Harmonia 57, do coletivo Triptyque, em São Paulo, que funciona como uma verdadeiro organismo vivo, que drena água da chuva, tratando-a a reutilizando-a constantemente em suas próprias instalações. "É uma forma de contrastar com a impermeabilidade típica da cidade", considera Carolina Bueno, sócia do estúdio formado por ela e mais três arquitetos (Abolafio Junior, 2013).

No entanto, ainda estamos inseridos no paradigma da arquitetura moderna, do industrialismo, da produção em massa, da fábrica, da fragmentação familiar. Além disso, a estética moderna é marcadamente racionalista e ideológica, enquanto as belas artes, eminentemente representativas, já não têm tanto espaço. Tanto que há pouco tempo não tínhamos profissionais que trabalhassem com o rococó, o barroco, o *art noveau*; só na atualidade é que tais estilos e suas respectivas técnicas estão voltando a ser economicamente viáveis.

No alto do industrialismo, da arte e da arquitetura moderna, rejeitava-se tudo que era diferente; essas abordagens da realidade eram excludentes, exclusivistas. E esse realidade ainda não mudou visivelmente. Por isso a arquitetura é tão importante, pois ela privilegia o entendimento da estética; porque, quando entendemos as nuances sociais por trás da arquitetura, nos tornamos mais tolerantes. É triste ver como a doutrinação e o elitismo influenciam nossa área na atualidade – um campo que conta com pessoas muito eruditas, mas pouco sábias. Perceba: não há pouca erudição no mundo, mas pouca inteligência emocional. E é fundamental entender essa nova geração, a do *blip*, já prevista por Toffler, de modo a oferecer a essa nova humanidade sabedoria e inteligência emocional. De acordo com o futurista americano,

> No alto do industrialismo, da arte e da arquitetura moderna, rejeitava-se tudo que era diferente; essas abordagens da realidade eram excludentes, exclusivistas. E isso não mudou muito hoje

Com a ampliação do acesso à informação por grande parte da sociedade, algumas mudanças no modo de pensar e o conceito de organização foram transformados, principalmente para as gerações mais recentes. Isso é o que Toffler chama de cultura *blip*. É uma nova cultura que nasce intrínseca a essa nova geração da sociedade que recebe infinitos pedaços distintos de informação, quase sempre incompletos, desconexos e ausentes de tradição ou significado, porém, mesmo assim, encontram uma forma de naturalmente unir esses *blips*. Hoje facilmente relacionado ao conteúdo das redes digitais e à internet de uma forma geral, esse fenômeno fica claro. Toffler, porém, em 1980 prevê que não se incomodar com essa falta de organização seria típico dos nativos da terceira onda, pois, de ali em diante, não seria considerado por eles uma falta de organização a fragmentação, apenas uma nova forma de se organizar. Nas redes sociais, onde se acompanha de forma corriqueira a vida de centenas de pessoas, o posicionamento de inúmeras marcas, notícias sobre a sociedade e qualquer tipo de novidade e informação, muitas vezes não existe uma união clara entre quase nada contido ali. (Castro; Dugnani, 2019, p. 8)

Nós temos de fazer com que essa geração consiga ser menos sectária, tribal, intolerante com o outro e com o novo. Poder ser livre para participar de mais de um time, para falar, é fundamental nesse caso. São essas possibilidades que podem dar origem a uma nova arquitetura, a novas tendências a serem exploradas, tais como a biofilia, a neuroarquitetura e o *design* ecológico.

E o que vem a ser a biofilia? Qual sua relação com a neuroarquitetura? Como podemos conceituar *design* ecológico? Vejamos (A biofilia..., 2022):

- **Biofilia**: tendência arquitetônica que procura conciliar o contato com a natureza e os ambientes projetados. Graças ao *design* ecológico, o ser humano reconheceu que pode adaptar-se ao mundo natural e não se concentrar apenas em ambientes artificiais. Esse movimento prioriza a saúde física e mental, bem como o bem-estar e o sentimento de pertencimento das pessoas. Tendo esses valores em seu *background*, a biofilia tem como objetivo criar locais com estruturas e paisagens modernas que conciliem o natural e o humano, em uma relação de integridade mútua.
- **Biofilia e neuroarquitetura**: a neuroarquitetura analisa a relação dos espaços com o funcionamento cerebral e seus comportamentos. A biofilia, por sua vez, prioriza em seus trabalhos, entre outros fatores, a saúde mental, daí a relação entre essas duas vertentes. Levando-se em conta que passamos 90% de nosso tempo em ambientes que incluem o corporativo, nada mais racional que conciliar uma relação saudável com a natureza e um ambiente 100% pensado para atuar positivamente sobre o cérebro, por exemplo, diminuindo o estresse e a ansiedade.
- *Design* **ecológico**: diz respeito a uma vertente do *design* que prioriza uma abordagem sistêmica e integrada das edificações, num trabalho multidisciplinar que abarca "a permacultura construções ecológicas, agricultura sustentável, engenharia ecológica, sistemas de água e energia, restauração de ecossistemas, desenvolvimento regenerativo e muitos outros" (Design..., 2021). Dando força às muitas interdependências existentes no meio ambiente, ela prioriza a criação de condições favoráveis para o desenvolvimento de toda e qualquer forma de vida. Além disso, esse nicho da arquitetura prega a cocriação de "cidades, bem como de assentamentos ecológicos descentralizados e 're-regionalizados', sintonizados com as singularidades de suas biorregiões, de forma

que nos ajudem a ir além da adaptação e mitigação de impactos, rumo a desenvolvimento regenerativo e uma nova consciência humana embasada em princípios biocêntricos" (Design..., 2021).

É com essa capacidade permanente de criatividade e colaboração que a arquitetura pode se adaptar aos inúmeros desafios que a humanidade hoje enfrenta na esfera ambiental.

Resumindo

A alma, o intelecto, a ergonomia, as necessidades e aspirações do homem não podem servir apenas para justificar decisões *a posteriori*. Elas devem servir de instrumento projetual, de concepção efetiva do desenrolar do processo criativo. Na nossa definição, "arquitetura é a relação entre o homem e o espaço", enquanto o urbanismo é "a relação entre a sociedade e o espaço", simples assim. Crie espaços que estimulem o movimento, agucem o intelecto, promovam o convívio.

Esta lição lhe mostrou como direcionar suas prioridades e sua visão de arquitetura? Ótimo! Vejamos na sequência os estudos de caso que dão corpo aos conteúdos tratados nesta parte da obra.

Estudo de caso:
Bravíssima Private Residence

○ **Endereço**: Avenida José Medeiros Viêira, 500 – Brava Norte, Itajaí-SC.

◸ **Área total construída**: 69.900,36 m².

▥ **Disposição**: 10 torres, 1 clube, 1 guarita e 1 subsolo.

▥ **Número de unidades**:

- Torre A
    - Residencial: 2 unidades residenciais no pavimento tipo (pavimentos: 2º ao 5º)
    - 1 unidade residencial no térreo
    - Total: 9 unidades
- Torre B
    - Residencial: 2 unidades residenciais no pavimento tipo (pavimentos: 2º ao 5º)
    - 1 unidade residencial no térreo
    - Total: 9 unidades
- Torre C
    - Residencial: 2 unidades residenciais no pavimento tipo (pavimentos: 2º ao 5º)
    - 1 unidade residencial no térreo
    - Total: 9 unidades
- Torre D
    - Residencial: 2 unidades residenciais no pavimento tipo (pavimentos: 2º ao 5º)
    - 1 unidade residencial no térreo
    - Total: 9 unidades
- Torre E
    - Residencial: 2 unidades residenciais no pavimento tipo (pavimentos: 2º ao 5º)
    - 1 unidade residencial no térreo
    - Total: 9 unidades
- Torre F
    - Residencial: 2 unidades residenciais no pavimento tipo (pavimentos: 2º ao 5º)
    - 1 unidade residencial no térreo
    - Total: 9 unidades
- Torre G
    - Residencial: 2 unidades residenciais no pavimento tipo (pavimentos: 2º ao 5º)
    - 1 unidade residencial no térreo
    - Total: 9 unidades
- Torre H
    - Residencial: 2 unidades residenciais no pavimento tipo (pavimentos: 2º ao 5º)
    - 1 unidade residencial no térreo
    - Total: 9 unidades
- Torre I
    - Residencial: 2 unidades residenciais no pavimento tipo (pavimentos: 2º ao 5º)
    - 1 unidade residencial no térreo
    - Total: 9 unidades
- Torre J
    - Residencial: 2 unidades residenciais no pavimento tipo (pavimentos: 2º ao 5º)
    - 1 unidade residencial no térreo
    - Total: 9 unidades
- **Total final**: 90 unidades residenciais.

🚗 **Estacionamento**:
- Subsolo geral – 367 vagas.

A localização desse terreno de frente para o mar, com fauna e flora da Mata Atlântica, fez com que a valorização apoteótica do paisagismo, integrando o mar com a mata atlântica, caracterizasse a estratégia compositiva arquitetônica desse projeto❶. As torres alinhadas longitudinalmente ao terreno oferecem a área central para uma composição exuberante do paisagismo❷.

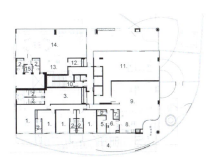
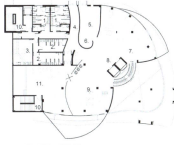
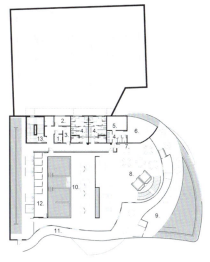

PLANTA TÉRREA

1. SUÍTE
2. BANHEIRO
3. CLOSET
4. OFURÔ/JARDIM
5. QUARTO DE SERVIÇO
6. ÁREA DE SERVIÇO
7. LAVABO
8. COZINHA
9. ESTAR/JANTAR
10. ESCADA
11. HALL SOCIAL
12. COPA
13. COZINHA GOURMET
14. SALÃO DE FESTA
15. BANHEIRO CADEIRANTE

PLANTA 2º PAVIMENTO

1. VESTIÁRIO
2. VESTIÁRIO FUNCIONÁRIOS
3. COPA FUNCIONÁRIOS
4. LOUNGE
5. ESPAÇO KIDS
6. FRAUDÁRIO
7. ACADEMIA
8. HALL
9. JOGOS
10. ESCADA
11. BOATE

PLANTA 3º PAVIMENTO

1. BANHEIRO CADEIRANTE
2. ÁREA TÉCNICA
3. ROUPARIA
4. VESTIÁRIO
5. SAUNA SECA
6. SAUNA ÚMIDA
7. BAR
8. HALL
9. DECK PISCINA
10. ESPAÇO AQUA
11. SACADA
12. ESPAÇO MULHER
13. ESCADA

As formas sinuosas dos edifícios foram milimetricamente estudadas e redesenhadas à exaustão até encontrarmos o perfeito equilíbrio de uma força invisível[3], mas que pudesse ser sentida como uma corrente de energia que percorre toda a obra, a alma forte e indomável do Bravíssima.

Estudo de caso: Duet Mercês

- **Endereço**: R. Visconde do Rio Branco, 116 – Mercês, Curitiba-PR.
- **Área total construída**: 9.354,55 m².
- **Distribuição**: 9 pavimentos e dois subsolos.
- **Número de unidades**:
    - 8 unidades do 2º ao 8º pavimento.
    - 5 unidades no térreo.
- **Total**: 61 unidades.
- **Estacionamento**: 82 vagas no total, divididas em 2 subsolos.

CORTE

ELEVAÇÃO

PLANTA PAVIMENTO TIPO

1. QUARTO
2. BANHEIRO
3. LAVABO
4. ESTAR/JANTAR
5. COZINHA
6. ÁREA DE SERVIÇO
7. SACADA

Nesse projeto, voltamos a exercitar a criação da terceira dimensão na utilização dos edifícios residenciais. Usualmente, temos a área externa, que é avistada de dentro do apartamento, e a área interna do apartamento e de suas áreas comuns.

A proposta apresentada é do edifício com átrio central, que cria uma terceira dimensão interna na edificação – um terceiro ambiente interno e de uso comum descoberto, que busca oferecer mais eficiência e conforto –, dotada de uma cobertura retrátil transparente. Essa estrutura, acionada automaticamente em função da insolação, ventilação, temperatura e umidade, promove o controle térmico e cria um microclima apropriado para as diversas estações do ano. Tanto na fachada externa quanto nas paredes internas, a vegetação não apenas está presente no pavimento térreo, como também se eleva pelas fachadas, criando jardins verticais❶.

Os apartamentos com tipologias variadas apresentam inovações: o apartamento dispõe de portas dos quartos que se abrem diretamente para a área social; o lavabo, por sua vez, conta com duas portas, possibilitando seu uso social ou sua utilização para a segunda suíte.

As alternativas passivas de projeto resultaram em um edifício sustentável em harmonia estética com o entorno urbano, que é abundante em vegetação.

PLANTA TÉRREO
0 1 2,5 5
1. QUARTO
2. BANHEIRO
3. LAVABO
4. ESTAR/JANTAR
5. COZINHA
6. ÁREA DE SERVIÇO
7. TERRAÇO COBERTO
8. LAVANDERIA
9. ADMINISTRAÇÃO
10. GUARITA
11. HALL DE ENTRADA
12. BRINQUEDOTECA
13. SALÃO DE FESTA

Mais do que um edifício, criamos um edifício-praça. Subvertemos o lapso espaçotemporal entre a circulação do *hall* de entrada até o apartamento, criando um novo cenário animado e democrático❷. É um passeio arquitetural por uma praça central com tratamento paisagístico onde os moradores podem vivenciar uma experiência comunitária diferenciada.

Observe a seguir como as edificações da Realiza Arquitetura trazem em seu DNA uma visão que respeita a dimensão humana.

LN Ecoville

- **Endereço**: Rua Deputado Heitor Alencar Furtado – Campina do Siqueira, Curitiba-PR.
- **Área total construída**: 43.599,52 m².
- **Distribuição**: 2 lojas, 2 torres residenciais, 1 torre corporativa e 2 subsolos.
- **Número de unidades**:
  - Torre 01 (Esquerda) – 42 unidades residenciais distribuídas em 22 pavimentos.
  - Torre 02 (Meio) – 17 unidades residenciais distribuídas em 18 pavimentos.
  - Torre 03 (Direita) – 160 unidades de escritórios.
- **Estacionamento**: 413 vagas distribuídas nos 2 subsolos.

Estes estudos e obras exercitam as possibilidades plásticas para um produto imobiliário funcionalmente diferenciado de uso misto e tamanhos variados. Esta inovação deve ecoar esteticamente.

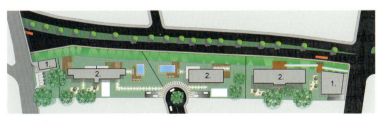

IMPLANTAÇÃO
0 5 10 20
1. LOJA
2. TORRE RESIDENCIAL

Champagnat Office & Residence

◎ **Endereço**: Rua Padre Anchieta, 2540 – Bigorrilho, Curitiba-PR.

◪ **Área total construída**: 41.268,00 m².

▥ **Distribuição**: 1 torre com 24 pavimentos e 2 subsolos.

▥ **Número de unidades**: 16 unidades residenciais por andar, do 5º ao 24º pavimento.

▥ **Total**: 304 unidades.
  - 18 unidades comerciais por andar, do 5º ao 17º pavimento.

▥ **Total**: 216 unidades.

🚗 **Estacionamento**: 211 vagas nos residenciais, distribuídas no 2º subsolo, e 173 vagas comerciais, distribuídas nos sobressolos (2º e 3º pavimentos).

Empreendimento de uso misto (apartamentos e escritórios que estão identificados com volumetrias e cores distintas e que se interceptam na esquina). Nessa intersecção, os usos e cores se misturam, denotando a simbiose do morar e trabalhar dos dias atuais.

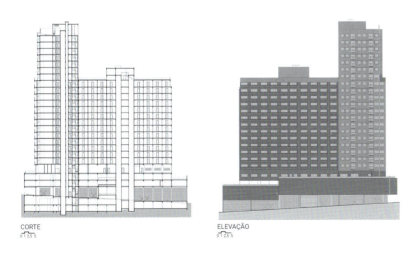

CORTE

ELEVAÇÃO

PLANTA TÉRREA

1. GALERIA
2. ESTACIONAMENTO
3. APOIO
4. COZINHA
5. SALÃO DE FESTA
6. TERRAÇO
7. BANHEIROS
8. SALÃO GOURMET
9. ADMINISTRAÇÃO
10. SERVIÇO E COMÉRCIO
11. HALL

Giuseppe Verdi

◎ **Endereço**: Avenida Silva Jardim, 255 – Água Verde, Curitiba-PR.

↗ **Área total construída**: 16.346,72 m².

📊 **Distribuição**: 4 torres residenciais com 8 pavimentos cada e um subsolo.

🏢 **Número de unidades**: 88 unidades residenciais no total.

🚗 **Estacionamento**: 150 vagas distribuídas no subsolo.

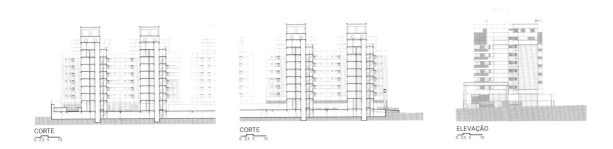

O espaço dentro do espaço, as sucessivas camadas do mundo e do universo.

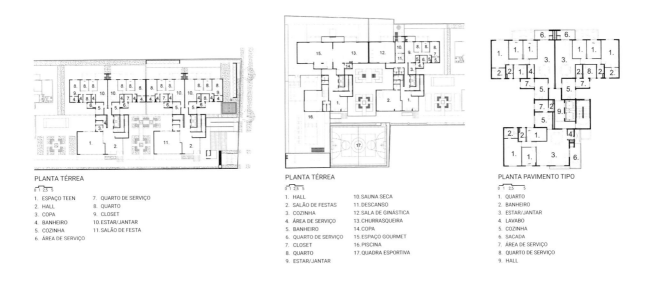

ESTABELEÇA O SER HUMANO COMO A MÉTRICA PRINCIPAL

Lição 5

CRIE UMA HARMONIA SUSTENTÁVEL

Solução passiva

Antes de entrarmos de cabeça nos conteúdos desta lição, precisamos esclarecer os conceitos de **harmonia** e **sustentabilidade** que movem o trabalho na arquitetura. Vamos a eles?

Para o contexto deste manual, a *harmonia* pressupõe "1. Arrumação bem organizada entre as diferentes porções que constituem um todo; simetria ou combinação; equilíbrio; 2. Afinidade ou coerência; conciliação ou concordância; acordo; 3. Consenso entre diferentes indivíduos; paz ou entendimento" (Harmonia, 2021). Nesse âmbito, a arquitetura "engloba todas as suas escalas, do projeto de interiores ao urbano, e a harmonia pensa no ser como um todo" (Marini, 2019).

A ideia de *sustentabilidade*, por sua vez, é recente. O termo foi cunhado pela Organização das Nações Unidas (ONU) em 1992, período em que a instituição estava determinada a aplicar radicalmente o conceito na sua agenda de preservação ambiental. Pela primeira vez no mundo, governos de todas as nações passaram a ser incentivadas a realizar mudanças significativas em seus modos de produção e consumo para mitigar os problemas ecológicos que já há muito batiam na porta da humanidade. Tentando mudar a mentalidade socioeconômica extrativista de seus países-membros, a organização apresentou aos seus integrantes uma simples equação: para que possa haver desenvolvimento que perdure pelas gerações, é necessário que haja recursos ambientais devidamente mantidos para esse processo. O curioso é que a prática da sustentabilidade tem uma história mais recuada no tempo: já no século XVII, países da Europa reutilizavam as madeiras utilizadas para a construção de navios e as aplicavam em vários outros segmentos, conservando assim a matéria-prima por mais tempo.

No entanto, foi só com a Agenda 21 que as discussões sobre sustentabilidade saíram das cadeiras dos representantes da ONU para chegar às poltronas dos grandes industriais, graças a vozes como a do sociólogo John Elkington:

> O sociólogo e escritor britânico John Elkington foi o primeiro a falar de sustentabilidade no âmbito dos negócios e a considerá-la como parte de um tripé, adicionando às discussões ambientais o viés econômico e social. O "Triple Bottom Line", expressão que traduz a teoria de Elkington, define que, para ser sustentável, uma organização ou um negócio deve ser financeiramente viável, socialmente justo e ambientalmente responsável. (O que é..., 2016)

Depoimento

Quando o termo *sustentabilidade* surgiu nos Estados Unidos, empresas que propusessem e implementassem soluções de construção que economizassem energia e outros insumos usufruíam de redução de impostos e ganhavam um selo, que, por sua vez, deu origem a um grande "comércio". Quando essa tendência aportou no Brasil, eu alertei meus colegas: os parâmetros estadunidenses são outros; nós apoiamos a vinda do Green Building Council (GBC)* para o Brasil e ensinamos aos arquitetos o que era sustentabilidade nos nossos termos, com uma visão diferente: quando a ideia de sustentabilidade surgiu no país, a construção de um prédio custava até 30% a mais; nós conseguimos fazer com que esse valor diminuísse, até chegarmos a um prédio que não consome água.

---

* "Fazemos parte de um movimento global, presente em 80 países, trabalhamos pela transformação da indústria da construção em direção à sustentabilidade. Somos independentes e sem fins lucrativos, apoiados pelas forças de mercado e atuamos em todas as fases de uma edificação, concepção, construção, interiores e operação. No Brasil possuímos atividades e projetos em todo país e somos destaque no movimento internacional de green building" (GBC Brasil, 2022).

MarleenS/Shutterstock

O papel da bioarquitetura na concepção de tais elementos é fundamental. Com origem nas décadas de 1960 e 1970, esse nicho foi concebido por profissionais que finalmente entenderam a importância de conciliar a construção de edificações com o meio ambiente. Como eles fizeram isso? A solução foi simples: integrar as construções ao ecossistema local, utilizando-se de tecnologias recém-descobertas e da arquitetura tradicional, que por si só já se vale de elementos naturais e de dinâmicas climáticas da região em que as edificações se instalam. Com o passar dos anos, o mercado viu crescer o que podemos chamar de "arquitetura verde", na qual

> os elementos naturais como a terra, pedra, areia, argila, fibras naturais e cimento queimado são muito utilizados para substituir os materiais que emitem grandes quantidades de CO_2, como cimento e tijolos, reduzindo assim os danos à natureza. Esses projetos arquitetônicos têm como objetivo a ecologia e a sustentabilidade, e isso é colocado em prática desde o planejamento do projeto até a sua fase final.

> É preciso avaliar e aproveitar todos os recursos naturais disponíveis no espaço onde será construída a edificação, como solo, rochas, árvores ou clima, por exemplo. (A bioarquitetura..., 2021)

Vamos ver um pouco mais sobre esse assunto a seguir?

A casa viva: o futuro ou o presente da arquitetura

No contexto atual, em que a tecnologia é uma das protagonistas da plástica arquitetônica, acreditamos muito naquilo que batizamos como "a casa viva" – um novo ciclo estético da arquitetura e das cidades. Pesquisamos e apoiamos estudos nesse sentido desde a década de 1980 para criar soluções realmente sustentáveis, criando materiais vivos e sintetizados, não extraídos da natureza, que reagem instantaneamente a demandas relacionadas a conforto, desempenho ou recursos. Inspirada na natureza, essa é uma grande promessa de disrupção arquitetônica futura.

E o que vem a ser a casa viva? Primeiramente, temos de pensar no contexto histórico em que o conceito surgiu: uma verdadeira efervescência da criatividade humana – para o bem e para o mal – tomou conta da segunda metade do século XX em todas as áreas do conhecimento, tais como a política, a ciência, a filosofia, a cultura e, sem dúvida alguma, a arquitetura (Sant'Ana; Gonçalves Jr.; Carstens; Costenaro; Fleight, 1987). O pós-modernismo de Lyotard e a Terceira Onda de Toffler varreram as convenções modernistas; no campo da arquitetura, Le Corbusier passou a ser sistematicamente questionado, ainda que sua sombra ainda paire sobre os destinos da área.

É nesse caldo cultural que um novo conceito de construção nasceu, cunhado pelos arquitetos Aurélio Sant'Ana, Antonio J. Gonçalves Jr., Frederico R. S. B. Carstens, Mário César Costenaro e Rossano Lúcio Fleight num esforço futurológico empreendido em 1987, denominado *casa viva*: uma estrutura fundamentada nos avanços da engenharia genética e nas suas respectivas pesquisas e em materiais combinados com a cultura de microrganismos e a utilização de componentes eletrônicos produzidos em nível molecular. Nesse contexto, os circuitos eletrônicos viriam a cair em obsolescência, haja vista a manipulação de moléculas especificamente criadas para o ramo da construção (Sant'Ana; Gonçalves Jr.; Carstens; Costenaro; Fleight, 1987).

Pense na poderosa ideia que essa edificação representou à época, com sua visão "futurística", e reflita sobre todas as inovações que a arquitetura do século XXI já oferece e que vão exatamente na direção que indicamos: estamos caminhando para um mundo em que a tecnologia já foi amplamente assimilada pelo orgânico (Sant'Ana; Gonçalves Jr.; Carstens; Costenaro; Fleight, 1987). Nessa trajetória, a arquitetura orgânica já se torna mera consequência, uma arquitetura em que, num futuro muito próximo,

> basta ao arquiteto selecionar o código genético de algumas células vivas as características necessárias à habitação, ou seja, os projetos são feitos diretamente no espiral do DNA. A partir disso, a casa está pronta para crescer de acordo com as características desejadas. [...] A casa cresce em tempo reduzidíssimo e apresenta propriedades que retardam sua regeneração e envelhecimento. Todos os seus sistemas de sobrevivência (os antigos equipamentos), assim como seu funcionamento (metabolismo), são determinados também no código genético. (Sant'Ana; Gonçalves Jr.; Carstens; Costenaro; Fleight, 1987, p. 97)

Alguém com a devida informação sobre as inovações da arquitetura pode duvidar da coerência dessa visão, que se mistura ao presente e ao futuro da área?

Nessa esteira de grandes mudanças, a **biotecnologia** é fundamental:

> Segundo a ONU, "biotecnologia significa qualquer aplicação tecnológica que utilize sistemas biológicos, organismos vivos, ou seus derivados, para fabricar ou modificar produtos ou processos para utilização específica" (ONU, Convenção de Biodiversidade 1992, Art. 2). (Biotecnologia..., 2019)

Ou seja, biotecnologia nada mais é a ciência que, a partir de organismos vivos, cria produtos para melhorar a forma como vivemos, usando de conhecimentos acadêmicos, experimentação e constante inovação.

Entre os tipos de biotecnologia que interessam a este manual, podemos citar as seguintes (Biotecnologia..., 2019):

- **Biotecnologia branca**: aplicada a processos industriais, destinada ao desenvolvimento da sustentabilidade e eficiência da produção.
- **Biotecnologia cinza**: aplicada à área ambiental, mais especificamente para a preservação de recursos terrestres, hídricos, vegetais e animais; especializada no trabalho de reaproveitamento de resíduos.

Os investimentos nessa área são cada vez maiores, haja vista os resultados que esse nicho apresenta consistentemente. Em solo brasileiro, há grande potencial de crescimento desse campo.

> Algumas iniciativas de aceleração no setor, como a do BiotechTown, são exemplos que asseguram que este é um caminho interessante para novos investimentos.
>
> Por estar começando a crescer agora, especialistas afirmam que o setor de biotecnologia, especialmente em ciências da vida, está no momento ideal para receber investimentos e os resultados serão cada vez mais positivos. (Biotecnologia..., 2019)

Um grande exemplo de empreendimento que trabalha com materiais vivos é a **Mush Soluções Biotecnológicas***, empresa de Ponta Grossa, que desenvolve materiais de construção por meio da criação de musgos. Trata-se de uma tecnologia extremamente importante para a sustentabilidade na arquitetura, como você pode observar a seguir (AEC Daily, 2019):

- insere espaços verdes saudáveis;
- cria uma atmosfera agradável para dependências de entrada e escritórios de edificações;
- reduz o estresse, a capacidade de foco e outras funções mentais;
- diminuem ansiedade em ambientes médicos e hospitalares;
- fornece um sistema de filtragem de ar (pesquisas de fabricantes atestam que, após três dias após determinada instalação desse elemento, as emissões de CO_2 diminuíram 225% no local).

Além da aplicação em áreas internas, o musgo pode ter uma função essencial em qualquer construção – a **geração de energia** (Paredes..., 2016):

> A estudante do IAAC (Institute for Advanced Architecture of Catalonia), Elena Mitrofanova, em parceria com o bioquímico Paolo Bombelli, criou uma proposta para um sistema de fachada que utiliza o poder gerador de eletricidade natural das plantas. Ele consiste em uma série de "tijolos" modulares ocos de argila que contém musgos. O sistema emprega os recentes avanços científicos no campo biofotovoltaico (BPV) e seria mais barato para produzir, autorreparador, autorreplicante, biodegradável e muito mais sustentável que a energia fotovoltaica padrão.

---

* Quer saber mais a respeito? Acesse: <https://mush.eco/>. Acesso em: 26 abr. 2022.

O processo é incrivelmente simples: quando realiza fotossíntese, o musgo libera substâncias que são liberadas por raízes subterrâneas e consumidas por bactérias simbióticas, que as dividem em inúmeras outras partículas, entre as quais os elétrons livres, que podem gerar eletricidade. Projetado para alcançar a autossustentabilidade, o **tijolo Moss Voltaics*** tem um formato específico para o crescimento ótimo dos musgos, com ocos profundos que os preservam da luz; justamente por isso, exige pouca manutenção. Além disso, as partes de argila não são esmaltadas, para que haja a possibilidade de circulação de umidade, ao contrário da parte interna do tijolo, que conta com revestimento que impede sua deterioração.

Além disso, a biotecnologia já deu origem ao "**cimento vivo**", que conta com a adição de uma cianobactéria do gênero *Synechococcus*, capaz de reter água e nutrientes e que, numa combinação de areia e hidrogel, é capaz de se sustentar sozinho. A ligação desses dois produtos resulta em uma liberação de carbonato de cálcio por parte da bactéria, tal como na criação de conchas. Após secar, o cimento resultante do processo é tão resistente quanto argamassa à base de cimento. Exposto às condições necessárias, ele se mantém vivo e se multiplica (Szafran, 2020).

Quando falamos de *biotecnologia*, o trabalho de síntese de elementos se dá, em maior medida, no laboratório. Podemos pensar no vidro, por exemplo: no caso desse material, a característica desejada é a transparência, certo? Se estivermos falando de um "vidro vivo", podemos sintetizar um material que possa crescer e "sentir" a quantidade de luz e se tornar mais opaco ou mais translúcido de acordo com a necessidade. Esses são os elementos de uma casa viva. Imagine cidades vivas, todas compostas por esses incríveis materiais!

---

* Deseja saber mais a respeito desse incrível projeto? Acesse: <https://iaac.net/project/moss-voltaics/>. Acesso em: 26 abr. 2022.

Neri Oxman* é uma arquiteta que trabalha diretamente com isso. A estudiosa realiza uma pesquisa bastante aprofundada em biocompostos (tais como a pectina da casca da maçã): estudando tais substâncias, a especialista avalia suas estruturas para sintetizar outros produtos artificiais, mas com procedência natural, que são inseridos em impressoras 3D e dão origem a construções de grande porte (Matoso, 2020). A pesquisadora, total opositora dos modos usuais de construção, procura com seu trabalho evitar o maciço desperdício e mal gerenciamento de resíduos não descartáveis em aterros e lixões:

> Neri não só reinventa os materiais. Ela também questiona o pensamento racional da lógica arquitetônica de pensar, onde desde a Revolução Industrial, linhas de montagem ditam um mundo feito de partes enquadrando a imaginação de arquitetos e designers que foram treinados a pensar nos seus projetos como resultados de pedaços com funções distintas. (Matoso, 2020)

O material só pode ser realmente sustentável se ele permitir que deixemos de ser extrativistas! Procurar materiais vivos é um marco civilizacional. E eles fazem com que a estética mude radicalmente. Portanto, nossos projetistas estão se tornando cada vez mais cientistas. Nesse sentido, por que a nanotecnologia não está sendo usada na construção civil? Tão utilizada na agricultura e nas indústrias armamentista e automobilística, a nanotecnologia não tem demanda na arquitetura. O trabalho da Mush Biotecnologia, por exemplo, não

---

* Neri Oxman é arquiteta e pesquisadora. Trabalha com projetos experimentais na construção. Unindo arte e arquitetura com *design*, biologia, computação e engenharia de materiais. A estudiosa combina avanços na ciência dos materiais (como impressão em 3D) com princípios de *design* encontrados na natureza, de forma sistêmica e interconectada. Deseja aprender mais a respeito do trabalho dessa grande profissional? Acesse: <https://neri.media.mit.edu/>. Acesso em: 26 abr. 2022.

é uma demanda da construção civil, apesar de a *startup* trabalhar com materiais dessa natureza.

Mentes sustentáveis

O envolvimento de centenas de mentes brilhantes é indispensável na execução de projetos sustentáveis, principalmente na busca pelo que chamamos "casa viva".

Quando você entende que a arquitetura é a forma mais completa de expressão artística e que essa interação pressupõe a estética, que se refere ao modo como as pessoas enxergam o mundo em termos de "certo" e "errado", você percebe como o mundo está totalmente interligado. Nesse contexto, o arquiteto tem a obrigação de saber o que está acontecendo no mundo (nos âmbitos da política, da economia, da saúde, da cultura, da arquitetura, da arte), com todas as suas diferentes visões, de modo a situar o que ele irá realizar. Nesse cenário complexo, o urbanismo, as questões climáticas, ambientais e legislativas se tornam um detalhe, ainda que importante.

Quando falamos de *sustentabilidade*, por exemplo, o mais importante é o **Plano Urbano**. Pode-se desejar criar, com base nesse parâmetro, o prédio mais sustentável do mundo. Entretanto, se esse documento forçar o arquiteto a fazer algo tecnicamente incorreto, está tudo errado. Quando esses planos foram criados, não havia ainda à disposição todo o arcabouço de conhecimento de que hoje dispomos. Nesse caso, podemos concluir que os planos urbanos do planeta Terra estão errados! Por exemplo: a Realiza Arquitetura tem um projeto (o Tower Club House, apresentado na Lição 2) fundamentado em uma "teoria urbana" – a permeabilidade vertical. No empreendimento em questão, o prédio tem um "buraco" em seu centro. E qual é a função desse elemento? Servir de repositório para jardins suspensos? Não, é para a passagem do ar. Nós temos um problema em Curitiba: as construções para a face sul geram o problema de umidade, pouca ventilação e iluminação, o que pode gerar mofo. E o Plano Urbano da cidade possibilita esse problema.

> O arquiteto tem a obrigação de saber o que está acontecendo no mundo (nos âmbitos da política, da economia, da saúde, da cultura, da arquitetura, da arte), com todas as suas diferentes visões, de modo a situar o que ele irá realizar

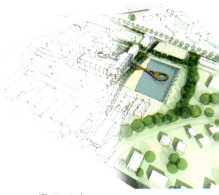

psynovec/Shutterstock

CRIE UMA HARMONIA SUSTENTÁVEL 109

Daí a inserção dos furos no prédio: por que impedir que as pessoas tenham visuais da rua? Por que não permitir a entrada do ar e da luz?

Esse trabalho foi tão importante que conseguimos chegar ao que hoje chamamos de *arquitetura regenerativa*, que prioriza a economia de energia, de água e de outros insumos acima de tudo. Então a conciliação entre sustentabilidade e estética é perfeitamente possível, uma coisa não exclui a outra. Por exemplo: o Duet possui um átrio central com jardim que cria um microclima e um teto solar retrátil. Quando chega o inverno, esse teto se fecha e os raios solares que nele incidem aquecem a construção, num efeito estufa. Quando o calor é mais intenso, o teto é aberto, para evitar uso de ar-condicionado e iluminar de forma mais eficiente, utilizando poucos recursos.

Quando pensamos nessas soluções, entre outras, como de isolamento e conforto acústico, o tema da sustentabilidade não era sequer aventado. Hoje, já há programas que simulam possibilidades de inserção de recursos sustentáveis em grandes construções. É por isso que há anos eu venho tentando convencer meus colegas de trabalho a investir na "modelagem urbana", que é a extrapolação, e a melhoria, do Plano Urbano. No entanto, as verbas e o tempo necessários são escassos para um empreendimento dessa monta. No entanto, se não houver a preocupação com esses elementos, um projeto não pode sequer levar esse nome.

A estratégia compositiva é de economizar com ventilação e iluminação corretas. Este é o salto quântico da arquitetura regenerativa: transformar as construções em usinas! O investimento é um pouco maior, mas a inteligência pode ser aplicada para o melhor tratamento da água e do ar, a melhor geração de energia. Um exemplo são os prédios altos de madeira que vêm sendo construídos na atualidade:

> A conciliação entre sustentabilidade e estética é perfeitamente possível, uma coisa não exclui a outra

com madeira de reflorestamento, uma equipe pequena pode montar um prédio numa área de manejo, coisa simples. E veja como nós podemos aproveitar ideologias diferentes: esse é um conceito fabril – o de maximização dos recursos, de fabricação em linhas. É uma visão racional de construção, em razão da tecnologia construtiva. Por isso dogmas não são bons: porque todas as formas de pensamento são válidas; a criatividade só é possível com a liberdade, com a síntese de diferentes abordagens.

A estratégia compositiva é de economizar com ventilação e iluminação corretas. Este é o salto quântico da arquitetura regenerativa: transformar as construções em usinas!

Resumindo

A inventividade na concatenação das condicionantes legais, sociais, econômicas e ambientais deve perseguir um artefato arquitetônico capaz de prover passivamente as melhores soluções para seu uso, para o conforto e para a utilização de recursos. Avalie criteriosamente insolação, entorno, ventos dominantes e características especiais de cada caso.

A solução proposta deve ser o mais autossuficiente possível, prescindindo assim de soluções ativas para alcançar os índices ideais de sustentabilidade. Sua meta deve ir além: procure criar prédios regenerativos, geradores de um impacto positivo na cadeia econômica, social e ambiental. O esforço demandado para a concepção e execução de um edifício não justifica mais nos contentarmos com uma edificação que atenda a seu uso primário. Com um espírito mais audacioso, você pode criar verdadeiras usinas, que gerem ar puro, água potável e energia limpa!

Esta lição trouxe contribuições para que você compreenda como a estética e a sustentabilidade andam juntas? Excelente! Agora, vamos a um estudo de caso que trata especificamente dos conhecimentos sobre os quais conversamos.

Estudo de caso: Eurobusiness

Coautoria: Luiz Alberto Borges de Macedo (Arquitetura Borges de Macedo).

Endereço: Rua Doutor Brasílio Vicente de Castro, 111 – Campo Comprido, Curitiba-PR.

Área total construída: 39.993,77 m².

Distribuição: 16 pavimentos e 3 subsolos.

Número de unidades: 56 salas comerciais no total do 3º ao 16º pavimento.

Estacionamento: 131 vagas distribuídas nos subsolos.

O projeto da Realiza Arquitetura denominado *Eurobusiness* ganhou a primeira certificação internacional LEED Zero Water do mundo.

O edifício comercial Eurobusiness, localizado em Curitiba (PR), obteve a certificação inédita no mundo da instituição U.S. Green Building Council (USGBC): o LEED Zero Water.

Utilizando-se de uma *wetland* (zona de raízes, situada no telhado da estrutura), o prédio trata todas as águas residuais advindas das atividades de seus 14 andares e as reutiliza em vasos sanitários ou retornadas a sua fonte, em um processo totalmente desprovido de produtos químicos. A água potável do local é provida por poço artesiano.

Por meio de uma lâmina d'água de 11 centímetros, a construção armazena água pluviais. Além disso, a implementação de piso externo coberto com cascalho fino, bem como a plantação de macrófitas, ou plantas aquáticas, têm função importantíssima no tratamento das águas residuais.

Os equipamentos e acessórios relacionados ao consumo da água foram cuidadosamente escolhidos tendo-se como critério o uso mais eficiente possível, superando até

mesmo os índices estabelecidos pelo LEED 2009. Com esses arranjos, o Eurobussiness diminuiu em 82% o consumo de água potável.

Além de todos os recursos anteriormente citados, o edifício também reaproveita a água de aparelhos de ar-condicionado e utiliza sistema de infiltração subterrânea e água cinza e negra. Com essa estruturação, a edificação recuperou, no decurso de 12 meses, 65% de toda a água utilizada (Edifício..., 2019)

Isso é inovação associada a sustentabilidade, transmitindo uma verdade, um legítimo desígnio de trazer mudanças. As soluções técnicas foram exaustivamente estudadas para resultar em um *design* que oferecesse beleza e alto desempenho energético à edificação.

Em simulações computadorizadas, vários tipos de vidros foram testados em conjunto com a análise das dimensões das alvenarias, até se chegar ao equilíbrio desejado. Trabalhamos as fachadas para reduzir o uso de aparelhos de ar-condicionado e de

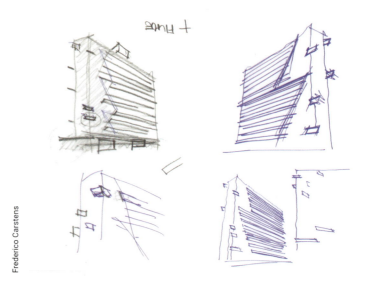

Frederico Carstens

iluminação artificial. Por isso, adotamos o fechamento envidraçado[1].

Além das janelas maxim-ar, a fachada também possui parapeitos de alvenaria – revestidos de cerâmica branca[2] – para proteção solar das faces lateral, posterior e principal, ao contrário da frente sul, que segue completamente recoberta pela pele de vidro[3]. Esteticamente, essas faixas retilíneas sugerem a ideia de velocidade e, em alguns pontos, ultrapassam o corpo do edifício.

A seguir, apresentamos projetos da Realiza Arquitetura que elevaram os conceitos de sustentabilidade e estética a um novo patamar.

CORTE

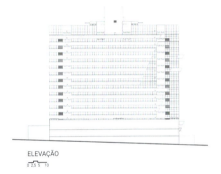
ELEVAÇÃO

PLANTA TÉRREA
1. LOJA 4. ADMINISTRAÇÃO
2. HALL 5. SEGURANÇA
3. COPA 6. ESTACIONAMENTO

CRIE UMA HARMONIA SUSTENTÁVEL

Hotfloor

- **Endereço**: Rua Jerônimo Durski, 886 – Bigorrilho, Curitiba-PR.
- **Área total construída**: 4.089,92 m².
- **Distribuição**: Edificação com 3 pavimentos e 2 subsolos.
- **Número de unidades**: 2 salas de escritórios por andar, do 2º ao 3º pavimento.
- **Total**: 4 unidades.
- **Estacionamento**: 32 vagas distribuídas nos subsolos.

Um prédio icônico que dispõe da tecnologia dos pisos aquecidos. Sintoniza imagem institucional, função e forma arquitetônica. Símbolo de tecnologia e inovação.

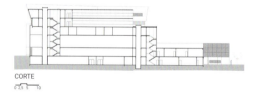

CORTE

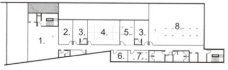

PLANTA MEZANINO

1. RECEPÇÃO
2. SALA DE REUNIÃO
3. ESCRITÓRIO
4. ADMINISTRAÇÃO
5. FINANCEIRO
6. OPERAÇÕES
7. INFORMÁTICA
8. PROJETOS

Privacy Policy

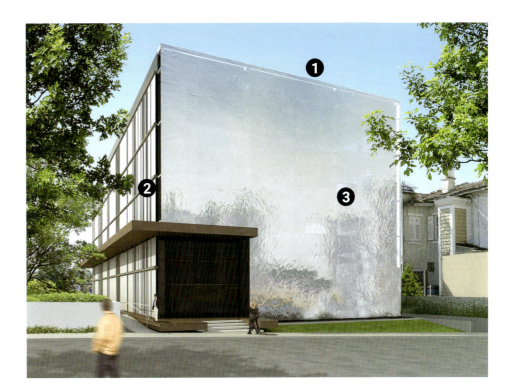

Solução resultante da criação de um projeto hipersustentável:

- Teto fotovoltaico❶, cujas células servem para a geração de energia solar.
- Fachadas com brises❷, que têm a função de regular a iluminação.
- Parede de água para dissipar o calor e diminuir a energia utilizada para ar-condicionado❸. A criação de lâminas de água, por si só, já gera um tremendo efeito estético.

Todos esses recursos tecnológicos podem melhorar a *performance* da edificação, tornando-a mais sustentável. Esses elementos podem ser aproveitados como recursos estéticos.

Realiza Casa

Projetos personalizados de implantação, paisagismo e estética de fachada, com alta tecnologia construtiva, baixo custo de manutenção, alta tecnologia de sustentabilidade, possibilidade de redução de até 100% na conta de energia elétrica e possibilidade de redução de até 100% na conta de água.

Observe a seguir um projeto que traz em seu DNA os conteúdos sobre os quais tratamos nesta lição.

Barão

Um projeto invisível, antimatéria para deixar brilhar a matéria, que é a construção tombada. Por trás dos vidros e da fachada tombada, alta tecnologia e sustentabilidade.

CORTE

- **Endereço**: Rua Barão do Rio Branco, 823 – Centro, Curitiba-PR.
- **Área total construída**: 9.522,07 m².
- **Distribuição**: 1 torre com 12 pavimentos e 2 subsolos.
- **Número de unidades**: Torre – 8 unidades por andar, do 5º ao 12º pavimento.
- **Total**: 64 unidades.
- **Torre corporativa**: 3 salas por andar, do 7º ao 11º pavimento.
- **Estacionamento**: 110 vagas distribuídas no subsolo e embasamento.

ELEVAÇÃO

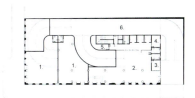

PLANTA TÉRREA
1. LOJA
2. HALL
3. GUARITA
4. ADMINISTRAÇÃO
5. DEPÓSITO
6. CIRCULAÇÃO DE VEÍCULOS

Lição 6

PERSIGA
A BELEZA

A estética é tudo

Para nos aprofundarmos no tema da fruição estética na arquitetura e em suas especificidades, primeiramente temos de ir à disciplina da qual a estética se originou: a filosofia. Vários pensadores se debruçaram sobre esse tema, de Platão a Walter Benjamin. Pronto para essa viagem? Vamos lá!

O que vem a ser *estética*?
O termo vem do grego antigo *aisthetiké* ("o que percebemos com nossos sentidos"). Na atualidade, a palavra pode se referir a diferentes tipos de apreensão da realidade – desde nossas impressões cotidianas até reflexões altamente filosóficas. Como área do saber que se debruça sobre a beleza e a arte, foi analisada com maior profundidade primeiramente por Alexander Baumgarten, estudioso que conceituou a estética como "a doutrina do conhecimento sensível" em sua obra *Aesthetica* (ca. 1750).

As discussões mais importantes sobre a estética se desenrolaram entre os filósofos **idealistas** (seguidores do platonismo, filosofia que entende o belo como manifestação do Mundo das Ideias e como reflexo da nossa alma; esses pensadores acreditavam que arte e beleza deveriam ser analisadas separadamente, pois a primeira era mera imitação da segunda e, por isso, não deveria ser levada em conta; nessa vertente, o belo existe por si só e as formas geométricas são sua maior representação) e **empiristas** (em essência, materialistas como David Hume, que acreditava que o belo é um critério subjetivo, assim como a arte) (Mello, 2015).

No entanto, é importante enfatizarmos o pensamento de estudiosos que foram importante fonte de entendimento para o que hoje entendemos como *estética* e para a aplicação dessa virtude da realidade na arquitetura (Rodriguez, 2011):

- Com base nos pensamentos platônicos referentes às formas geométricas, Pitágoras reuniu, em sua Escola, matemática, ciências naturais e estética, pois acreditava que essa era a combinação que representava o caráter universal da beleza.

- Aristóteles, ao contrário de Platão, entendia que a imitação poderia manifestar o belo, não apenas imitando as coisas que existem, mas as coisas que tem o potencial de existir. Portanto, a beleza também poderia nascer da criatividade humana; nesse contexto, a arte era absolutamente necessária como forma de catarse.

- Vitrivius Pollio perseguiu uma arquitetura estritamente fundamentada em proporções de formas perfeitas, o que, para o arquiteto romano, era a expressão mais elevada de uma arquitetura bela.

- Já no século XVIII, Immanuel Kant causa uma verdadeira revolução na visão da estética, por afirmar que o belo reside na visão de cada indivíduo, na sua própria percepção. Nesse momento, o juízo de gosto passa a ter outra importância – o senso não diz respeito só às sensações, mas também ao que é pensado, raciocinado.

- Hegel, por sua vez, extrapolou o pensamento kantiano: a visão do belo é constantemente revisada através dos tempos, em razão do "devir" (mudança constante da realidade e seus aspectos); nesse contexto, a cultura e o entendimento de cada época são fundamentais.
- Já no século XX, sensível e senso são indissociáveis; o sentimento é imbuído de pensamento; "portanto, o belo é simultaneamente sentido e compreendido" (Rodriguez, 2011, p. 24).

Nas palavras de Rodriguez (2011, p. 25),

> O resultado dessa evolução do pensamento sobre a estética é a estética atual, uma estética que é provocação, mas também é percepção, é razão, mas também é sensação. A estética hoje está muito mais ligada ao propósito do objeto para com o sujeito, do que com conceitos que tentam universalizar a beleza. Assim, a beleza atual estaria justamente nessa relação, criador (artista), com o sujeito (perceptor) e com o objeto (obra de arte).

Avançando no tempo e pensando no contexto brasileiro, citamos Jeanne-Marie Gagnebin, citada por Marcelo Carvalho (Carvalho; Cornelli, 2013, p. 110),

> Quando a gente fala aqui no Brasil de estética fora dos salões de beleza, nós falamos de várias coisas ao mesmo tempo, o que mostra o quanto o conceito é ambíguo, no bom sentido da palavra. No sentido de que ele tem várias acepções, o que marca também a história daquilo que se chama de estética. A gente traduz um conceito, como você disse, que vem do alemão e que não existia antes como disciplina separada. Então, eu insisto sempre, quando dou cursos mais ligados à

estética, que ela é uma disciplina que nós podemos ver como teoria das artes, como teoria das belas artes, teoria também do belo, do gosto, e que se pergunta qual é, digamos assim, o valor de verdade daquilo que nós sentimos; e tudo isso é uma questão recente, mas que remete à velha palavra grega aísthesis, que quer dizer percepção. Não quer dizer nem belo, nem arte. Então, é uma doutrina da percepção que vai por assim dizer convergindo para várias outras doutrinas, como a questão do gosto, a questão do belo, a questão do sublime, mas também a questão do feio e a questão das práticas artísticas. Insisto também que isso é recente e que você só tem essa partição em várias disciplinas, como você acabou de mencionar, a partir do século XVIII, quando Baumgarten vai publicar aquilo que, no seu livro, ele chama de estética. Antes disso, falava-se sobre as artes, falava-se sobre emoção estética, falava-se sobre isso sem dizer que era uma disciplina à parte, isso era sempre subordinado a um outro tipo de interrogação filosófica.

Associando esse conjunto de pensamentos estéticos à arquitetura, temos as seguintes considerações de Rodriguez (2011, p. 28-29):

> Se o belo é aquilo que ativa o senso e o sensível de maneira positiva, então o feio teria o efeito contrário, tocaria, portanto, tanto o senso quanto o sensível de forma negativa. Assim, se tem que o feio é aquilo que sobra quando o belo se ausenta. O feio seria então a antítese do belo. Se o feio causa sensações e percepções ruins, o feio seria o oposto também do bom. Assim, aquilo que não é belo, não seria bom. Então, nessa mesma linha de pensamento, se o belo é aquilo que causa coisas boas, ele estaria ligado então ao bom, ao bem.

Desse jeito, aquilo que é belo é, muitas vezes, também aquilo que é bom. Assim, mesmo que a estética não se refira só àquilo que é belo, mas sim a tudo aquilo que mexe com o senso e o sensível de uma maneira favorável, é possível dizer que aquilo que é estético, muitas vezes, também é ético. Logo, a ética pode se encontrar dentro da estética e vice e versa.

[...]

O Arquiteto Luc Schuiten diz que a estética é uma maneira de tornar a arquitetura ética, de uma forma bela. Assim, é importante que se pense em estética, ética e arquitetura, juntas para que se possa construir o belo e o bem.

Para efeito deste manual, os conceitos de estética e arte mais importantes são os emitidos pelo filósofo **Roger Scruton**. Para o estudioso britânico, a arte e a beleza são, antes de tudo, a manifestação do sentido da vida e de sua perpetuação:

> a arte dá sentido à nossa existência pois "nos revela, a partir de exemplos de ações e paixões isentas das contingências da vida cotidiana, que ser humano de fato vale a pena" (SCRUTON, 2013, p. 139). A esse sentido o filósofo dá o nome de "sentimento de adequação". Para ele, é na beleza expressa através das artes que reside essa noção de que a vida faz sentido e vale a pena ser vivida. A beleza repousa na arte e dá ao homem os benefícios da contemplação e do consolo quando se depara com a dor e o sofrimento que são inerentes à condição humana. Sendo assim, a beleza, conforme aponta Scruton, é uma necessidade humana, e, ao perdê-la ou negá-la, é como se o homem cortasse fora um órgão vital. (Arielo, 2019)

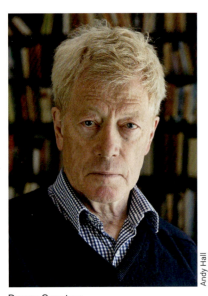

Roger Scruton

Quanto à arquitetura como manifestação artística, Scruton faz as seguintes considerações:

> Ao observar grande parte da arquitetura contemporânea, Scruton relata perceber uma massificação estética: caixas quadradas ou grandes retângulos de vidro e aço, sem fachadas ou adornos que os diferencie entre si. Para o filósofo, as construções das cidades foram, a partir do que nos legaram os gregos, rostos a nos encarar e a demonstrar quesitos caros à humanidade: proporção, harmonia, beleza, detalhes que trazem sentido estético ao conjunto. A arquitetura era então um reflexo do homem no mundo, uma demonstração de como nos colocamos diante dele. E assim, como a arte, a arquitetura reflete um sentimento de pertencimento e de adequação: construímos, como homens, coisas ao nosso redor para chamar a isso de lar. (Arielo, 2019)

Nas palavras de Bosi (2018),

> Como peculiaridades da arquitetura perante as outras formas de arte, o autor pontua que toda obra arquitetônica tem necessariamente uma função além da apreciação. Para [Scruton], somos impossibilitados de tratar um edifício sem considerar sum função, pois estaríamos, assim, apreciando uma "escultura" e não uma obra arquitetônica por si. "Nosso sentido da beleza de um objeto depende sempre de uma concepção desse objecto" (p. 19). Outra característica que distingue a arquitetura é o fato dela ser localizada, o que a faz estar sempre em relação a um entorno e a estar vulnerável as modificações desse entorno. Transformações no entorno de uma obra arquitetônica alteram a nossa relação estética com o objeto arquitetônico em si.

Por fim, para Scruton, a arquitetura é, também, uma arte pública e vernácula. Ela é pública, pois é incapaz de ser destinada somente a um público especializado. Ocupando o espaço da cidade, um edifício é visível para todos os habitantes e usuários do local onde está instalada. Para o autor de Estética da arquitectura, um arquiteto não consegue e não pode destinar a sua obra somente a um grupo especializado de apreciadores de arquitetura, sendo obrigado a considerar todos os usuários do entorno do edifício.

O raciocínio de Scruton é perfeito: a estética tem relação direta com o senso moral de uma época e das pessoas. Os estudos empreendidos na Realiza acabaram indo na mesma direção. O senso estético é formado por elementos muito particulares. A sensação estética é muito mais que uma característica inata: ela é motivada por tudo que existe dentro de nós: nossas inclinações, nossos desejos, nossa história, nossos pensamentos e nossos valores.

Associando o conceito ético da arquitetura e da estética citado por Rodriguez aos pensamentos de Scruton, podemos chegar ao seguinte raciocínio: se o belo e o bem podem ser conciliados na arquitetura, isso só é possível se tais valores puderem ser de fato compartilhados com uma coletividade como um todo. Com base nesse pensamento, podemos nos perguntar: as construções da Realiza são viáveis, sob a perspectiva da estética, para todos os espectros sociais?

Depoimento

Para respondermos a essa pergunta, podemos citar um exemplo de empreendimento da Realiza executada na comunidade da Vila da Glória, no Bairro Orleans, que passou há alguns anos por um processo urbanístico planejado pelo nosso escritório. Os moradores da região foram escutados antes da realização do empreendimento; na sequência, entramos em contato com empresas circundantes e conseguimos materiais que não seriam utilizados pelas organizações doadoras para a construção de casas lindíssimas que os próprios habitantes montaram; fomos premiados pelo BNH à época por essa iniciativa.

Portanto, os conceitos de arquitetura e estética que defendemos estavam impressos nesse projeto: analisamos a realidade circundante, ouvimos as demandas e os anseios dos moradores da região, utilizamos materiais de qualidade que os próprios residentes do local puderam utilizar para construir suas próprias residências; enfim, aplicamos o belo harmonizado ao contexto local e aos desejos de uma coletividade.

Resumindo

No contexto da arquitetura, a estética não diz respeito apenas à fachada do edifício: ela se refere à totalidade da edificação, é a mensagem inequívoca que chega ao observador. A sensação que chega ao usuário. A estética diz respeito às formas, às texturas, aos espaços, aos fluxos do frio, do calor e do vento, às emissões de luz e às projeções de sombras. Quando você percebe que, ao trabalhar com a arquitetura, tem à sua disposição um conjunto infinito de elementos, você está preparado para realizar projetos espetaculares e esteticamente memoráveis.

A apropriação estética se dá primeiramente de maneira instintiva, de acordo com o arcabouço moral e cultural do observador; logo em seguida, inicia-se uma relação raciocinada entre o observador e o objeto que pode continuar por uma vida inteira, em função da qualidade dos elementos arquitetônicos da obra e da provocação que ela causa naquele que a vê, alterando continuamente o relacionamento estético com a obra.

Esta Lição foi útil para você enriquecer seu senso estético e sua ligação íntima com a arquitetura? Perfeito! Vejamos agora estudos de caso que dão corpo aos ensinamentos dos quais falamos.

Estudo de caso: Tower One

◎ **Localização**: Balneário Camboriú-SC.

Uma supertorre, a mais alta de Balneário Camboriú, com uma volumetria simples e ovalada, harmonizando os esforços estruturais com os ventos e o desenho urbano da cidade e no alto uma amplitude.

Uma flor tecnológica do século XXI; uma supertorre que democratiza a participação dos cidadãos oferecendo uma praça junto às nuvens.

Estudo de caso: Itapema

Um clássico: a melhor definição para a estética desse projeto. Suas linhas horizontais suaves combinam a harmonia entre volumes e texturas.

E o mais importante: há anos em exposição em nossa sala de reuniões, o conceito é usado como exemplo em análises conjuntas de novos projetos e como fonte de inspiração em pesquisas qualitativas, sendo elogiado 100% das vezes em que é apresentado.

Algo na singeleza da composição plástica atrai e cativa as pessoas.

Perceba como os projetos apresentados a seguir elevam o conceito de estética a outro nível e de que modo esse fator é levado a sério em cada traço de nossas edificações.

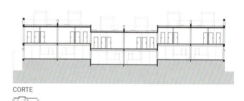

CORTE

ELEVAÇÃO

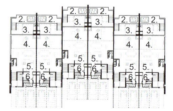

PLANTA TÉRREA

1. LAVABO
2. SPA
3. CHURRASQUEIRA
4. ESTAR/JANTAR
5. COZINHA
6. ÁREA DE SERVIÇO

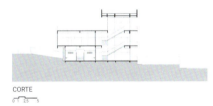
CORTE
0 1 2,5 5

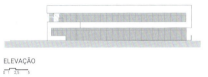
ELEVAÇÃO
0 1 2,5 5

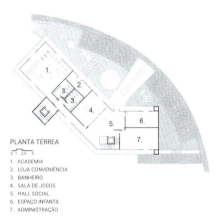
PLANTA TÉRREA
0 1 2,5 5
1. ACADEMIA
2. LOJA CONVENIÊNCIA
3. BANHEIRO
4. SALA DE JOGOS
5. HALL SOCIAL
6. ESPAÇO INFANTIL
7. ADMINISTRAÇÃO

PERSIGA A BELEZA

Sede Realiza

O espaço que abriga o *atelier* da Realiza Arquitetura na cidade de Curitiba foi pensado para estimular a criatividade dos colaboradores e de funcionar ao mesmo tempo como uma galeria de arte.

A objetividade proposta materializa-se na estética pura e robusta escolhida para representar os ideais de nossa empresa.

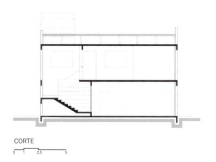
CORTE

ELEVAÇÃO

PLANTA TÉRREA
1. ESTACIONAMENTO
2. ESCRITÓRIO
3. RECEPÇÃO
4. ARQUIVO
5. BANHEIRO
6. DEPÓSITO
7. COPA

Amsterdam

◎ **Endereço**: Rua Brigadeiro Franco, 1160 – Centro, Curitiba-PR.

◰ **Área total construída**: 4.855,35 m².

Concatenações de prismas retangulares e planos verticais e horizontais: simplicidade a favor de um prédio atemporal.

Admire outros projetos da Realiza que trazem em sua concepção a essência da Lição 6.

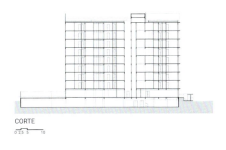

CORTE
0 2,5 5   10

PLANTA TÉRREA
0 2,5 5   10
1. SALÃO DE FESTA
2. ACADEMIA
3. HALL
4. BRINQUEDOTECA
5. COZINHA
6. ESTACIONAMENTO

PERSIGA A BELEZA

Belmenn Campo Grande

- **Endereço**: Rua 13 de Maio, esquina Rua Amazonas – São Francisco, Campo Grande-MS.
- **Área total construída**: 28.955,97 m².
- **Distribuição**: 28 pavimentos e 2 subsolos.
- **Número de unidades**: 200 unidades residenciais no total, do 3º ao 27º pavimento.
- **Estacionamento**: 219 vagas distribuídas nos subsolos.

CORTE

ELEVAÇÃO

PLANTA TÉRREA

1. ESPAÇO GOURMET
2. SALA DE JOGOS
3. CINEMA
4. BANHEIRO
5. ACADEMIA
6. LOUNGE FESTAS
7. PISCINA
8. QUADRA DESCOBERTA
9. PLAYGROUND COBERTO
10. BRINQUEDOTECA
11. SALÃO DE FESTAS
12. PRAÇA COBERTA
13. PRAÇA DO TERERÉ
14. HALL ENTRADA
15. ESTAR
16. ESPAÇO MULHER
17. SALA DE ESTUDOS

PLANTA PAVIMENTO TIPO

1. QUARTO
2. BANHEIRO
3. ESTAR/JANTAR
4. COZINHA
5. ÁREA DE SERVIÇO
6. SACADA
7. HALL SOCIAL

Belmmen Ribeirão Preto

Estética minimalista que ressalta a essência do empreendimento vertical, ou seja, as linhas das lajes dos pavimentos.

◎ **Endereço**: Alameda dos Jardins – Ribeirão Preto-SC.

↗ **Área total construída**: 16.530,48 m².

▫ **Distribuição**: 28 pavimentos e 2 subsolos.

▫ **Número de unidades**: 218 unidades residenciais no total, do 2º ao 28º pavimento.

🚗 **Estacionamento**: 222 vagas distribuídas nos subsolos.

CORTE

ELEVAÇÃO

PLANTA TÉRREA

1. SAUNA
2. ACADEMIA
3. VESTIÁRIOS
4. ESPAÇO GRILL
5. PET PLACE
6. QUADRA DESCOBERTA
7. CINEMA
8. ESPAÇO TEEN
9. SALÃO DE BELEZA
10. ESPAÇO MULHER
11. SALA DE REUNIÃO
12. HALL
13. SALÃO DE FESTA
14. PRAÇA DESCOBERTA
15. PISCINA

PLANTA PAVIMENTO TIPO

1. QUARTO
2. BANHEIRO
3. ESTAR/JANTAR
4. COZINHA
5. ÁREA DE SERVIÇO
6. SACADA
7. HALL SOCIAL

RED

- **Endereço**: Rua Paulo Ziliotto, 85 – Campina do Siqueira, Curitiba-PR.
- **Área total construída**: 26.034,25 m².
- **Distribuição**: 24 pavimentos e 5 subsolos.
- **Número de unidades**: 216 unidades residenciais no total, do 5º ao 22º pavimento.
- **Estacionamento**: 300 vagas distribuídas nos cinco subsolos.

Um manto vermelho que organiza a composição estética. O nome do prédio é RED.

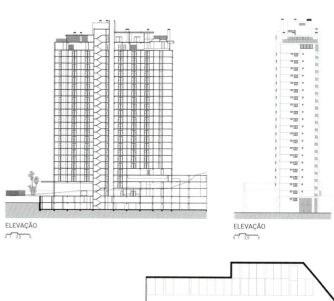

ELEVAÇÃO

ELEVAÇÃO

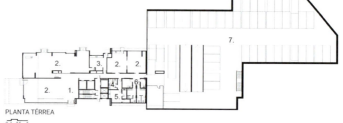

PLANTA TÉRREA

1. HALL
2. RECREAÇÃO COBERTA
3. APOIO RECREAÇÃO
4. VESTIÁRIO
5. COPA
6. BANHEIROS
7. ESTACIONAMENTO

Rio Rhône

- **Endereço**: Rua Bento Viana, 1078 – Água Verde, Curitiba-PR.
- **Área total construída**: 11.272,20 m².
- **Distribuição**: 1 torre com 23 pavimentos e 3 subsolos.
- **Número de unidades**:
  - 1 unidade residencial por pavimento, do 3º ao 20º.
  - 1 unidade triplex, do 21º ao 23º.
- **Total**: 19 unidades.

Essas estéticas exemplificam os exercícios compositivos para uma mesma volumetria, com possibilidades infinitas. Apresenta um mundo a ser criado em cada projeto.

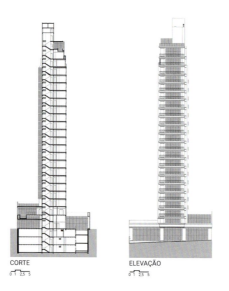

CORTE
0 1 2,5 5

ELEVAÇÃO
0 1 2,5 5

PLANTA TÉRREA
0 1 2,5 5

1. SALÃO DE FESTA
2. HALL SOCIAL
3. ECLUSA SALÃO
4. GUARITA
5. ECLUSA SOCIAL
6. COPA
7. SALA DE CONDOMÍNIO
8. SALA DE SEGURANÇA
9. DML
10. SALA DE FUNCIONÁRIO
11. DEPÓSITO
12. BICICLETÁRIO
13. ESTACIONAMENTO

Ferrari

Formas sinuosas e fluidas associadas a cores metálicas com detalhes cromados: uma estética marcante traduzindo a tecnologia que estaria embarcada no edifício.

Lição 7

MANTENHA
A CABEÇA
NO CÉU
SEM PERDER
O CONTATO
DE SEUS PÉS
COM O CHÃO

Maleabilidade mercadológica, técnica e funcional

> Para projetos realmente impactantes, é fundamental que o arquiteto estabeleça um contato estreito com todos os atores envolvidos nesta difícil empreitada

Para projetos realmente impactantes, é fundamental que o arquiteto estabeleça um contato estreito com todos os atores envolvidos nesta difícil empreitada. Profissionais de pesquisa, de vendas e *marketing* e prestadores de serviços do *construbusiness* devem ser consultados constantemente durante a elaboração do projeto. Eles são as peças fundamentais para garantir a viabilidade de suas ousadas propostas.

- **Profissionais de pesquisa**: a pesquisa nunca foi tão importante para a arquitetura – novos materiais nas áreas biotecnológicas; processos sustentáveis de construção; novas tendências arquitetônicas; referências de grandes empreendimentos da atualidade; referenciais históricos. Todos esses elementos são fundamentais para o desenvolvimento da arquitetura atual e demandam investigações aprofundadas que influenciam diretamente os projetos da área.

- **Profissionais de vendas**: o projeto arquitetônico é a chave do sucesso do escritório de arquitetura. Assim sendo, nada mais natural que a empresa tenha de se preocupar em vender o seu produto da melhor maneira possível. (Discurso..., 2020). O profissional de vendas na área da arquitetura é responsável por funções importantes em escritórios da área. Citamos primeiramente a **venda consultiva**, que consiste num trabalho diagnóstico realizado junto ao cliente, no qual o vendedor reúne todas as necessidades do consumidor e customiza as soluções de que ele necessita. A empatia é a chave desse trabalho: ouvir o cliente, compreender totalmente suas demandas e conceber um projeto totalmente ligado à sua identidade é fundamental para que o escritório de arquitetura supere as expectativas de seus clientes (Discurso..., 2020).

  Outra atribuição importante é a do **planejamento do *design* da apresentação de um projeto**, afinal, o *design* é presença confirmada em projetos de arquitetura, principalmente em trabalhos intrinsecamente ligados a propostas de alta estética. Nesse contexto, é essencial que o cliente tenha plena noção visual da concretização do projeto. Por fim, elencamos a **pesquisa sobre o cliente**: o arquiteto precisa ter a plena noção prévia das características de seu cliente. Não basta ouvi-lo: qualquer tipo de antecipação que demonstre uma pesquisa cuidadosa a respeito do cliente com certeza irá conquistá-lo. Nesse caso, o fechamento da venda é só consequência (Discurso..., 2020).

- **Profissionais de *marketing***: de acordo com Grozdanic (2016),

  > Arquitetos, em geral, tem a tendência de subestimar a importância do marketing na criação e gestão de um negócio bem-sucedido. Mesmo aqueles que afirmam compreender o

papel do marketing na captação de clientes e construir relacionamentos geralmente falham em utilizá-lo em seu pleno potencial. Diretores de empresas de arquitetura pequenas geralmente são pegos tentando manter seus escritórios progredindo e acabam tratando o marketing como um luxo que será possível pagar quando alcançarem estabilidade – esquecendo o verdadeiro papel do marketing como catalisador de crescimento. Arquitetos precisam, ou deveriam, usar o marketing em suas empresas desde o início e tratá-lo com a mesma dedicação que tratam suas plantas baixas, cortes e modelos 3D de seus projetos.

Nesse contexto, o setor de *marketing* de um escritório de arquitetura tem de se concentrar nas seguintes perguntas (Grozdanic, 2016):

- Quem é você? (definição da sua colocação na indústria e seu público pretendido)
- Que problemas você resolve? (formulação de uma proposta de valor)
- Qual é o seu diferencial? (diferenciação entre o seu empreendimento e os da concorrência – angariação de novos clientes; conversão de visitantes em clientes potenciais; fechamento de negócios; manutenção de relacionamentos)

Além disso, esse setor precisa se preocupar duas iniciativas:

- *Outbound marketing* ("ligações, bombardeamento de *e-mail*, *newsletter*")
- *Inbound marketing* ("abraça novas ferramentas de mídia e promove a criação e o compartilhamento de conteúdo que agrada a pessoas específicas")

- **Construbusiness**: conceito que ganhou relevância e espaço graças à importância crescente da indústria da construção civil. Referente a todas as atividades-fim do processo produtivo da área quando um projeto é colocado em execução; esse termo diz respeito a uma das maiores forças do desenvolvimento da economia de um país, sendo dividida em cinco macrossetores:

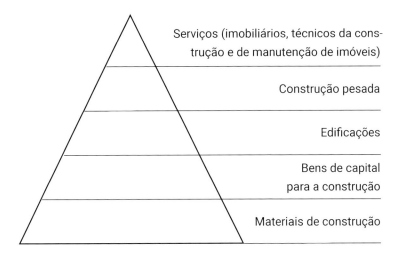

Fonte: elaborado com base em Haga; Sacomano, 1999.

De acordo com Trevisan (1998, p. 4), o *construbusiness* tem importância fundamental por funcionar como um poderoso catalisador do desenvolvimento do país. Esse campo da economia consiste em uma dinâmica teia geradora de empregos e, consequentemente, renda para a população e impostos para o erário.

Na complexa hierarquia do panorama industrial brasileiro, o construbusiness está no topo dessa cadeia alimentar de tubarões empresariais. Nesse contexto, é importante ressaltar, o dínamo "Estado-Iniciativa Privada" é fundamental, pois é aí que reside a grande força do construbusiness: "contribuir para o desenvolvimento sustentado do país" (Trevisan, 1998, p. 4).

Apesar de a descrição apresentada ser de 1998, ela descreve perfeitamente o contexto atual da construção civil e, portanto, da arquitetura. Nesse sentido, o Congresso Brasileiro da Construção (ConstruBusiness), iniciativa da Fiesp destinada a debates sobre políticas públicas concebidas para o setor, empreendeu, entre suas discussões mais atuais, empreendidas na 14ª edição do evento, diálogos sobre contribuições do setor da construção (Fiesp, 2022) e, consequentemente, da arquitetura, cuja *performance* é reflexo direto do *construbusiness*, para a retomada econômica do Brasil no contexto pós-pandemia (Fiesp, 2021, p. 21-22):

> Ainda que a recessão registrada no país em 2020, decorrente do impacto da pandemia, tenha sido menor do que a esperada inicialmente, suas consequências ainda se fazem presentes: elevado desemprego, pressão inflacionária e aumento do endividamento público, com efeitos negativos sobre o investimento público. Como resultado, tem-se atualmente uma perspectiva mais baixa de crescimento no curto e médio prazo do que no período pré-pandemia.

> Nesse contexto, a recuperação da economia nacional demanda, pois, uma abordagem mais ampla, duradoura e planejada, em linha com os programas de investimentos anunciados por países desenvolvidos, como os Estados Unidos da América, a União Europeia e a China, que deram atenção especial ao setor da construção e, em particular, ao segmento da infraestrutura.

> [...]

> A recuperação dos investimentos em construção e o crescimento do emprego no setor são notórios e apontam para resultados promissores a médio prazo. Tal quadro aponta para

o papel estratégico que a cadeia produtiva da construção pode ter na retomada da economia brasileira, visto que essa cadeia possui características que a colocam como peça-chave para esse processo: (i) ela tem forte efeito sobre as taxas de desemprego, sobre a geração de renda e crescimento; (ii) tem impactos positivos e rápidos na qualidade de vida; (iii) traz o aumento das taxas de investimento e poupança; (iv) auxilia na recuperação da capacidade fiscal do estado; e (v) tem enorme potencial de atração de investimentos externos de longo prazo.

[...]

Nesse grande objetivo estão contidos desafios críticos para a próxima década. É necessário aumentar os investimentos, recuperar as condições de crédito, readequar instituições e marcos regulatórios, melhorar o ambiente de negócios e, com isso, ampliar as oportunidades para investidores. Esse desenvolvimento passa também pelo fortalecimento dos elos da cadeia produtiva, em busca de um crescimento equilibrado do setor no seu conjunto, com apoio à mineração, à indústria de materiais de construção, à indústria de máquinas e equipamentos para construção, ao comércio de materiais, às construtoras e incorporadoras, ao crédito imobiliário, às empresas de projetos de engenharia e arquitetura e todos os demais segmentos que compõem essa cadeia.

Toda essa dinâmica mostra como o mundo da arquitetura é complexo e extremamente integrado, seja entre seus *players*, seja com a sociedade como um todo. Para que esse conjunto funcione de maneira efetiva, é importante que seus participantes estejam cientes da cultura que cada grupo profissional apresenta – comportamentos, metas, limitações, potenciais, legislações trabalhistas correlatas etc. Um profissional da área de vendas, por exemplo, tem como principal ferramenta de trabalho seu **discurso**; tudo que puder ser feito para que os integrantes desse setor aprimorem suas técnicas de comunicação, de transmissão de ideias e de convencimento aumentará as chances de o escritório vender seus projetos. Um profissional de *marketing* tem a especialidade de **antecipar desejos**; portanto, quanto mais o pessoal da área for especializado em analisar novas tendências e compreender a mentalidade de seus potenciais clientes, maiores são as chances de a empresa criar demandas e deixar a sua marca no mercado. O mesmo vale para todos os profissionais da cadeia do *construbusiness*: quanto mais o arquiteto souber como funcionam todas as áreas da construção, desde os que comercializam os materiais necessários até aqueles que entregam a chave para o comprador, mais chances esse profissional tem de criar projetos espetaculares. Obviamente, todo esse raciocínio se aplica também ao cliente, cujas necessidades e perfil devem ser meticulosamente estudados para o projeto atenda sua demanda com uma grande edificação.

Resumindo

Procurando entender a cultura das pessoas, das empresas contratantes, com os atores envolvidos e os tomadores de decisão, você pode determinar como extrair o que há de melhor de todos os participantes do processo.

Cabe a você utilizar estes recursos preciosos e aumentar, projeto a projeto, o grau de desafio para toda a equipe envolvida. Trabalhe sempre com os melhores, com uma equipe disposta a encontrar respostas novas e motivada a fazer sempre a diferença. Você precisa de propulsores potentes, não de âncoras enferrujadas.

Esta Lição foi capaz de conscientizar você sobre as complexas relações entre os *players* da área da arquitetura? Ótimo! Em seus empreendimentos e projetos, a Realiza sempre leva em conta a complexa rede de profissionais que contribuem para que nossos anseios e projetos se tornem realidade. Vejamos alguns deles a seguir.

Estudo de caso: Centro Empresarial Antonio Peretti

- **Endereço**: Avenida Iguaçu, 100 – Rebouças, Curitiba-PR.
- **Área total construída**: 9.201,43 m².
- **Distribuição**: 1 torre comercial com 8 pavimentos e um subsolo.
- **Número de unidades**: 1 unidade por pavimento, totalizando 8 unidades comerciais.
- **Estacionamento**: 85 vagas distribuídas no subsolo e 45 vagas descobertas no térreo.

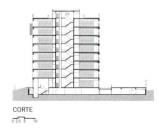

CORTE

ELEVAÇÃO

PLANTA TÉRREA
1. HALL
2. SERVIÇO DE BAIRRO
3. COPA
4. ESTACIONAMENTO
5. SUBESTAÇÃO

PLANTA PAVIMENTO TIPO
1. SERVIÇO DE BAIRRO
2. COPA E BANHEIRO
3. HALL

O edifício nasceu de um programa genérico e foi adaptado em uma proposta para atender uma empresa que precisava de espaços amplos e preparados para receber alta tecnologia. Basicamente, são andares com espaços livres e área de apoio no núcleo do prédio. O pavimento térreo tem configuração para administrar a recepção e os controles de acesso com área de segurança[1], enquanto o estacionamento toma o térreo e o subsolo[2].

Nesse projeto trabalhamos com uma equipe de superespecialistas em engenharia, sustentabilidade, entre outras áreas fundamentais para o trabalho.

Chegamos ao resultado que tínhamos em mente graças ao conhecimento técnico de todos os membros da equipe e, com isso, obtivemos a certificação LEED GOLD, que pode ser ampliada para LEED PLATINUM. Além dessa conquista, tivemos como resultado uma estética totalmente inovadora. Por exemplo, para ampliarmos a superfície para a instalação de futuras placas fotovoltaicas, criamos uma estrutura adicional à torre, que também proporciona uma área de sombreamento e contribui para o controle da eficiência térmica[3]; para isso, foram necessários os conhecimentos técnicos de engenheiros mecânicos e de estrutura, bem como de consultores ambientais etc.

Por fim, para reduzir a demanda de consumo energético, as paredes do prédio com mais incidência solar foram feitas com alvenaria e poucas aberturas[4]. Para isso, foi necessário o apoio técnico da equipe para fazer as simulações energéticas, o dimensionamento das aberturas etc.

Cima Sede

◎ **Endereço**: Avenida Silva Jardim, 3975 – Seminário, Curitiba-PR.

◪ **Área total construída**: 1.218,89 m².

▥ **Distribuição**: edificação com 2 pavimentos e 1 subsolo.

▦ **Número de unidades**:
- 6 salas no pavimento térreo.
- 5 salas no segundo pavimento.

🚗 **Estacionamento**: 32 vagas distribuídas no subsolo.

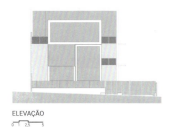

ELEVAÇÃO
0 1 2,5   5

PLANTA 2º PAVIMENTO
0 1 2,5   5
1. COMÉRCIO DE SERVIÇO E SETORIAL

Volumes em intersecção associados a uma simplicidade desafiadora.

Verifique como empreendimentos e projetos da Realiza são resultado de parcerias poderosas, fundamentadas no respeito à cultura de cada nicho envolvido.

Today's Office

Uma leve estrutura metálica como uma renda sobre a fachada desse prédio estrutura o volume das sacadas e define sua personalidade única.

- **Endereço**: Avenida República Argentina, 1237 – Água Verde, Curitiba-PR.
- **Área total construída**: 14.772,92 m².
- **Distribuição**: 1 torre com um embasamento, 16 pavimentos e 1 subsolo.
- **Número de unidades**: 171 escritórios distribuídos do 4º ao 16º pavimento.
- **Estacionamento**: 99 vagas distribuídas no subsolo e embasamento.

CORTE

ELEVAÇÃO

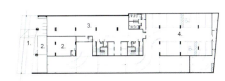

PLANTA TÉRREA
1. GALERIA
2. COMÉRCIO E SERVIÇO SETORIAL
3. HALL
4. ESTACIONAMENTO

MANTENHA A CABEÇA NO CÉU SEM PERDER O CONTATO DE SEUS PÉS COM O CHÃO

Tribunal de Justiça

A antiga penitenciária do bairro do Ahú em Curitiba é preservada❶. A nova edificação retoma o tema do átrio agora com cobertura retrátil❷; grandes portais convidam e direcionam o público para os acessos principais❸.

MANTENHA A CABEÇA NO CÉU SEM PERDER O CONTATO DE SEUS PÉS COM O CHÃO

Lição 8

UTILIZE TECNOLOGIA DE PONTA

Um mundo de oportunidades: turbine seu projeto com toda a tecnologia de ponta

A força motriz de empreendimentos de arquitetura espetaculares, que ficam para a história e se tornam referência na área, é a **tecnologia**. Sem as inovações em materiais, sistemas de simulação e realidade aumentada, *hardwares* e *softwares* designados à área de projetos, a arquitetura ainda estaria andando a passos de tartaruga. É a rapidez da evolução tecnológica que impulsiona a área a se atualizar, a rever seus processos, a pensar em novas soluções, a sair da zona conforto.

E como a tecnologia tem evoluído no campo da arquitetura. As possibilidades estéticas, pragmáticas, procedimentais, ambientais e paisagísticas são ilimitadas. Vamos a elas?

Nanotecnologia*

Um dos grandes potenciais da tecnologia do século XXI aplicada à arquitetura, a nanotecnologia e seus produtos, conhecidos como *nanomateriais*, são empregados em vários segmentos da área – desde a estrutura das edificações até seus detalhes de acabamento.

Uma das aplicações mais promissoras é a do **nanoconcreto**, uma combinação de cimento e nanotubos de carbono. Por ser mais resistente e mais leve que o concreto comum, é perfeito para o trabalho com formas diferenciadas, visto que gera estruturas com menor densidade.

Outra utilização com grande potencial para a arquitetura é a **nanopigmentação**: por meio do uso de nanoaditivos (tais como as nanofibras), tintas que se utilizam da nanotecnologia conferem um revestimento mais resistente, permeável, aderente e com alto nível de recobrimento, tornando esses produtos mais baratos e menos tóxicos.

No campo dos revestimentos e das superfícies, a nanotecnologia tem contribuído para a preservação ou dispersão de calor, graças à aplicação de **chapas de policarbonato preenchidas com nanogel**. Além de sua utilização em paredes e forros translúcidos, formando um novo tipo de sistema multicamadas, a extrusão de chapas de policarbonato exige muito menos energia que a necessária para a fabricação de vidro. Material muito durável, a chapa de policarbonato é 250 vezes mais resistente a impactos, sendo concebida para resistir a condições meteorológicas extremas, de –40 °C a 120 °C e a eventos como ventos, granizo e neve. O nanogel isolante, responsável pelo preenchimento do produto, consiste em "polímeros sintéticos ou biopolímeros que são quimicamente ou fisicamente reticulados para auxiliar na eficiência energética, o que pode garantir uma construção 50% mais eficiente energeticamente comparado a monocamada de vidro" (Drumond, 2020).

---

* Seção elaborada com base em Drumond (2020).

Ainda no quesito *economia de energia*, estudiosos da Universidade de Princeton criaram **"janelas inteligentes"** – uma tecnologia baseada em células solares transparentes capaz de gerenciar a quantidade de luz e calor a incidir em construções. Outra experiência extremamente interessante foi empreendida pelo projetista Agustin Otegui, que criou uma torre revestida por uma espécie de "pele" composta por nanotecnologia – turbinas fotovoltaicas minúsculas que absorvem CO_2 da atmosfera e capturam energias solar a eólica, transferindo-as para nanofibras inseridas em nanofios.

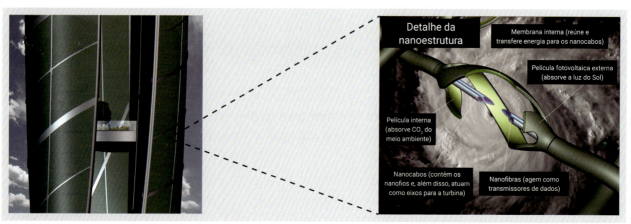

Nano Vent Skin, de Agustin Otegui Saiz

Realidade aumentada, virtual e mista

vectorfusionart/Shutterstock

A **experiência imersiva** invadiu vários segmentos, incluindo o da arquitetura. Poder andar por um imóvel e até interagir com ele pode ser um diferencial na apresentação de projetos ou até mesmo antes de sua produção – no contato virtual com o espaço pretendido, o cliente pode solicitar inserções ou correções no planejamento, o que gera economia de tempo e maior eficiência na produção do projeto.

Na elaboração de um espaço corporativo, por exemplo, é possível que o cliente não só possa ver o local em escala reduzida como também pode ter uma noção bastante acurada de como o arranjo do projeto irá ficar e como as pessoas que utilizarão o espaço poderão interagir com ele ("caminhar por entre mesas ou baias, circular pelos corredores, visitar o ambiente onde os clientes serão recebidos e perceber como será a experiência real deles") (Inovação..., 2018). De acordo com a Buy Actions, "a realidade aumentada (RA) e a realidade virtual (RV) se tornaram algumas das maiores tendências da tecnologia, e este mercado, que inclui também a realidade mista (RM), deve continuar crescendo até atingir US$ 124,4 bilhões em 2023, um aumento de 305% em dois anos" (Inovações..., 2021).

Os chamados **softwares de detalhamento** também são fundamentais no trabalho de apresentação de projetos (PROMOB, 2020, CABINETVISION), que permitem observar como o projeto ficará quando pronto. Trata-se de um novo encanto que a realidade virtual trouxe consigo: com programas como Vray, Corona, RenderUp e RealScene, o usuário coloca óculos que lhe permitem se sentir "dentro de casa". É possível "construir ou reformar, já sabendo exatamente como ficará" (Menezes, citado por Inovações..., 2021).

Impressão 3D

Esse recurso traz várias possibilidades para a arquitetura – construção de maquetes e elaboração de esculturas e de inúmeros outros objetos de construção, paisagismo e decoração. Portanto, trata-se de um instrumento essencial para a revisão do conceito de processo de entrega física.

Com os avanços dessa tecnologia, hoje é possível construir pequenas réplicas de casas e outros tipos de edificações. Essa aplicação das impressões 3D fez com que aumentasse o uso de pré-fabricados, o que também aumentou a entrega de diferentes recursos para infraestrutura (Oliveira, 2018).

Evidentemente, toda essa dinâmica também contribui para uma demanda cada vez mais frequente entre os clientes de escritórios de arquitetura: a **customização** (Inovação..., 2018).

Internet das coisas

Uma das maiores revoluções tecnológicas da atualidade, a internet das coisas une objetos utilizados no cotidiano à rede mundial de computadores, conectando físico e digital, transformando-os em uma coisa só por meio de data centers e suas respectivas nuvens, criando um verdadeiro ambiente de mobilidade e de presença absoluta da internet ("Internet…", 2014), em uma hiperconectividade entre humano e máquina.

Nesse contexto,

> Conforme apontou uma pesquisa da consultoria McKinsey, o impacto global da IoT na economia é de 4% a 11%, o que equivale a 3,9 a 11,1 trilhões de dólares. Só o Brasil, conta com mais de 2,5 milhões de dispositivos que transmitem dados para sistemas totalmente eletrônicos segundo dados da Anatel (Agência Nacional de Telecomunicações).
>
> A expectativa é que o país tenha mais de 100 milhões de equipamentos conectados até 2025. A União Internacional das Telecomunicações (ITU) prevê que não demore muito para que mais da metade da população global esteja conectada à Internet das Coisas. Sendo assim, poderemos ver equipamentos altamente tecnológicos e integrados às plataformas online. Outro dado importante mostra que mais de 45% das pessoas pertencentes à Geração X vão adotar ecossistemas inteligentes, incluindo os dispositivos conectados e vestíveis. Para a geração Y, a porcentagem é maior: cerca de 50%. (Barion, 2020)

As aplicações desse recurso nos diferentes trabalhos da área da arquitetura são incontáveis. Podemos pensar, por exemplo, na possibilidade de profissionais da arquitetura utilizarem dados *on-line* transmitidos ou compartilhados para elaborar uma visualização virtual de determinado aspecto de um projeto. Com base nessa simulação, o arquiteto pode apresentar seu conceito e, porventura, realizar alterações solicitadas em tempo real, evitando assim retrabalhos no processo da construção (Barion, 2020).

Além das aplicações nas edificações propriamente ditas, a IoT pode ser utilizada na rotina das empresas e dos escritórios de arquitetura. Uma empresa de gerenciamento de obras pode, por exemplo, reunir em uma só plataforma as informações básicas e cadastrais dos colaboradores, o tipo de trabalho que realizam e o setor de que fazem parte, os prazos de suas demandas e sua geolocalização. Portando essas informações, a administração da empresa pode avaliar o nível de cumprimento de tarefas e oferecer sugestões de melhoria em possíveis gargalos nesse processo (Barion, 2020).

Por fim, a IoT pode ser aplicada em projetos propriamente ditos. A arquitetura tem só a se beneficiar nesse caso: como a IoT permite a reunião e análise dos mais diferentes dados de potenciais clientes, o profissional da arquitetura tem a possibilidade de elaborar projetos cada vez mais individualizados, para atender as mais específicas demandas. Por exemplo: o projetista pode conceber uma plataforma informatizada para a casa de um cadeirante, de modo que o cliente possa utilizar seu lar de uma maneira totalmente conectada, de qualquer ponto do imóvel, de modo a atender as suas mais diversas necessidades (Barion, 2020).

Trata-se de uma mudança sem volta, tanto para a tecnologia quanto para a arquitetura. Em um mundo em que a integração é a regra, os projetos espetaculares de arquitetura têm de estabelecer uma parceria definitiva com a internet das coisas.

Big data

A elaboração de projetos e a administração de construções são pesadamente impactadas pelo gerenciamento de dados e pela computação em nuvem. Como explica Nicolas Mangon, vice-presidente de

LookerStudio/Shutterstock

arquitetura, engenharia e construção (AEC) da Autodesk: "Imagine identificar padrões com base em dados de riscos a partir de tudo o que deu errado em projetos anteriores. Isso economiza tempo e dinheiro" (Oliveira, 2018). Andrew Anagnost, CEO da Autodesk, por sua vez, argumenta que muitas organizações ainda precisam preparar suas plataformas para lidar com volumes massivos de informação, ainda que todas as empresas tenham noção da necessidade de trabalhar com acesso a arquivos de diferentes tamanhos em uma quantidade absurda. Nessa dinâmica, a "nuvem" vem se mostrando uma ótima solução.

Blockchain

Sistema que pressupõe o registro distribuído que visa à descentralização como instrumento de segurança, o *blockchain* já é utilizado na arquitetura, principalmente em processos que envolvem muitas pessoas. No combate à corrupção que muitas vezes faz parte da dinâmica do mundo da construção, esse sistema será fundamental – Anagnost explica que "Não é incomum ter corrupção no segmento de construção em geral, porque são direcionados milhões para projetos. Uma das grandes barreiras da tecnologia no setor, no entanto, são as pessoas que não querem ter seus passos rastreados pelo sistema" (Oliveira, 2018).

BIM

O BIM (*Building Information Modeling*) figura como uma das maiores inovações do campo da arquitetura, da engenharia e da construção. Consiste em um sistema que representa projetos com base em uma combinação de objetos cujas interações de geometria, relações e atributos são ricamente complexas. Fundamentalmente,

> A metodologia de desenvolvimento de projetos chamada Modelagem de Informação da Construção (BIM, Building Information Modeling) é um conceito que representa digitalmente as características físicas e funcionais de uma edificação, compartilhando e integrando o conhecimento de forma a construir uma base real para tomada de decisão durante o ciclo de vida dos projetos. Uma definição mais exata da metodologia pode ser obtida em Eastman (2008), em que o BIM não é só uma metodologia para a etapa de projeto, e nem só para a otimização de custos e a obtenção de eficácia no planejamento. O modelo digital da construção, por conter informações inseridas e utilizadas ao longo de todo o ciclo de vida da obra, desde a concepção, construção, uso, manutenção até a demolição, permite a visualização da obra ao longo de toda a sua vida. (Fiesp, 2021, p. 106)

Cotidianamente, as representações gráficas de edificações são realizadas em 2D. NO BIM, por outro lado, é possível estender essas representações para as três dimensões primárias, às quais podem ser acrescentadas informações sobre tempo e custos. Extrapolando a geometria, o sistema possibilita acrescentar dados relacionados a relações espaciais, especificações geográficas e especificidades relacionadas a materiais e componentes da construção:

> O sistema integra as informações dos projetos arquitetônicos e paisagísticos com os de engenharia estrutural e os planos de hidráulica e elétrica, garantindo a consistência dos planos de forma integral. A contraparte administrativa de fluxos financeiros, cronogramas de produção, recursos humanos e compras de materiais e serviços também está integrada no sistema, de forma que, por exemplo, os impactos sobre os custos de uma alteração no plano hidráulico ou em

> uma janela podem ser avaliados rapidamente. Ao longo do processo, a metodologia BIM incorpora as alterações necessárias e reatualiza todo o sistema de informações e, ao fim da construção, toda informação é arquivada, fornecendo um registro histórico completo da obra, o qual pode ser empregado no futuro de diversas formas – apoio de informações para reformas e adaptações dos edifícios, contratos de seguro, pendências jurídicas, etc. (Fiesp, 2021, p. 106)

A utilização desse sistema ainda é restrita no Brasil, levando em consideração o alto investimento demandado para sua implementação, bem como o suporte de altas cargas tributárias (o produto é importado) e aquisição de *hardware* consideravelmente caro. Além de obstáculos financeiros, o BIM exige toda uma reestruturação produtiva, o que força a organização a rever procedimentos e a estabelecer uma interface entre várias áreas no processo de concepção e projetos. Como se esses fatores não bastassem, um sistema dessa monta necessita de profissionais que o utilizem plenamente e que possam repassar esse conhecimento para outros, bem como bibliotecas e outros repositórios que disponham de suas especificações técnicas, carência da qual o país ainda sofre.

Entretanto, em 2018, uma resposta veio à necessidade dos potenciais usuários do BIM:

> Em 2018, por meio do Decreto nº 9.377, de 17 de maio de 2018, o governo federal criou a Estratégia Nacional de Disseminação do *Building Information Modeling* no Brasil (Estratégia BIM BR) e instituiu o Comitê Gestor da Estratégia do BIM, um órgão deliberativo destinado a implementar a estratégia do governo e gerenciar as suas ações. Em 2019, o governo federal ajustou a legislação, por meio do Decreto nº 9.983/2019, de 22 de agosto de 2019. A nova legislação tem a finalidade de promover um ambiente adequado ao investimento em BIM

e a sua difusão no Brasil. Conforme o Art. 2º do decreto de 2019, a Estratégia BIM BR tem os seguintes objetivos:

I. Difundir o BIM e os seus benefícios;

II. Coordenar a estruturação do setor público para a adoção do BIM;

III. Criar condições favoráveis para o investimento, público e privado, em BIM;

IV. Estimular a capacitação em BIM;

V. Propor atos normativos que estabeleçam parâmetros para as compras e as contratações públicas com uso do BIM;

VI. Desenvolver normas técnicas, guias e protocolos específicos para adoção do BIM;

VII. Desenvolver a Plataforma e a Biblioteca Nacional BIM;

VIII. Estimular o desenvolvimento e a aplicação de novas tecnologias relacionadas ao BIM; e

IX. Incentivar a concorrência no mercado por meio de padrões neutros de interoperabilidade BIM. (Fiesp, 2021, p. 107)

Todas essas inovações têm o potencial de elevar a arquitetura a patamares inimagináveis: as edificações podem ser autossustentáveis, responsivas aos estímulos e intempéries do ambiente, econômicas e belas. Desde os primeiros rabiscos do projeto, a arquitetura agora pode oferecer experiências interativas para seus clientes, experimentar à exaustão antes que o primeiro tijolo seja assentado; pode atender às necessidades de seus usuários com o máximo de acurácia e ser eficiente em seus processos e, além disso, fundamentada nas melhores práticas éticas do mercado e da sociedade.

Depoimento

Nesse contexto, fomos os primeiros propositores do que chamamos *arquitetura regenerativa* (sobre a qual conversamos na Lição 5), que só foi possível com o uso de tecnologias de ponta em energia, recursos hídricos, informática, nanotecnologia, biotecnologia, construção civil, automobilística e aeronáutica, fazendo com que esses elementos transformassem o edifício em uma verdadeira usina de energia. Mais do que ser autossuficiente, o prédio tem um saldo positivo e retorna esse saldo para a cidade e para a sociedade.

Mais uma vez, todo esse conhecimento técnico foi traduzido por uma estética disruptiva.

Saboreie os projetos a seguir e perceba como o fator *tecnologia* é fundamental para a produção de nossos projetos.

Resumindo

A tecnologia é a grande mola propulsora da inovação. Estar *pari passu* com as novidades que surgem na área e participar da construção delas: esse é um valor importantíssimo para a Realiza. Isso nos permite colaborar para a criação desses novos recursos e gerar possibilidades de aplicação desses implementos no urbanismo.

A inovação tecnológica e a cultura se retroalimentam – a nanotecnologia, a internet das coisas, a realidade aumentada, a impressora 3D, o BIM; toda tecnologia que representa um potencial avanço para a arquitetura e para o urbanismo é incentivada a melhorar em razão dessas duas áreas. Além disso, estamos no topo de uma curva de disrupção tecnológica, e grandes transições como essa sempre afetaram a civilização e, consequentemente, a arquitetura. Essas ferramentas podem vir a ser o âmago de um projeto maravilhoso.

Como foi a leitura desta Lição? Ela abriu sua mente para o infinito potencial das mais diversas tecnologias de que a arquitetura dispõe? Esperamos que sim. Vamos a alguns exemplos de como a tecnologia se encontra plenamente integrada aos projetos e empreendimentos da Realiza Arquitetura?

Estudo de caso: Concurso Guggenheim – Helsinki

As formas desse projeto simbolizam a tentativa do ser humano de alcançar o esplendor das soluções da natureza.

O prédio torna-se nesse estágio transitório uma grande usina que trata o ar e a água, gera energia❶ e, além de suprir sua demanda privada, democratiza os resultados com uma geração positiva para a cidade❷. Além disso, aponta amigavelmente para o futuro no qual os materiais e as tecnologias serão realmente naturais, vivas e integradas à natureza.

Localidade: Helsinki, Finlândia.

Área total construída: 12.100 m².

Número de pavimentos: total de 2 pavimentos e 1 mezanino.

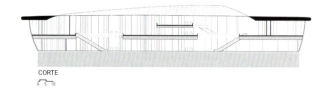

CORTE

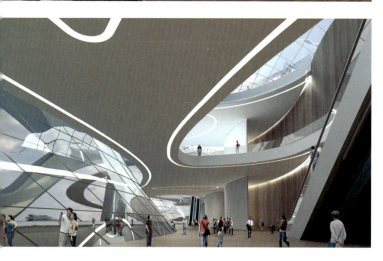

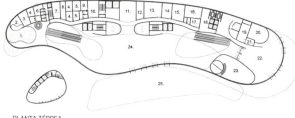

PLANTA TÉRREA

1. RESTAURANTE
2. COZINHA/ATENDIMENTO
3. PREPARO
4. ESCRITÓRIO
5. ARMAZENAGEM
6. RECEBIMENTO
7. FORNECIMENTO
8. TI
9. ESCADA
10. REFERÊNCIA
11. ACESSO CARGA
12. EXPED. RECEBIMENTO
13. ARMAZENAGEM ARTE
14. DESEMBARQUE
15. PREPARAÇÃO ARTE
16. ARMAZENAGEM RECEPÇÃO
17. REGISTRO ESCRITÓRIO
18. ACESSO FUNCIONÁRIOS
19. CHECAGEM ROUPARIA
20. CHECAGEM BAGAGEM
21. INFORMAÇÃO
22. LOBBY
23. LOJA
24. EXPOSIÇÃO
25. EXPOSIÇÃO EXTERNA

Concurso Clube Curitibano

O Curitibano se caracteriza por uma arquitetura que celebra seu tempo. Esse projeto é claramente uma obra do século XXI.

A forma dos pilares denota o respeito ao terreno, com mínima interferência, abrindo-se à medida que sobem, como exaltação, como fogos de artifício que comemoram o novo espaço para os sócios do Clube.

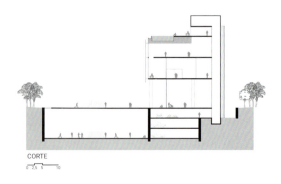

CORTE

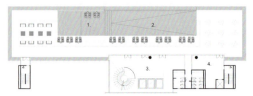

PLANTA 5º PAVIMENTO

1. PISCINA INFANTIL
2. PISCINA ADULTO
3. HALL
4. BAR

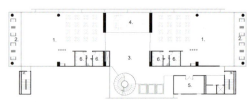

PLANTA 2º PAVIMENTO

1. SALÃO DE FESTA   4. ÁREA KIDS
2. VARANDA   5. DEPÓSITO
3. FOYER   6. BANHEIRO

PLANTA TÉRREA

1. ÁREA DE PAISAGISMO   5. LANCHONETE
2. CANCHAS DE AREIA   6. HALL
3. QUADRA ESPORTIVA   7. RESTAURANTE
4. PRAÇA COBERTA   8. COZINHA

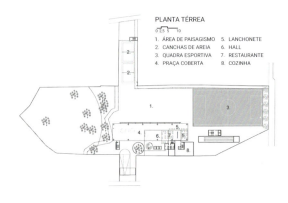

A Fábrica

A estética tecnológica desse projeto procura estabelecer uma relação direta com a tecnologia de pesquisa de ponta deste cliente. Múltiplas direções e muita velocidade transparecem já no primeiro olhar.

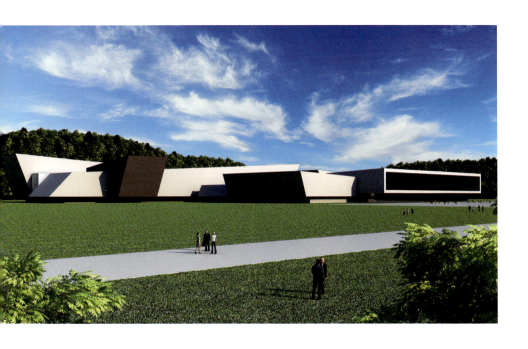

Procave Normando Tedesco

- **Coautoria**: Delmar Maciel Castelo de Souza (Modulo.2 Arquitetos).
- **Endereço**: Avenida Normando Tedesco – Balneário Camburiú-SC.
- **Área total construída**: 26.776,13 m².
- **Distribuição**: 1 torre com um embasamento de 6 pavimentos, 29 pavimentos tipo.
- **Número de unidades**: 2 unidades residenciais, do 7º ao 35º pavimento.
- **Total**: 58 unidades.
- **Estacionamento**: 279 vagas distribuídas do térreo ao 5º pavimento.

Sistemas de alta tecnologia de fachadas e revestimentos são expressos numa estética *high tech*.

UTILIZE TECNOLOGIA DE PONTA

Lição 9

APLIQUE ENGENHARIA REVERSA

Exerça o benchmarking

Essencialmente, *benchmarking* consiste em uma investigação minuciosa e aprofundada a respeito dos principais concorrentes que a empresa tem em sua área de atuação, bem como sobre seus produtos, seus serviços e seus diferenciais, de modo a entendê-los e, na medida do possível, antecipá-los em suas iniciativas e ser inovadora. Entre os benefícios dessa ferramenta, podemos citar (Marques, 2020):

- **Compreensão do mercado**: a análise constante do trabalho dos concorrentes possibilita o entendimento do nicho em que a organização se encontra e a função desse setor no mercado como um todo. Só dessa maneira a empresa pesquisadora pode levar suas práticas aos melhores níveis do mercado em que opera.
- **Evolução contínua**: é necessário criar um procedimento documentado de *benchmarking* e disponibilizá-lo para toda a organização, de modo que a empresa crie uma cultura de engenharia reversa e a utilize em seu desenvolvimento diário.

- **Constância**: é necessário realizar o trabalho de *benchmarking* com regularidade, pois só com regularidade é possível avaliar o comportamento do concorrente e as inconstâncias do mercado. Além disso, é por esse trabalho constate que a empresa pode constatar novas tendências e mudanças repentinas no seu nicho de atuação.
- **Conhecimento**: com a aprendizagem que o *benchmarking* possibilita, a empresa pode entender seus concorrentes, entender o que eles estão realizando e avaliar como o mercado está se comportando. Com essa pesquisa, é possível criar uma visão sistêmica de processos e dinâmicas do mercado profissional.
- **Análise**: todas as pesquisas de *benchmarking* devem ser apoiadas por uma análise subsequente. Em outras palavras, a pesquisa deve gerar *insights* que, se necessário, possibilitem à empresa rever procedimentos, assimilar novas ideias e até criar um novo planejamento estratégico.
- **Diminuição de erros**: graças à análise de todo o panorama da concorrência, é possível observar tudo que é feito de errado e corrigir esses equívocos. Isso não significa que os concorrentes não têm ideias boas que não possam ser aproveitadas. Muito pelo contrário: boas ideias podem ser executadas de forma errada ou de uma maneira que pode ser melhorada. Nem por isso deixa de ser uma boa ideia a ser explorada.
- **Redução de custos**: os erros e acertos da concorrência podem fazer com que a empresa pesquisadora reduza custos em seus próprios procedimentos e suas próprias condutas.

O *benchmarking* é rico em variedade e aplicações, seja para uma avaliação do ambiente externo da empresa, seja para uma análise da dinâmica interna da organização, como você pode verificar a seguir:

Quadro A – Tipos de *benchmarking*

Benchmarking **interno**	Avalia os processos internos da empresa, visando à implementação de melhores práticas de negócios em novas sucursais.
Benchmarking **competitivo**	O mais solicitado por empresas, é aplicado por empreendimentos que desejam verificar os resultados dos concorrentes mais significativos de modo a melhorar processos de produção e se sobrepor à concorrência.
Benchmarking **funcional**	Utilizado para que a organização compreenda como uma técnica pode ser aplicada a vários tipos de empresa (ex.: aplicação de determinado teste de perfil profissional em vários contextos organizacionais).
Benchmarking **genérico**	Indicado para a avaliação de processos de uma organização aplicados a outras empresas (ex.: equipe de *e-commerce* interage com *sites* de compra para avaliar seu funcionamento).
Benchmarking **colaborativo**	O trabalho colaborativo é a ênfase dessa técnica. Grupos de empresas se unem para realizar pesquisas que permitam a elaboração de um sistema de indicadores para comparações de desempenho.

Fonte: Elaborado com base em Marques, 2020.

Para a implantação dessa poderosa ferramenta no contexto, algumas etapas precisam ser respeitadas, como demonstramos na sequência:

Figura A – Etapas do *benchmaking*

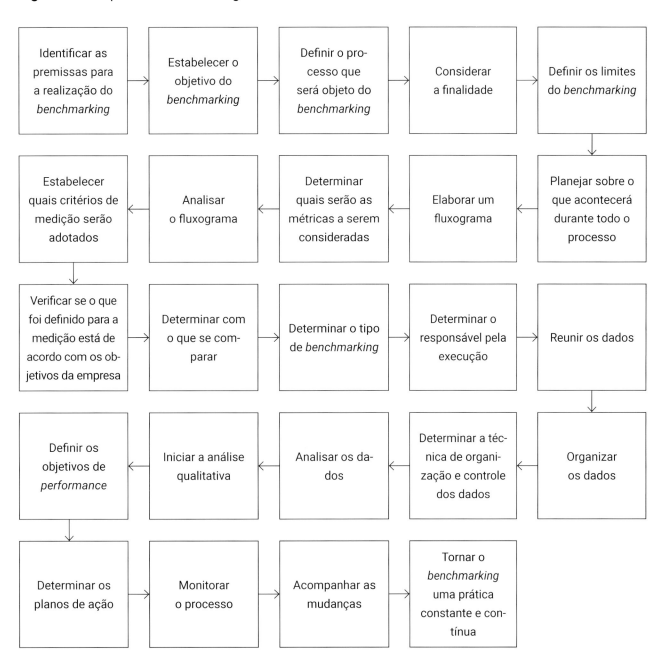

Fonte: Elaborado com base em Marques, 2020.

Além desse processo marcadamente organizacional e processual, hoje também podemos falar de *arquitetura reversa* (O olhar..., 2020):

> Olhar o edifício de fora para dentro, do macro para o micro, identificando suas peculiaridades, é a Arquitetura Reversa.
>
> E a tecnologia é o fator primordial para esta leitura. Equipamentos de leitura em 3D "varrem" as partes internas e externas de uma edificação, captando seus mínimos detalhes, numa precisão milimétrica. Um acervo fotográfico auxilia a leitura, complementando as informações que o "laser scan" captou. Um modelo em 3D é produzido, revelando com fidelidade e riqueza de detalhes a construção existente.

Trata-se literalmente da "desmontagem de uma obra", mas que se detém em "suas matérias e contingências", deixando de lado seus fundamentos tecnológicos. Os procedimentos para um trabalho dessa natureza são os seguintes (Siza; Madureira, 2022):

- **Registro participante**: a percepção do arquiteto é movida por sua interação com o espaço. É fundamental que o profissional esteja, sempre que possível, presente na obra para promover discussões. Essa conduta é importante para que a interpretação da obra se fundamente em uma experiência direta para que o arquiteto possa avaliar desde aspectos físicos da edificação até fatores ligados à relação direta do usuário com a construção.
- **Psicografia**: para que o arquiteto tenha uma visão holística da edificação em todos os seus aspectos e desdobramentos e possa realizar o esforço da arquitetura reversa, é necessário um levantamento fotográfico exaustivo e extremamente detalhado de todos os seus detalhes, dos mais ínfimos aos mais notáveis.

- **Genealogia especulativa**: é necessário conciliar a análise gráfica da edificação com um levantamento bibliográfico das influências que incidem sobre o arquiteto, de modo a evidenciar o "museu imaginário" do profissional, criando uma genealogia do projeto".

Depoimento

Quando nossa equipe descobriu a engenharia reversa, percebemos como havíamos perdido um tempo precioso em nossas vidas. Perceba: a arquitetura vem sendo realizada há milhares de anos. Portanto, se o arquiteto tiver a coragem e a humildade de observar o que já foi feito na história humana, ele pode cortar caminhos, criar atalhos, economizar um tempo precioso que pode ser destinado ao processo criativo.

É curioso como a academia sempre foi muito enfática no sentido contrário: não procure referências, não se baseie em nada, procure o pensamento puramente autoral (ainda que insista no paradigma de Corbusier). Há clientes, aliás, que têm medo de "contaminar" o arquiteto, quando na realidade esse medo é infundado: quanto mais informação para o arquiteto, melhor.

Tendo esse espírito entre os nossos fundamentos, criamos uma equipe direcionada à pesquisa de lançamentos imobiliários (vendo metragem, tamanhos etc.), de modo a verificar o que há de melhor no mercado. Então, quando vamos criar um projeto, já temos um repertório de pesquisas históricas do que já existe e do que está sendo construído. É a nossa engenharia reversa.

Resumindo

No mundo da internet, em que o acesso às informações é superfacilitado, é inadmissível não reservar momentos específicos durante a concepção de seu prédio para a pesquisa de soluções similares ou soluções díspares para problemas similares. Procure os melhores, classifique, priorize, desmonte os melhores, disseque cada detalhe. Entenda os processos pelos quais passaram e os porquês de suas proposições. Depois desse trabalho, você terá milhões de horas a seu dispor.

Aproveite as incontáveis horas que a humanidade investiu nesses projetos e acrescente agora algo melhor. Mesmo que você não consiga, essa deve ser sua meta mínima.

Esta Lição auxiliou você a enxergar a importância de estudar referências externas para enriquecer seu trabalho e desenvolver seu diferencial? Incrível! Vamos analisar o estudo de caso a seguir para concretizar os conteúdos apresentados?

Estudo de caso: Bosco Centrale

Uma floresta vertical! Esse foi o desafio para o projeto❶. Mais do que um simples prédio, foi concebido para ser mais um marco na revitalização da área central de Curitiba. Colunas cônicas monumentais formam uma praça *"port cochere"* na entrada do edifício❷ e a vegetação é usada como recurso estético do desenho de formas triangulares na composição plástica da fachada❸. No coroamento, formas triangulares de vidro preenchidas com água e ora com o ar❹ complementam a tradicional estratégia compositiva de embasamento, corpo e coroamento, sempre reverberando as formas angulares.

A vegetação pode muito mais do que apenas repousar passivamente em floreiras. Nesse projeto, demos uma nova vida para as plantas. Elas são as protagonistas do desenho angular único do prédio. Agora elas são a arquitetura.

Analise as edificações a seguir, resultado de processos de engenharia reversa que inspiraram a Realiza Arquitetura a criar projetos espetaculares!

PLANTA LAZER

1. PISCINA
2. DEPÓSITO
3. BANHEIRO
4. HALL SOCIAL
5. ESCADA
6. SALÃO DE FESTA
7. ACADEMIA
8. BANHEIRO CADEIRANTE
9. RECREAÇÃO DECOB.

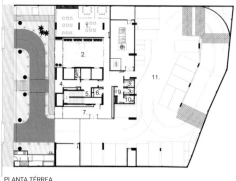

PLANTA TÉRREA

1. SALA DE JOGOS
2. HALL SOCIAL
3. BANHEIRO
4. GUARITA
5. ESCADA
6. ÁREA TÉCNICA
7. HALL DE SERVIÇO
8. SUBESTAÇÃO
9. BOUDOIR
10. BANHEIRO CADEIRANTE
11. ESTACIONAMENTO

PLANTA PAVIMENTO TIPO

1. SUÍTE
2. QUARTO
3. BANHEIRO
4. ESTAR/JANTAR
5. LAVABO
6. COZINHA
7. SACADA
8. ÁREA DE SERVIÇO
9. HALL SOCIAL
10. ESCADA

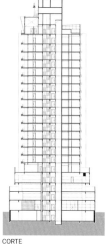

CORTE

ELEVAÇÃO

- **Endereço**: Rua Mariano Torres, 573 – Centro, Curitiba-PR.
- **Área total construída**: 17.077,42 m².
- **Número de pavimentos**: 22 pavimentos e 1 subsolo no total.
- **Número de unidades**:
  - Residencial: 6 unidades residenciais no pavimento tipo (6º ao 21º pavimento).
  - 3 unidades residenciais no 5º pavimento.
  - **Total**: 99 unidades.
- **Estacionamento**:
  - Subsolo 01 – 41 vagas.
  - Térreo – 18 vagas.
  - 2º pavimento – 38 vagas.
  - 3º pavimento – 33 vagas.
  - 4º pavimento – 35 vagas.
  - **Total**: 165 vagas.

Alba

◎ **Endereço**: Rua Júlio Perneta, 742 – Mercês, Curitiba-PR.

▫ **Distribuição**: 4 pavimentos + subsolo.

◪ **Área total construída**: 10.023,17 m².

O terreno íngreme voltado para a vista leste da serra do mar foi a mola propulsora das ideias para a concepção do partido arquitetônico❶. A escala do prédio e do terreno é a medida que se eleva, possibilitando vistas memoráveis a seus usuários.

A concatenação de volumes e linhas horizontais cria uma intensidade positiva ao artefato arquitetônico❷.

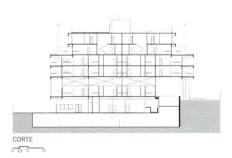
CORTE

ELEVAÇÃO

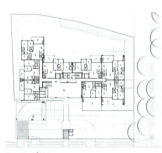
PLANTA TÉRREA

1. QUARTO
2. BANHEIRO
3. ESTAR/JANTAR
4. LAVABO
5. COZINHA
6. ÁREA DE SERVIÇO
7. SACADA
8. HALL

Shopping Carlos de Carvalho

Essa proposta para um *shopping center* foi estruturada sobre dois traços simples:

1. A partir da inflexão urbana da rua transversal, tem origem duas linhas ligeiramente curvas em sentido ascendente para as ruas paralelas e opostas❶.
2. Origem e destino materializados na volumetria da edificação❷.

Muita transparência e vegetação complementam a proposta estética.

Lição 10

INOVE

Tenha sempre inovações em andamento

Pensando na dinâmica da arquitetura da atualidade, você pode se perguntar: "Para pensar grande, eu tenho de inovar. No entanto, com a inovação e a ousadia se tornando um padrão, uma exigência inescapável, como é possível extrapolar os parâmetros da arquitetura e conciliar esse esforço com a funcionalidade, a viabilidade econômica e, principalmente, a estética do projeto"?

Antes de responder a essa pergunta, podemos começar argumentando sobre o que não fazer: criar um "departamento de inovação". Que sentido faz conformar a inovação nos moldes de um departamento repleto de regras, de rotinas, de demandas? Qual é o sentido de uma empresa se considerar inovadora se ela precisa de departamento para isso? Ou a empresa é inovadora, ou não é. Não é possível ensinar alguém a ser inovador. O que é ser inovador? De acordo com Nick Balding, citado por Flávio Augusto (O que é inovação..., 2021), "Inovação é a exploração com sucesso de novas ideias". Ainda de acordo com Augusto, inovar se refere a "resolver problemas – os que

> Qual é o sentido de uma empresa se considerar inovadora se ela precisa de departamento para isso? Ou a empresa é inovadora, ou não é

não foram resolvidos e os que já foram resolvidos, mas de uma maneira melhor e mais eficiente – e gerar valor – para o consumidor, os colaboradores, a própria empresa, os acionistas e a sociedade" (O que é inovação..., 2021). Portanto, um departamento dessa natureza normalmente serve para o exato contrário: para "tesourar" possibilidades. Uma empresa que faz coisas repetitivas, sem criatividade, não é inovadora.

Por isso a Realiza Arquitetura implantou a ISO 9001, justamente para que tudo que é repetitivo fosse rapidamente eliminado e para que todo o tempo de concepção de projetos pudesse ser destinado à criatividade. É por esse motivo também que o **trabalho de desenho** ainda tem importância fundamental nessa dinâmica (como mostraremos na sequência deste material), pois é a forma mais rápida de materializar a ideia; ele é trabalhoso e exaustivo, e é justamente pelo alto investimento de energia nesse trabalho que ele dá resultados.

O que é ser inovador? De acordo com Nick Balding, citado por Flávio Augusto (O que é inovação..., 2021), "Inovação é a exploração com sucesso de novas ideias"

Uma empresa que faz coisas repetitivas, sem criatividade, não é inovadora

Depoimento

Obviamente, no trabalho com inovação, existem momentos de maior lentidão: a instauração de qualquer novo processo ou nova ferramenta demanda um tempo de aprendizado. Esse foi o obstáculo enfrentado no contexto da implementação do BIM na Realiza (sobre o qual já falamos anteriormente, lembra-se?). Por um período, o trabalho dos profissionais ocorre em paralelo: ora realizando trabalhos à moda antiga, ora aprendendo a executar novos processos. Eu não conseguia sair do lugar nesse processo. No entanto, os ganhos compensaram muito além de qualquer projeção: a empresa passou a contar com profissionais ávidos por trabalhar com a nova ferramenta, e eu voltei para o banco dos alunos, para fazer uma pós-graduação em Gerenciamento BIM. Foi graças a essa virada que a Realiza entrou em contato com os maiores especialistas em BIM e passou a trabalhar com eles. Com o advento da internet, essa interação com profissionais de ponta se tornou cada vez mais dinâmica; temos arquitetos do mundo todo trabalhando conosco agora a distância de um clique.

Com o surgimento da pandemia, decidimos trabalhar em *home office*, a princípio por uma semana. Você pode se perguntar: isso atrapalhou o processo de trabalho da Realiza? De maneira alguma. O segredo? Normalizar e padronizar todos os trabalhos da empresa por meio do padrão ISO 9001. Parece um paradoxo, não é? Como uma organização que tem a inovação em seu DNA pode ter obtido essa certificação? Por isto mesmo: para que o profissional possa gastar tempo inovando e criando, em vez de desperdiçá-lo em tarefas realizadas sem um parâmetro verificável.

Além disso, graças à aplicação do BIM em nossa empresa e à observação do trabalho de outros escritórios, pudemos ver quanto tempo era jogado fora com retrabalhos, com atividades constantemente repetidas (e repetidas muitas vezes de maneira incorreta). Isso é um pecado na nossa profissão, uma falha que precisa ser eliminada para que a criatividade e a inovação tenham todo o tempo possível do arquiteto. É penoso para quem trabalha com criatividade ter falhas apontadas em seus projetos a todo instante. E é mais penoso ainda para quem tem de apontar correções. Por isso essa parceria poderosa entre BIM e ISO 9001, que possibilitou a automatização de nossos projetos.

> O óbvio é o mais difícil de se alcançar em termos de arquitetura e estética

Trocando em miúdos, a falta de visão sobre o conceito de inovação e de como aplicá-lo ao contexto organizacional são os obstáculos para o trabalho criativo. Nesse contexto, como é possível inovar?

A chave de tudo está no **óbvio**, que deve ser o alvo do arquiteto inovador. O óbvio é o mais difícil de se alcançar em termos de arquitetura e estética. Quando o projeto é muito complexo, é porque ele ainda não atingiu a perfeição, pois a perfeição é simples e evidente. No entanto, nós, seres humanos, não somos perfeitos; por isso, não devemos exigir de nós mesmos chegar a esse patamar, sem, com isso, desistir da perfeição como meta de projetos desafiadores, que demandam as nossas melhores energias e nossos mais elevados pensamentos, pois essa falta de coragem é um pecado em qualquer atividade humana. Tudo que você puder fazer para atingir o máximo da excelência, faça. Se não conseguir chegar lá, tudo bem. Mas a coragem, a tentativa e a trajetória são fundamentais.

Nesse sentido, podemos citar os projetos de **Norman Foster**, arquiteto que trabalha com a arquitetura propositiva. Ele está literalmente construindo na Lua! Qual foi a "sacada" do arquiteto? Ele mandou uma impressora 3D à Lua para criar objetos com a matéria-prima do próprio satélite!

Em uma parceria com a Agência Espacial Europeia (ESA), a Foster + Partners criou projetos para a associar a impressão 3D à construção de habitações lunares no polo sul da Lua, região que conta com a emissão de luz solar recorrente. Essa parceria já gerou frutos: uma base, com capacidade para abrigar quatro pessoas, já foi construída e passa por testes de simulação relacionadas ao ambiente lunar.

A construção conta com uma proteção que emula a estrutura celular oca de certos organismos. Sua função consiste em resguardar a base das intempéries que assolam a superfície lunar, como a radiação gama.

Por meio desse ousado projeto, as empresas parceiras também analisam as possibilidades referentes à logística do empreendimento, bem como a viabilidade de utilização do regolito, matéria abundante no satélite da Terra, para processos de construção (Quirk, 2013).

Trata-se de apenas um exemplo do *approach* desse profissional e de um caso que, no futuro, servirá de objeto de estudo de arquitetos que olharão maravilhados para as grandes realizações do passado que contribuíram diretamente para a evolução da humanidade. Eles

> Quando o projeto é muito complexo, é porque ele ainda não atingiu a perfeição, porque a perfeição é simples e evidente

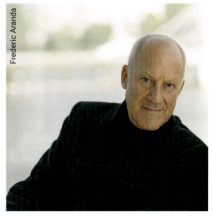

Norman Foster

se admirarão com nossa tecnologia simples, talvez até rudimentar, e se perguntarão como fomos capazes de realizar tanto com tão pouco. Mas essas são cenas dos próximos capítulos.

E quanto à viabilidade de todo esse esforço de inovação? O termo *inovar* parece inevitavelmente remeter a altos custos, altos investimentos e, principalmente, à restrição do acesso a determinadas soluções inovadoras. Nesse caso, é importante ressaltar um fato: se não fosse pela Fórmula 1, não haveria retrovisores nos carros. Não podemos partir do pressuposto de que investimentos em produtos altamente sofisticados não geram soluções mais democráticas. Pelo contrário. Por exemplo: pense no caso de nosso **projeto Realiza Casa**: ele é feito em processo *off-site*, que é caro, por não ter escala; portanto, o acesso a esse produto é realmente mais restrito. No entanto, só é possível construir casas pequenas, de valor mais acessível, depois de muitas construções de preço mais elevado serem vendidas, pois um processo paga o outro, num ciclo virtuoso. E quando um produto sofisticado é concebido, são muitas as pessoas envolvidas, e todas elas levam para suas casas o resultado desse trabalho. Se as pessoas têm celulares, *notebooks*, *tablets*, carros, é porque em algum momento foram criados produtos de alto valor agregado, onde há mais "folga" para o teste, que foram se diluindo e chegando a outras esferas sociais. E com o trabalho da Realiza não é diferente: todas as inovações que propusemos em nossas construções estão sendo utilizadas em edificações populares. Nós fazemos parte de uma cadeia maior, em que nada está separado.

Resumindo

Mantenha um estoque de soluções inéditas. Mantenha-se sempre preparado e acredite que inovação e soluções brilhantes estão quase sempre sintonizadas. Desenvolva suas propostas autorais e provocativas, anime e instigue o mercado. Não espere que nada do que você acredite seja feito. Faça você mesmo.

Outro objetivo da arquitetura é, em uma medida ou outra, gerar espanto. E o mais interessante disso é que até mesmo um prédio com um perfil mais "comportado" poder instigar essa sensação. Construímos um prédio cujo objetivo era literalmente "sumir". Mimetizando características dos prédios em seu entorno já estabelecido, o prédio desaparece na paisagem. Essa simplicidade espanta.

A Lição 10 abriu sua mente para o trabalho da inovação? Esperamos que sim! Vamos ver a seguir um estudo de caso que expõe como a Realiza Arquitetura inova em seus empreendimentos e projetos!

Estudo de caso: Concurso Anexo da Biblioteca Nacional

Mais do que atender a questões técnicas, estéticas e funcionais, o edifício regenerativo foi elaborado para superar as expectativas contemporâneas e tornar-se um ícone espacial, um exemplo de atitude arquitetônica de ponta que se atreve a melhorar o cenário do local onde passará a existir.

Inspirado pela renovação urbana que é promovida atualmente no Rio de Janeiro, especialmente na região do Porto Maravilha, o edifício do Anexo da Biblioteca Nacional cria um diálogo com a cidade, seus habitantes e seus visitantes. Através de sua fachada midiativa[1], a função do edifício ultrapassa o simples armazenamento de informações e torna-se um local de exteriorização da estrutura, convidando os pedestres para este local.

A seguir, apresentamos alguns projetos que representam o esforço da Realiza em inovar em suas edificações.

Rotterdam

- **Endereço**: Rua Desembargador Motta, 1648 – Batel, Curitiba-PR.
- **Área total construída**: 19.629,16 m².
- **Distribuição**: 26 pavimentos e 1 subsolo.
- **Número de unidades**: 147 unidades residenciais no total do 4º ao 25º pavimento.
- **Estacionamento**: 178 vagas distribuídas do subsolo 1 ao 3º pavimento.

Esse prédio cinza prateado, branco com vidros levemente esverdeados, é estruturado esteticamente por um sutil contraste na inclinação e tamanho das varandas frontais❶. As formas variáveis de acordo com o ponto de observador são maravilhosas.

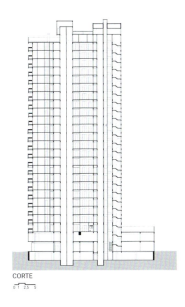
CORTE

ELEVAÇÃO

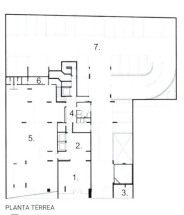

PLANTA TÉRREA

1. PORTARIA
2. HALL
3. LIXO
4. VESTIÁRIOS
5. SALÃO DE FESTA
6. COPA
7. ESTACIONAMENTO

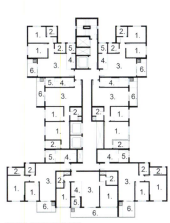

PLANTA PAVIMENTO TIPO

1. QUARTO
2. BANHEIRO
3. ESTAR/JANTAR
4. COZINHA
5. ÁREA DE SERVIÇO
6. SACADA

INOVE

203

Lição 11

DESENHE

*O desenho é
o caminho mais
rápido entre
a imaginação
e a criação*

Existe uma relação sublime entre o intelecto e o ato de desenhar. Por milhares de anos, o ser humano desenvolveu essa habilidade única de transformar seus sentimentos em expressão física e compartilhá-la com seus semelhantes.

Ainda assim, é importante começarmos ressaltando a importância do desenho técnico como modo de expressão de determinada ideia que o projetista tem e deseja repassar para o profissional que irá colocá-lo em prática, em um processo de comunicação cujas regras estão inscritas na NBR 10647* – todos os símbolos, numerações e outros elementos gráficos que são necessários para o pleno entendimento de um projeto estão nessa norma.

---

* Quer dar uma olhada nesse material? Acesse: <https://www.cin.ufpe.br/~sbm/CG/ProjecoesABNT.pdf>. Acesso em: 4 jan. 2022.

A adição de bons desenhistas a um escritório de arquitetura só traz consigo benefícios à organização, tais como (Milagres, 2020):

- **Produtividade**: as atividades de execução tornam-se mais dinâmicas, mais ágeis, e as equipes de trabalho realizam suas funções de modo mais coeso e menos propenso a erros.
- **Gestão de conhecimento**: a implementação de procedimentos que auxiliem no gerenciamento e armazenamento do conhecimento da organização é um recurso poderoso para economizar gastos em produtos que podem ser transformados em capital intelectual.
- **Qualidade**: a padronização na realização da atividade garante qualidade e consequente aumento da produtividade.
- **Manutenção**: os desenhos técnicos podem funcionar como mapas do produto, facilitando assim sua manutenção.

Ainda assim, levando-se em consideração todo o avanço dos programas de desenho da atualidade, é possível persistir na ideia de desenhar a mão no âmbito da arquitetura?

Sem dúvida alguma, pois é por meio desse trabalho que é possível esclarecer uma ideia, dar a ela alguma ordem e estrutura. Como poderoso meio de expressão, o desenho a mão auxilia o arquiteto a transmitir o pensamento de suas criações e dar materialidade à primeira ideia e, na sequência, à solução de possíveis problemas e à alteração de detalhes arquitetônicos. Não há programa de computador que dê conta da fluidez de um desenho feito a mão livre, que é a ligação mais básica entre pensamento e gesto. Com a prática, essa fluidez se torna tão espontânea no trabalho do arquiteto quanto o ato de respirar. Não é à toa que algumas faculdades da área ainda exigem testes adicionais em que são solicitadas produções gráficas dessa natureza (Souza, 2016).

É por meio do desenho que é possível esclarecer uma ideia, dar a ela alguma ordem e estrutura

Patiwat Sariya/Shutterstock

Oscar Niemeyer. Croqui da Mesquita de Argel. 1968. LOCAL: ARGEL. PAÍS: ARGÉLIA. Acervo da Fundação Oscar Niemeyer.

Basta pensar na figura de Oscar Niemeyer: em entrevistas e reportagens que trataram de sua obra e que tiveram a oportunidade de expor o pensamento do grande arquiteto, fica óbvio que suas palavras, ainda que extremamente significativas, tornavam-se menores quando ele pegava uma caneta e passava a expressar a sua ideia. Em questão de segundos, um mundo de palavras era resumido em algumas poucas linhas sensuais e evocativas. Esse é o encanto que o arquiteto não pode perder de vista!

Portanto, como bem explica o arquiteto e urbanista Daniel Dillenburg, "A arquitetura vai ser sempre dependente da informática, mas não pode ser refém dela" (Desenho..., 2017). O profissional defende ainda que a arte do desenho à mão livre está "renascendo", pois a tecnologia traz consigo um ônus: com seu hiper-realismo, a imaginação simplesmente é jogada de lado. Além disso, a identidade do arquiteto, sua marca registrada, sua visão de mundo está em suas mãos e nos traços que desenha, num processo intransferível que comunica de uma maneira extremamente eficiente. Fugindo do campo matemático dos algarismos do computador, o desenho a mão humaniza, transmite proximidade, um esforço para interpretar a realidade circundante.

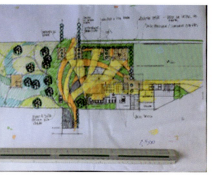

Antonio Gonçalves Jr.

Acima de tudo, o desenho a mão é fundamental para conferir ao arquiteto a capacidade de lidar com o processo de tentativa e erro: o retrabalho é uma realidade inescapável da área, pois a verdadeira arquitetura está enraizada naquele potencial que se encontra no papel em branco, no qual é necessário "riscar e arriscar, sujar as mãos e o papel" (Desenho..., 2017).

Não há programa de computador que dê conta da fluidez de um desenho feito a mão livre, que é a ligação mais básica entre pensamento e gesto

Resumindo

A mágica do desenho consiste em visualizarmos rapidamente o que estávamos imaginando, avaliarmos a ideia original e continuarmos aprimorando-a rápida e constantemente. É por isso que a capacidade de dominar as habilidades técnicas do desenho é associada aos grandes arquitetos. Essa capacidade está relacionada diretamente à capacidade de observar e, no caso da criação, à capacidade de observar a sua imaginação. Em resumo, a capacidade de imaginar em riqueza de detalhes.

O arquiteto deve representar seus pensamentos em desenho e experimentar todas as possibilidades à sua disposição, testá-las ao limite e quando ele estiver plenamente convencido e apaixonado pela consequente solução, essa é a hora de apresentá-la para o público.

Este estudo de caso ajudou você a perceber a beleza, a poesia e a potência do desenho a mão livre na arquitetura? Maravilha! Vejamos na sequência projetos da Realiza que foram fundamentados em alguns dos desenhos mais inspirados elaborados por nós!

Estudo de caso: Serra Juvevê

📍 **Endereço**: Rua João Gualberto, 1698 – Juvevê, Curitiba-PR.

↗ **Área total construída**: 24.998,53 m².

Número de pavimentos: edificação com um total de 23 pavimentos e 3 subsolos.

Número de unidades:

- **Residencial**: 20 unidades residenciais do 12º ao 20º pavimento.
    - 2 unidades garden no 11º pavimento.
    - 4 unidades duplex no 22º pavimento.
    - **Total**: 26 unidades.

- **Comercial**: 2 lojas no térreo.
    - 18 salas no 3º pavimento.
    - 68 salas do 4º ao 7º pavimento.
    - 12 salas do 8º ao 10º pavimento.
    - **Total**: 100 unidades

🚗 **Estacionamento**:
- Torre com 3 subsolos direcionados ao estacionamento corporativo que totalizam 144 vagas.
- O estacionamento residencial foi destinado ao sobressolo, comportando 59 vagas.

O desafio de conforto ambiental e visual em um terreno situado em uma região adensada da cidade foi solucionado pela criação de um volume comercial no embasamento a partir de onde nasce a torre residencial❶. As condições de insolação, ventilação e conforto acústico, bem como a vista para a serra do mar, foram então maximizadas e o partido arquitetônico de casas no alto de uma montanha foi recriado com a torre residencial apoiada sobre o volume comercial❷. As lajes formam planos horizontais e as vedações de vidro de laje a laje e floreiras complementam a solução estética desse projeto❸.

O deslocamento do volume residencial e comercial é o maior prazer estético nesse projeto❹. Fizemos a torre residencial flutuar, apoiada por duas esbeltas colunas revestidas por plantas ornamentais. Com o olhar apurado, podemos enxergar as forças estruturais correndo magicamente pelas colunas para sustentar o volume provocativo que teima em se desprender do embasamento.

Veja mais alguns projetos da Realiza que tiveram no processo de desenho a mão livre a sua depuração, criando verdadeiros prodígios arquitetônicos.

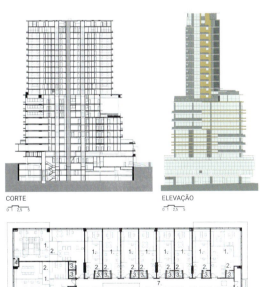

CORTE   ELEVAÇÃO

PLANTA CORPORATIVO 5º AO 7º PAVIMENTO

1. SALA
2. COPA
3. BANHEIRO
4. ÁREA TÉCNICA
5. ESCADA
6. HALL
7. CIRCULAÇÃO
8. FLOREIRA

Serra Juvevê: Opção Inicial

Nessa opção, a estética foi trabalhada com planos fractais de vidro: uma verdadeira torre de cristal.

Brava Osvaldo Reis

- **Endereço**: Av. Osvaldo Reis – Itajaí-SC.
- **Área total construída**: 414.679,33 m².
- **Distribuição**: *shopping*, hotel/office e parte residencial.
- **Áreas**: *shopping* – 58.200 m².
  - Hotel/office – 123.054 m².
  - Residencial – 233.425,33 m².

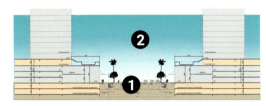

CORTE ESQUEMÁTICO

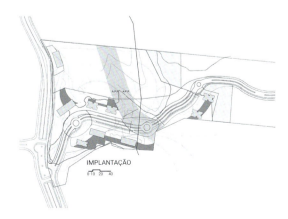

IMPLANTAÇÃO

Uma cidade linear utópica com um sistema viário para pedestres admitindo carros, ciclovia e deliciosos espaços de estar nas calçadas amplas e arborizadas[1].

Uma ilha de sossego com muitas pessoas passeando e proseando com seus *pets* a tiracolo e muitas lojas atendendo às necessidades diárias e de lazer dos usuários.

Sobre o embasamento dos prédios, outra rua se forma, mas dessa vez com mais privacidade. Cada prédio tem sua exclusividade e seus equipamentos de lazer com vista para a rua. De tão usada e admirada, essa rua será naturalmente muito segura.

Os prédios, afastados convenientemente para permitir ventilação e iluminação adequadas[2], enfileiram-se elegantemente em paralelo à rua principal.

Um sonho ainda não realizado.

Lição 12

SIMULE À EXAUSTÃO

Dezenas, centenas de alternativas

> As soluções espetaculares não surgem com um passe de mágica, nem aparecerão depois de um sono profundo com sonhos reveladores

As soluções espetaculares não surgem com um passe de mágica, nem aparecerão depois de um sono profundo com sonhos reveladores. Essas inovações serão fruto de esforço, de muitos estudos, análises, reestudos, reanálises, discussões, ponderações, becos sem saída, reavaliações, novos estudos; e, assim como plantas em uma estufa, como o pão fermentado, esse trabalho vai ganhando vida, força, consistência. E a simulação tem papel fundamental nesse processo.

Levando em consideração a arquitetura na atualidade, é importante tratarmos da **simulação computacional**, fundamental para a análise aprofundada do "impacto de vários aspectos arquitetônicos e do programa de atividades no desempenho ambiental da edificação" (Santos et al., 2017). A influência desse recurso na área é cada vez maior, em razão de uma demanda cada vez mais enfática da sustentabilidade aliada à produção de edificações. Além desse objetivo, podemos citar outros que são levados em conta para a implementação e *softwares* de simulação:

> a metodologia de avaliação do ciclo de vida e avaliação dos custos do ciclo de vida das edificações (3), previsão de cenários de mudanças climáticas (4) e diferentes cenários de retrofits (5). Projetos com conceito de net zero energy buildings (NZEB), ou edificações de consumo energético quase nulo, que estão cada vez mais difundidos no contexto europeu (6) e iniciando essa discussão no Brasil, também necessitam passar por simulações computacionais. (Santos et al., 2017)

Para que possa utilizar essa ferramenta com o máximo de desempenho, o arquiteto deve dominar todos os aspectos do programa escolhido – seus fundamentos e diretrizes, suas potencialidades e seus problemas – para extrair do *software* as simulações mais próximas das demandas pretendidas, entre as quais podemos citar as seguintes:

- **Avaliação de desempenho térmico**: estudos mais apurados a respeito do desempenho e conforto térmicos de usuários, bem como da eficiência energética de edificações, tem demandado cada vez mais simulações. "Através de simulações termoenergéticas, variáveis de desempenho térmico e luminoso das edificações podem ser quantificadas e visualizadas, como temperatura, umidade, movimento do ar, insolação, sombreamento e níveis de iluminação" (Santos et al. 2017).

Tendo em vista a demanda cada vez maior pela implantação de certificados ambientais em edificações, como o *Leadership in Energy and Environmental Design* (Leed), as ferramentas de simulação vieram para ficar, "tendo em vista a diversidade de formas de aumentar a eficiência energética, seja por soluções arquitetônicas ou tecnológicas, e estas ferramentas permitem a avaliação de diferentes soluções ainda na fase de planejamento dessas edificações" (Santos et al., 2017). Entre os *softwares* mais utilizados no mercado para essa análise, podemos citar: "Green Building Studio (GBS), Ecotec, Project Vasari, VE-Pro, Energy Plus, DOE2, TRNSYS e Design Builder" (Santos et al., 2017).

- **Projetos de iluminação**: quando o planejamento da iluminação é realizado de maneira adequada, a edificação só tem a se beneficiar do destaque e da valorização que a luz traz consigo, bem como do conforto que esse elemento pode proporcionar e, consequentemente, do aumento da produtividade daqueles que se utilizam da edificação e da preservação de recursos naturais.

De acordo com Tavares (2007, p. 2),

> A simulação computacional de projetos de iluminação viabiliza estudos quantitativos e qualitativos da luz disponível no ambiente. Esses estudos só são possíveis porque além dos resultados numéricos, gerados pelos cálculos, as ferramentas permitem a produção de representações fotorrealísticas e através delas pode ser visualizada a aparência do ambiente.

Entre os programas utilizados para essa finalidade estão Agi32, DIAlux e Relux. Um detalhe interessante é que projetos de *lighting design* podem incorporar o BIM em seus projetos: "Trabalhando com BIM é possível obter informação exata sobre a quantidade de luz natural que chega a um ambiente e medir a intensidade de cada luminária sugerida. Além disso, o profissional pode ter contato com o fluxo de trabalho realizado no modelo e acessar informações das outras áreas do projeto" (Crízel, 2019).

- **Avaliação de eficiência energética**: a análise do quesito *eficiência energética* leva em consideração múltiplos fatores que interagem entre si, bem como conceitos multidisciplinares: "A eficiência energética das edificações é importante para otimizar os níveis de consumo e consequentemente reduzir o impacto ambiental de geração de energia. Apesar de ter sido classificada como um subtema ambiental, a eficiência energética influencia também os aspectos econômicos, pois tende à redução de custos com energia elétrica com um desempenho técnico satisfatório" (Oliveira et al., 2016).

Portanto, a simulação permite, nesse contexto, antever diversos cenários no início do projeto, de modo a garantir sua qualidade. Entre os *softwares* aplicados a esse trabalho, podemos citar os já apresentados Design Builder e Ecotec e SE3.

Para conferir maior materialidade à simulação, um recurso muito pertinente é a **maquete**. Seja em sua versão material ou eletrônica/virtual, é ela que permite ao arquiteto e aos demais envolvidos no trabalho uma projeção fiel, em escala, de como o projeto ficará quando sair do papel.

De acordo com Moreira (2020), a **maquete material** possibilita a visualização do objeto "em uma escala reduzida à reunião de todos os desenhos bidimensionais que criamos durante o projeto. Muitas vezes, ao visualizar o objeto em 3D, conseguimos enxergar novas situações, erros, empenas, entre outros detalhes que não conseguíamos quando víamos apenas em nossas mentes e desenhos".

As aplicações da maquete física são importantíssimas para o trabalho do arquiteto, em suas diversas atribuições (Moreira, 2020):

> A simulação permite antever diversos cenários no início do projeto, de modo a garantir sua qualidade

Jacob Lund/Shutterstock

- **Esboçar um projeto**: nesse contexto, a maquete pode ser utilizada para visualizar a interação entre volumes – ao enxergar mais facilmente a relação entre um volume e sua escala, o arquiteto pode, ao manipular a maquete, inovar nas formas e no espaço da edificação.
- **Estudar um espaço**: uma maquete pode representar apenas o entorno da edificação a ser construída ou apresentar as duas camadas em conjunto (ex.: é possível criar a maquete de um edifício tombado e seu entorno para se analisar como interferências nas imediações do prédio podem ser realizadas de modo a não prejudicá-lo). Esse tipo de maquete é diferente do esboço, pois o detalhamento tem de ser muito maior; além disso, o elaborador do objeto tem de mostrá-lo a seus colegas de projeto, para discutir sua precisão.
- **Apresentação**: seja para expor para um professor, seja para apresentar para um cliente, a maquete física é ideal para a apresentação de detalhes arquitetônicos, como caminhos, volumes e partes do projeto.

ma3d/Shutterstock

Quando pensamos em uma **maquete eletrônica**, estamos nos referindo a uma representação tridimensional de determinada edificação elaborada em *software* específico cuja função é dar a maior impressão possível de realidade, com volume, profundidade, efeitos de iluminação, texturas, entre outros elementos (Como fazer..., 2017). É por meio desse recurso que um ambiente apresentado vai transmitir uma impressão tão vívida de que o observador está vendo o resultado final da edificação a ponto de causar encanto; além disso, a maquete eletrônica não deixa margens para erros de interpretação, tal como é possível na apresentação de uma planta. Programas frequentemente utilizados para este trabalho são SketchUp, V-Ray, AutoCAD, 3DS MAX, Revit, entre outros (Como fazer..., 2017).

Por fim, para que os participantes do projeto tenham a plena noção de todos os objetos que serão utilizados na edificação, o *designer* pode entrar em ação com a produção de **mockups**, "representação digital de uma peça de papelaria, um produto ou outro item, normalmente em tamanho natural ou em escala maior", cuja função é servir de

> guia para que o designer ou outro representante da comunicação consigam aprovação para encomendar ou lançar uma peça. Também servem de referência para gráficas ou fábricas que produzirão o item. Mockup também se refere a uma representação física, também chamada de protótipo. Podem ser construídos cenários, imóveis em menor escala e produtos em maior escala para facilitar na criação de peças de comunicação (principalmente com a fotografia) e a visualização dos clientes. (O que é…, 2018)

Com esse recurso, o arquiteto e sua equipe podem ver itens arquitetônicos nos mínimos detalhes e discutir possibilidades de melhoramento ou substituição.

Obviamente, não podemos nos esquecer do valor que o **desenho a mão** tem para a representação de um projeto (conversamos sobre isso na Lição 11, lembra-se?). É esse recurso que permitirá que o arquiteto insira sua impressão digital no projeto e mostre sua inspiração pessoal e intransferível para o mundo.

Com essas ferramentas em mão, o arquiteto terá um universo em potencial para mostrar sua ideia e impressionar seu cliente.

Resumindo

Quando começamos o processo de criação de um projeto, os recursos para levá-lo a termo são imprevisíveis; há mudanças feitas até o final do empreendimento. Para as simulações dos recursos necessários à criação e ao desenvolvimento, são necessárias maquetes eletrônicas, virtuais e materiais, bem como *mockups* (protótipos em tamanho natural de certos detalhes da construção). Contudo, nada supera os desenhos a mão – o domínio da arte do desenho e das técnicas construtivas faz com que esse recurso seja o mais utilizado para simulações na arquitetura.

E então, a Lição 12 mostrou a você a importância do desenho a mão, da simulação e dos recursos visuais que você tem a sua disposição? Perfeito! Vejamos na sequência projetos e empreendimentos da Realiza Arquitetura que foram resultado de exaustivos estudos e simulações.

Estudo de caso: Ária

◎ **Endereço**: Avenida Munhoz da Rocha, 122 – Juvevê, Curitiba-PR.

↗ **Área total construída**: 8.591,55 m².

☰ **Número de pavimentos**: edificação com um total de 26 pavimentos e 3 subsolos.

🏢 **Número de unidades**:

- **Residencial**:
    - 8 unidades residenciais tipo A nos pavimentos 2º, 4º, 6º, 8º, 10º, 12º, 14º e 16º.
    - 8 unidades residenciais tipo B nos pavimentos 3º, 5º, 7º, 9º, 11º, 13º, 15º e 17º.
    - 4 unidades duplex nos pavimentos 18º, 20º, 22º e 24º.
    - **Total**: 20 unidades.

🚗 **Estacionamento**:

- A torre possui 3 subsolos direcionados ao estacionamento, que totalizam 65 vagas.

Uma conexão tridimensional entre apartamentos localizados em andares diferentes, mas que compartilham o mesmo pavimento para propiciar pé-direito duplo para a sua área social❶ – é o diferencial desse projeto em relação às tipologias similares. As lajes formam planos horizontais que recebem o fechamento de vidro piso a teto, direcionando a vista do morador em direção à serra do mar❷. Os quartos foram dispostos na região mais liberada do terreno, enquanto a área de serviço ficou posicionada faceando o prédio vizinho existente❸.

Esteticamente, acentuamos a sensação de leveza da torre de cristal por meio dos leves planos horizontais que o segmentam❹. O ritmo cadenciado e uniforme se transforma em movimentos inesperados à medida que se eleva, como se um vórtice, um redemoinho encontrasse o prédio e provocasse uma dança arquitetônica inusitada❺.

A seguir, elencamos projetos incríveis da Realiza que demandaram análises aprofundadas e a produção de maquetes eletrônicas.

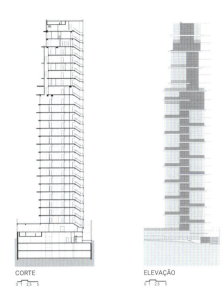

CORTE

ELEVAÇÃO

PLANTA SUBSOLO 01

1. SALA DOS FUNCIONÁRIOS
2. BANHEIRO
3. CIRCULAÇÃO
4. TELEFONIA
5. HALL SOCIAL
6. ESCADA
7. ACADEMIA

PLANTA TÉRREO

1. RECREAÇÃO DESCOBERTA
2. ESPAÇO TEEN
3. PISCINA COBERTA
4. BRINQUEDOTECA
5. BOUDOIR/BANHEIRO/PNE
6. SALA DE PRESSURIZAÇÃO
7. HALL
8. ESCADA
9. COPA
10. SALÃO GOURMET
11. SALÃO DE FESTA
12. HALL SOCIAL

SIMULE À EXAUSTÃO   225

Brava Home Resort

🤝 **Coautoria**: Delmar Maciel Castelo de Souza (Modulo.2 Arquitetos).

📍 **Endereço**: Rua Delfim Mário de Pádua Peixoto, 350 – Praia da Brava, Itajaí-SC.

↗ **Área total construída**: 142.027,80 m².

📊 **Disposição**: 14 torres, 1 clube, 1 restaurante molhado, 1 portaria e 1 subsolo.

🏢 **Número de unidades**:

- **Torre 1 e 14**: 14 pavimentos.
  - **Residencial**: 2 unidades residenciais no pavimento tipo A (pavimentos pares: 2º, 4º, 6º, 8º, 10º)
  - 2 unidades residenciais no pavimento tipo B (pavimentos ímpares: 1º, 3º, 5º, 7º, 9º, 11º).
  - **Total**: 22 unidades.
- **Torre 2 e 13**: 14 pavimentos.
  - **Residencial**: 2 unidades residenciais no pavimento tipo A (pavimentos pares: 2º, 4º, 6º, 8º, 10º).
  - 2 unidades residenciais no pavimento tipo B (pavimentos ímpares: 1º, 3º, 5º, 7º, 9º, 11º).
  - **Total**: 22 unidades.
- **Torre 3 e 12**: 14 pavimentos.
  - **Residencial**: 2 unidades residenciais no pavimento tipo (pavimentos: 1º ao 11º).
  - **Total**: 22 unidades.
- **Torre 4 e 11**: 14 pavimentos.
  - **Residencial**: 1 unidades residenciais no pavimento tipo A (pavimentos pares: 2º, 4º, 6º, 8º, 10º).
  - 1 unidades residenciais no pavimento tipo B (pavimentos ímpares: 1º, 3º, 5º, 7º, 9º, 11º) .
  - **Total**: 11 unidades.
- **Torre 5 e 10**: 14 pavimentos.
  - **Residencial**: 2 unidades residenciais no pavimento tipo (pavimentos: 1º ao 11º).
  - **Total**: 22 unidades.
- **Torre 6 e 9**: 14 pavimentos.
  - **Residencial**: 2 unidades residenciais no 1º pavimento.
  - 2 unidades residenciais no pavimento tipo (pavimentos: 2º ao 11º).
  - 1 unidade duplex no 12º pavimento.
  - **Total**: 23 unidades.
- **Torre 7 e 8**: 14 pavimentos.
  - **Residencial**: 2 unidades residenciais no pavimento tipo (pavimentos: 1º ao 11º).
  - **Total**: 22 unidades.
- **Total final**: 144 unidades residenciais.

🚗 **Estacionamento**:
- Subsolo 1: 555 vagas.

Esse projeto é resultado de inúmeras análises de arranjos de implantação. As condicionantes ambientais, topográficas, urbanas e legais possibilitavam diferentes alternativas para o partido de distribuição espacial das edificações no terreno. Naquele momento, a região ainda não tinha uma definição mercadológica definida em relação aos produtos imobiliários e tampouco em relação aos serviços e à infraestrutura urbana. O partido arquitetônico definido propôs o uso misto, no qual as torres residenciais foram dispostas longitudinalmente ao terreno, criando um confortável espaço de lazer na parte central❶. Nos terrenos periféricos, foram implantadas as infraestruturas de apoio como *shopping*, escola e centro médico❷. Uma série de detalhes, como a preservação do bosque na parte de traz do terreno, a criação de uma praia artificial, as claraboias que levam iluminação natural aos subsolos❸, entre outras, fizeram com que esse projeto se tornasse um ícone que balizou o crescimento de toda a região em um alto nível de qualidade imobiliária e de arquitetura.

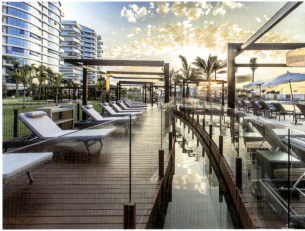

Que emoção poder determinar o futuro de uma cidade por meio da arquitetura! As formas e curvas que derrapam, que se contorcem, se desprendem em cada torre desse projeto foram cuidadosamente pensadas para gerar um equilíbrio dinâmico, recriando os movimentos das ondas, dos ventos, da areia e da vegetação da praia brava, mas em cada traço a ciência da responsabilidade que pensava sobre nossos ombros fez com que o esmero criativo reverberasse nessa magia arquitetônica onde cada prédio é diferente, mas ao mesmo tempo indispensável na composição estética do todo.

LIÇÃO 12

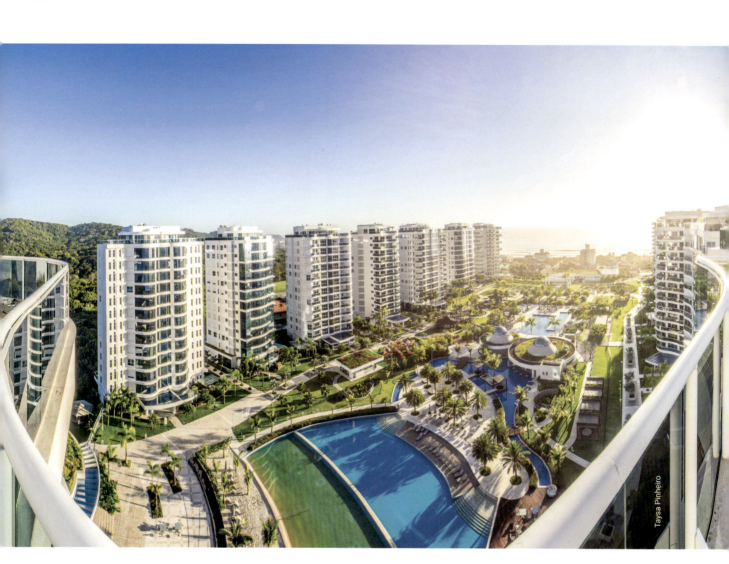

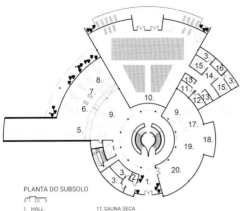

PLANTA DO SUBSOLO

1. HALL
2. BANHEIRO CADEIRANTE
3. BANHEIRO
4. ESCADA
5. BOLICHE
6. MOTORAMA
7. SINUCA
8. TÊNIS DE MESA
9. BAR
10. PISCINA
11. SAUNA SECA
12. SAUNA ÚMIDA
13. DUCHAS
14. ARMÁRIOS
15. VESTIÁRIOS
16. MASSAGEM
17. JOGO DE CARTAS
18. PALCO
19. BOATE
20. DANÇA

PLANTA PAVIMENTO TIPO A

1. SUÍTE
2. BANHEIRO
3. CLOSET
4. HOME OFFICE
5. ESCADA
6. LAVABO
7. SACADA
8. ESTAR/JANTAR
9. COZINHA
10. HALL DE SERVIÇO
11. ÁREA DE SERVIÇO
12. QUARTO DE SERVIÇO

PLANTA TÉRREA

1. SUÍTE
2. BANHEIRO
3. QUARTO SERVIÇO
4. COZINHA
5. ÁREA DE SERVIÇO
6. LAVABO
7. ESTAR/JANTAR
8. HALL SOCIAL
9. HALL SERVIÇO
10. ESCADA
11. ÁREA TÉCNICA
12. SALÃO DE FESTA

PLANTA TÉRREA

1. SUÍTE
2. BANHEIRO
3. ÁREA DE SERVIÇO
4. LAVABO
5. COZINHA
6. ESTAR/JANTAR
7. HALL
8. ESCADA
9. SALÃO DE FESTA
10. BANHEIRO CADEIRANTE

PLANTA TÉRREA

1. SUÍTE
2. BANHEIRO
3. SACADA
4. LAVABO
5. ESTAR/JANTAR
6. COZINHA
7. ÁREA DE SERVIÇO
8. QUARTO DE SERVIÇO
9. ESCADA
10. HALL DE SERVIÇO
11. HALL SOCIAL
12. SALÃO DE FESTA

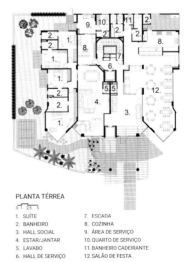

PLANTA TÉRREA

1. SUÍTE
2. BANHEIRO
3. HALL SOCIAL
4. ESTAR/JANTAR
5. LAVABO
6. HALL DE SERVIÇO
7. ESCADA
8. COZINHA
9. ÁREA DE SERVIÇO
10. QUARTO DE SERVIÇO
11. BANHEIRO CADEIRANTE
12. SALÃO DE FESTA

Niponsul

📍 **Endereço**: Avenida Nossa Senhora da Luz, 1890 – Hugo Lange, Curitiba-PR.

↗ **Área total construída**: 3.255,05 m².

📊 **Distribuição**: edificação com 3 pavimentos e 2 subsolos.

🚗 **Estacionamento**: 86 vagas distribuídas nos subsolos e térreo.

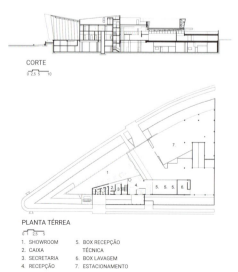

CORTE

PLANTA TÉRREA

1. SHOWROOM
2. CAIXA
3. SECRETARIA
4. RECEPÇÃO
5. BOX RECEPÇÃO TÉCNICA
6. BOX LAVAGEM
7. ESTACIONAMENTO

A perfeita integração entre o formato angular do terreno com a volumetria prismática e com a ideia da tecnologia automobilística de velocidade.

Vivance

🤝 **Coautoria**: Othelo Lopes Filho.

📍 **Endereço**: Avenida Visconde de Guarapuava, 3670 – Centro, Curitiba-PR.

ELEVAÇÃO 01   ELEVAÇÃO 02   ELEVAÇÃO 03

As altas torres foram encapsuladas por abas inclinadas em "L"❶, criando uma leveza agradável, um flutuar despretensioso e suave que alegra a Avenida Visconde de Guarapuava em Curitiba.

SIMULE À EXAUSTÃO

03

Cultive atitudes

Lição 13

HIERAR-QUIZE AS PRIO-RIDADES

Utilize o princípio de Pareto em seus trabalhos

> A inteligência em pesar a importância dos itens, uns em relação aos outros, é uma capacidade desenvolvida ao longo do tempo

As prioridades nascem com cada projeto. Por exemplo: se o projeto em questão é destinado a um hospital, provavelmente a pesquisa das últimas tecnologias e técnicas médicas seria a prioridade absoluta do início do empreendimento. Já em um projeto de uma casa, em que as técnicas de construção são amplamente difundidas, as reuniões com todos os membros da família para conhecer todas as necessidades desse grupo seria a demanda do momento. Portanto, as exigências mudam de projeto para projeto. A inteligência em pesar a importância dos itens, uns em relação aos outros, é uma capacidade desenvolvida ao longo do tempo. Uma técnica simples de priorização é a elaboração de uma lista dos itens e a comparação de um com outro em ordem de importância, dando pesos para cada um deles. O que tiver mais peso, terá mais importância e prioridade.

Um princípio interessante para você compreender esse processo de hierarquização é o **princípio de escassez do fator**, criado em 1892 pelo estudioso Vilfredo Pareto: "O Princípio de Pareto, ou regra

80/20, é uma tendência que prevê que 80% dos efeitos surgem a partir de apenas 20% das causas, podendo ser aplicado em várias outras relações de causa e efeito" (Entenda..., 2018).

O mesmo vale para a arquitetura: tanto no que diz respeito aos processos do projeto para determinada edificação quanto para seus clientes, você deve priorizar 20% dos procedimentos que farão toda a diferença e 20% dos seus clientes que mais geram resultados para o seu empreendimento. E quanto aos 80% restantes?

> É claro que, ao revisar processos e estratégias para otimizar a gestão de tempo e recursos, atividades e ações desnecessárias podem ser detectadas e, nesse caso, o ideal é eliminá-las. O mesmo vale para grupos de clientes ou leads que não geram qualquer retorno, mesmo após inúmeras tentativas. Não perca seu tempo! (Entenda..., 2018)

Entretanto, como qualquer método de trabalho, o princípio de Pareto tem seus limites, pois certos resultados podem fugir à regra. Nesse caso, tome os seguintes cuidados (Entenda..., 2018):

- **Analise a sua própria realidade**: o princípio de Pareto só tem validade se as informações forem baseadas na realidade e disserem respeito a ações passíveis de execução. Dados muito genéricos podem comprometer a análise.

> Em palavras mais sucintas: não confunda seus 20% com os 20% da vizinhança! Ainda que estejam sujeitas a exigências e tarefas muito parecidas, as empresas apresentam características, problemas e objetivos muito distintos.

> As melhores informações que um empreendimento pode adquirir são aquelas baseadas em sua própria realidade: seu histórico, análises e testes. São esses dados que devem dar embasamento para as suas estratégias. (Entenda..., 2018)

Nota lateral: 80% dos efeitos surgem a partir de apenas 20% das causas

- **Considere a variabilidade dos fatos**: é importante considerar que as atividades, as empresas, as pessoas e os negócios nem sempre serão os mesmos. Portanto, se 20% das atividades são responsáveis pelo retorno dos resultados gerais, isso não significa que elas nunca mudarão. "Identifique, assim, os 20% de atividades, colaboradores e clientes que precisam ser aprimorados e concentre seus esforços nos 20% de atividades, colaboradores e clientes que mais contribuem para o sucesso do negócio, reajustando sua estratégia continuamente para permitir a evolução dos resultados" (Entenda..., 2018).

Resumindo

O "princípio de escassez do fator", de Pareto, afirma que 80% dos efeitos procede de 20% de causas. Portanto, saber hierarquizar e priorizar os eventos mais importantes, ou seja, os 20%, é tarefa fundamental para organizar seu pensamento, o que lhe permitirá dedicar seu precioso tempo no que deve realmente ser o alvo de sua atenção.

Se estiver em dúvida, faça uma lista e compare todos os itens entre eles, dois a dois, e acrescente um ponto para cada vencedor no "duelo". No final, você terá sua lista "paretizada". Agora, mãos à obra.

Esta Lição iluminou sua mente sobre a necessidade de hierarquizar e priorizar tarefas? Esperamos que sim! Vejamos a seguir projetos que demandaram o uso do princípio de Pareto.

Estudo de caso: Mandala

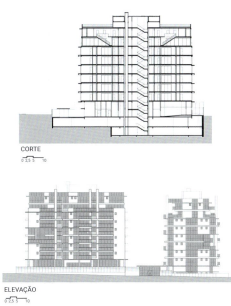

CORTE

ELEVAÇÃO

- **Endereço**: Rua Brasílio Itiberê, 3940 – Água Verde, Curitiba-PR.
- **Área total construída**: 30.115,82 m².
- **Distribuição**: 3 torres com 9 pavimentos cada e 3 subsolos.
- **Número de unidades**:
  - **Torres 1 e 2**: 35 unidades residenciais do 2º ao 9º pavimento.
  - **Torre 3**: 40 unidades residenciais do 2º ao 9º pavimento.
- **Estacionamento**: 289 vagas distribuídas nos subsolos.

A concatenação de várias tipologias de apartamentos em vários blocos e a distribuição desses blocos no grande terreno foram empregadas para buscar as melhores condições de conforto e inserção urbana❶, os grandes desafios desse projeto.

Centenas de opções foram criadas e analisadas até alcançarmos a solução ideal. A relação com o entorno urbano foi garantida; na área central, uma generosa área de lazer conecta o conjunto arquitetônico❷. Traços elegantes flutuam sobra a fachada dos prédios, formando conjunto dinâmico e harmônico❸.

Observe a seguir projetos que, desde seu início, conciliaram os valores da Realiza Arquitetura com as necessidades de seus clientes.

Terraços da Rainha

🤝 **Coautoria**: Marcelo Cortezi (Conceb).

📍 **Endereço**: Rua Romeu Pereira, 84 – Pioneiros, Balneário Camboriú-SC.

↗ **Área total construída**: 22.000 m².

Número de pavimentos: edificação com 31 pavimentos no total e 3 subsolos.

Número de unidades: 9 unidades residenciais por andar do 2º ao 6º pavimento.
- 5 unidades residenciais por andar do 7º ao 26º pavimento.
- **Total residencial**: 185 unidades.

🚗 **Estacionamento**:
- Localizado nos 3 subsolos.

PLANTA TÉRREA
1. QUADRA DE ESPORTES
2. DECK
3. PISCINA
4. HALL DE ESPERA
5. ENTRADA
6. SALA DE REUNIÕES
7. SALA ADMINISTRATIVA
8. ESTACIONAMENTO

Sua localização estratégica vale um cartão postal. Priorizar vistas e um coroamento❶ com uso democratizado, fazendo com que o prédio e a vista pudessem ser desfrutados por quem desejasse e não apenas pelos moradores, foi nosso objetivo nesse projeto.

Marambaia

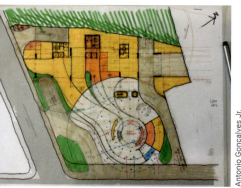

🤝 **Coautoria**: Delmar Maciel Castelo de Souza (Modulo.2 Arquitetos).

📍 **Endereço**: Avenida Atlântica, 300 – Bairro Pinheiros, Balneário Camboriú-SC.

↗ **Área total construída**: 37.581,66 m².

Número de pavimentos: edificação com embasamento de 7 pavimentos + 1 torre A com 36 pavimentos + 1 torre B com 41 pavimentos.

Número de unidades:
- **Torre A**: 72 unidades residenciais do 8º pavimento ao 43º pavimento.
- **Torre B**: 82 unidades residenciais do 8º pavimento ao 48º pavimento.
- **Total residencial**: 131 unidades.

🚗 **Estacionamento**:
- Localizado no térreo ao 6º pavimento, com um total de 442 vagas.

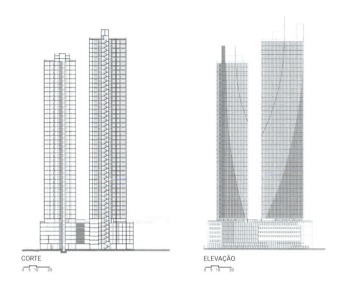

CORTE

ELEVAÇÃO

Um prisma pontiagudo em direção ao céu, facetado, fugindo do equilíbrio e apontando para o futuro.

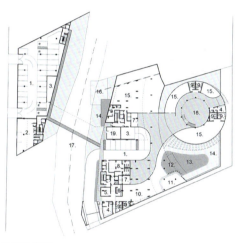

PLANTA TÉRREA

1. ESTACIONAMENTO
2. LOJA
3. ÁREA TÉCNICA
4. GUARITA
5. DEPÓSITO PRAIA
6. LAVA PÉS
7. HALL
8. ESTAR FUNCIONÁRIOS
9. BANHEIRO
10. PRAIA RECREAÇÃO COBERTA
11. BAR
12. BAR MOLHADO
13. PISCINA
14. RECREAÇÃO DESCOBERTA
15. RECREAÇÃO COBERTA
16. DECK
17. CANAL MARAMBAIA
18. HALL/LOUNGE
19. LIXO

PLANTA PAVIMENTO TIPO

1. SUÍTE
2. BANHEIRO
3. VARANDA
4. ESTAR/JANTAR
5. LAVABO
6. COZINHA
7. ÁREA DE SERVIÇO
8. QUARTO DE SERVIÇO
9. HALL DE SERVIÇO
10. HALL SOCIAL

HIERARQUIZE AS PRIORIDADES

Lição 14

HARMONIZE AS PARTES AO TODO

Estabeleça uma vibração harmônica

Agora é o momento de dar unidade e densidade ao projeto. A perfeita relação entre as partes do projeto e entre cada uma delas com o todo resultante do conjunto final é imprescindível. Como nos explica Brandão (2017), citando Santo Agostinho, que defendia o conceito de beleza sensível como a "harmonia das partes com certa suavidade de cor":

> Neste caso, a beleza sensível é a harmonia das partes. Temos nessa definição um conceito bastante amplo de beleza, visto que, se a beleza fosse simétrica (*aequalitas*), só a exata igualdade das partes tornaria um corpo belo, e já que a harmonia é a disposição bem ordenada entre as partes de um todo, o simétrico embora não seja o único padrão de beleza, é ele também belo, na medida em que a sua exata igualdade das partes também é uma disposição bem ordenada das partes de um todo.

De maneira concreta essa harmonia das partes se dá no equilíbrio de um determinado ente da Natureza. Ou seja, essa congruentia se dá quando as partes de um corpo que estão em relação harmônica umas com as outras, não sendo demasiadamente grandes e tão pouco demasiadamente pequenas, quando as citadas partes são comparadas. Se por um lado, a exata igualdade das partes (simetria) não é obrigatoriamente requerida nesta definição, por outro lado, a demasiada desproporção de forma que desagrade ao contemplador não cabe na mesma. Portanto, mesmo havendo alguma diferença entre as partes, o que é muito natural nos entes ônticos, essas diferenças se não chocam por sua grandeza, sendo aos nossos olhos deformadas, contribuem harmoniosamente para a beleza de um corpo.

Observe que o conceito de suavidade aqui não deve ser confundido com a defesa do uso de "cores claras e pastéis" e os sentidos que podem surgir de uma possível ideia de parcimônia. Aqui estamos tratando de um **arranjo estrutural conveniente que agrada aos olhos** e, portanto, transmite uma ideia de harmonia. Como afirma Durant (2013, p. 68), "a harmonia da parte com o todo pode ser a melhor definição de saúde, beleza, verdade, sabedoria, moral e felicidade".

É importante frisar que, como em qualquer outra área da produção humana sobre a realidade, o conceito de harmonia é polissêmico, variado, múltiplo. Portanto, é importante que o arquiteto não se prenda a uma "verdade absoluta" em referência a essa ideia. Inúmeras são as possibilidades de solução e inovação para uma mesma edificação de modo a conciliar as partes com o todo. Entre as inúmeras propostas possíveis, podemos citar as elencadas por Hassegawa (2022):

- **Estabelecer harmonia com o entorno construído**: é importante que o projeto concilie estratégias, materiais e técnicas de construção com o contexto no qual a edificação será construída, bem como com a tradição da localidade e de sua história.
- **Propor ritmo ao tecido urbano**: o arquiteto pode criar um ritmo com base no volume da edificação e o espaço vazio, gerando um efeito que pode ser sentido na rua, no bairro e até na cidade. Quando essa repercussão é positiva, ela cria uma interação interessante entre o espaço público e privado. A repetição de padrões e elementos arquitetônicos, nesse caso, pode gerar harmonia e ritmo com as construções no entorno. Tal como em uma música, a repetição de objetos arquitetônicos pode remeter a uma estrutura musical, em que projeto e contexto no qual ele deve ser encaixado se harmonizam. O uso de revestimentos e esquadrias, bem como de elementos como cores, texturas e formas podem ser utilizadas de modo de, ao mesmo tempo, gerar um padrão, tirar uma determinada construção da monotonia e inserir a edificação em um contexto pretendido.
- **Criar movimento**: esse conceito é concebido em um projeto arquitetônico de modo que o observador percorra a edificação com os olhos. "Planos inclinados, curvas e formas pontiagudas são excelentes nesse sentido". A incorporação de formas com essas características a certos tipos de terreno, como elevações, pode criar verdadeiros marcos visuais. Nesses casos, é interessante evitar formatos mais sóbrios e ortogonais, pois eles criam "ausência de movimento na composição". Nessa conciliação entre edificação e terreno, a dinamicidade pode ser obtida por meio da manipulação e transformação de volumes (Hassegawa, 2022).
- **Inserir contrastes**: volumes tradicionais simplificados e revestimentos compostos por materiais pouco usuais podem causar

essa impressão no observador da edificação. Esses efeitos são ainda mais visíveis quando a construção se utiliza do entorno para contraste. Mas é aí que mora o perigo: o contraste não pode diminuir a importância do que lhe circunda, pois assim sua qualidade do espaço é diminuída. O denominador comum entre o contraste e a leveza é a prioridade quando esse tipo de escolha é inserido no projeto.

- **Desafiar as proporções**: um dos fatores mais importantes para a harmonia de uma edificação, a proporção é esteticamente atraente. Nesse contexto, projetos que se baseiem na proporção áurea e do terço são frequentemente bem-sucedidos. O uso de módulos é pertinente nesse caso. "Uma forma de trabalhar com a proporção na arquitetura é definir volumes com dimensões harmônicas entre si e retirar partes deles" (Hassegawa, 2022). Nessa dinâmica, é muito importante levar em conta o contexto do entorno, de modo a garantir "relações proporcionais com o conjunto" (Hassegawa, 2022).
- **Estabelecer hierarquias**: hierarquizar, nesse caso, consiste em evidenciar elementos e partes relevantes da edificação, estabelecendo uma subordinação de partes menos importantes com estas primeiras. Esse procedimento é fundamental para que a utilização da edificação por seus usuários se torne eficiente.
- **Propor ênfases**: esse recurso tem a função de estabelecer o entendimento e o fluxo de observação por parte dos usuários do projeto. É enfatizando certos elementos em detrimento de outros que o arquiteto mostra sua digital na edificação, seu objetivo principal, a alma e o princípio estético que rege a edificação. Aí entra mais uma vez o contraste, que é realizado por meio de elementos construtivos.

Portanto, deve haver uma reverberação positiva entre a experiência do usuário em relação a cada detalhe do projeto por meio do sentimento de pertencimento ao todo, tal como na harmonia encontrada no corpo humano. Trechos belos por si só, e ainda mais belos por fazerem parte de um conjunto similar e de um todo em que sua participação torna-se relevante, clara e indispensável. Essa riqueza estética cria camadas de leitura, níveis de experimentação que resultam em uma complexidade apaixonante.

Resumindo

O importante é integrar a parte ao todo. Se o projeto é de um perfil *high tech*, por exemplo, o arquiteto não pode se preocupar apenas como a estética refletirá essa escolha; ela deve estar presente em todos os detalhes: na parte elétrica e hidráulica, nos revestimentos, no uso de energia, na economia de água, na inserção de sistemas de gerenciamento das rotinas da casa, de sistemas de segurança etc.

O que você achou da Lição 14? Ela trouxe novas propostas sobre a harmonia e a estética e a necessidade de conciliar esses dois valores com o contexto e o entorno? Maravilha! Vamos a um estudo de caso que explicita essa dança entre a parte e o todo?

Estudo de caso: Floripa Loft Cacupé, Canajurê e Juarez Machado

Cacupé

Coautoria: Robson Nascimento (R Nascimento Arquitetos).

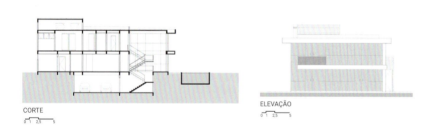

CORTE

ELEVAÇÃO

PLANTA TÉRREA

1. ESTAR
2. LAVABO
3. JANTAR
4. COZINHA
5. DEPÓSITO
6. QUARTO DE SERVIÇO
7. BANHEIRO
8. ÁREA DE SERVIÇO
9. SAUNA
10. VESTIÁRIO
11. ESTAR ÍNTIMO
12. CRILL

IMPLANTAÇÃO

1. CASA A
2. CASA B
3. CASA C
4. CASA D

Canajurê

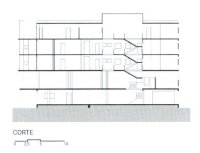
CORTE
0 2,5 5   10

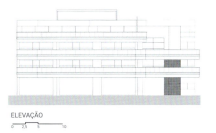
ELEVAÇÃO
0 2,5 5   10

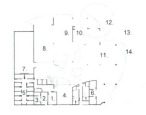
PLANTA TÉRREA
0 2,5 5   10

1. SECRETARIA
2. COZINHA
3. QUARTO
4. CONCIERGE
5. BOX
6. SAUNA
7. CINEMA
8. ÁREA DE JOGOS
9. ESPAÇO GOURMET
10. GRILL
11. ESPAÇO FITNESS
12. DECK FLUTUANTE
13. PISCINA
14. PISCINA INFANTIL

LIÇÃO 14

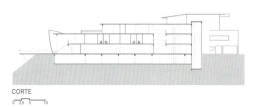
CORTE
0 2,5 5   10

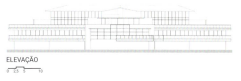
ELEVAÇÃO
0 2,5 5   10

Floripa Loft Juarez Machado

- **Coautoria**: Giovani Bonetti (MarchettiBonetti+ Arquitetos Associados).
- **Endereço**: Rua Alves de Brito, Centro – Florianópolis-SC.
- **Área total construída**: 6.478,68 m².
- **Distribuição**: 15 pavimentos e 1 subsolos.
- **Número de unidades**: 37 unidades residenciais no total do 3º ao 15º pavimento.
- **Estacionamento**: 47 vagas distribuídas no subsolo 01 e no térreo.

Estes três projetos são parte de uma coleção que explorou o desenvolvimento de unidades de apartamentos charmosas com pé direito duplo e mezaninos❶. Nesse contexto, a arquitetura está totalmente integrada às peculiaridades de cada inserção urbana, o que confere os aspectos exclusivos de cada projeto.

Muita transparência, volumetria simples e materiais claros criam a identidade entre os três projetos: a casa histórica preservada no Juarez Machado foi integrada à área comum do prédio❷, formando uma galeria de arte; já o teto do *hall* de entrada foi decorado com pinturas exclusivas feitas pelo artista plástico que dá nome ao empreendimento.

Nas casas do Cacupé, o grande aclive do terreno foi usado favoravelmente, fazendo com que todas as casas tenham vista privilegiada❸. Já no Canajurê, o conceito de *home resort* com um magnífico tratamento paisagístico integra os dois blocos distintos pela implantação em patamares em níveis diferentes❹.

Na sequência, desfrute de mais um projeto da Realiza Arquitetura que materializa os valores explorados na Lição 14.

Loft Champagnat

◎ **Endereço**: Rua Padre Anchieta, 2286 – Bigorrilho, Curitiba-PR.

◢ **Área total construída**: 9.487,71 m².

▫ **Distribuição**: 20 pavimentos.

Talvez o nosso projeto mais difícil e com melhor resultado estético.

O resultado foi espetacular: a forma prismática ogival[1] cria oportunidades inusitadas para a melhor *performance* ambiental, permitindo melhor insolação, ventilação e vistas. Além disso, o diálogo entre os diferentes prismas ogivais e retangulares é simultaneamente harmonioso e conflituoso[2]. Para coroar o empreendimento, as cores foram delicadamente dispostas para ratificar o caráter tecnológico e inovador do projeto.

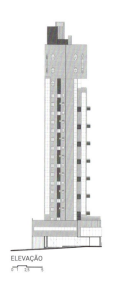

ELEVAÇÃO
0 1 2,5 5

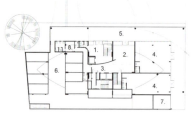

PLANTA TÉRREA
0 1 2,5 5

1. PORTARIA COMERCIAL
2. PORTARIA RESIDENCIAL
3. HALL
4. COMÉRCIO E SERVIÇO
5. GALERIA
6. ESTACIONAMENTO COBERTO
7. ACESSO VEÍCULOS
8. BANHEIROS

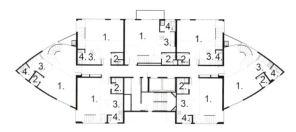

PLANTA PAVIMENTO TIPO
0 1 2,5 5

1. ESTAR/JANTAR
2. LAVABO
3. COZINHA
4. ÁREA DE SERVIÇO

Lição 15

SIMPLIFIQUE

Até o limite da essência

> Este é o fator que a arquitetura pode trazer para seus projetos espetaculares e suas edificações: fazer-se essência, marca de si mesma

Nesta altura do trabalho, sua criação está com uma clareza que já emociona, mas ainda falta algo, não é?

Sim, falta a lapidação final! O trabalho agora é extrair o âmago da proposta, tornar a arquitetura tão forte e objetiva a ponto de facilmente se tornar um **logotipo**, um símbolo simples e reproduzível com facilidade. Conceitualmente, o logotipo "significa a representação visível de um conceito. O tipo pode ser um símbolo, imagem ou tipografia. Assim, um logotipo é composto por tipografia (letras) e símbolo. Por vezes, o tipo usado é tão característico que imprime a essência da marca" (Tressino, 2019).

Este é o fator que a arquitetura pode trazer para seus projetos espetaculares e suas edificações: fazer-se essência, marca de si mesma. Um prédio espetacular tem que falar por si mesmo de maneira instantânea e espontânea. Essa é uma prioridade nesse estágio de criação – como diz John Maeda, citado por Fernando Mascaro, "simplicidade é subtrair o óbvio e acrescentar o significativo" (Hessel,

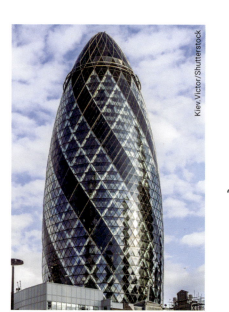

Edifício 30St Mary Axe, também conhecido como Gherkin, 30 St Mary Axe, London EC3A 8BF, Reino Unido. Inaugurado em abril de 2004 e criado por Norman Foster e Ken Shuttleworth.

2022), aquilo que ficará na memória. O logotipo é um elemento semiótico poderoso justamente por isto: por comunicar rapidamente e de forma simples todo um universo de informações. Os prédios espetaculares podem fazer a mesma coisa.

Depoimento

A primeira vez que ouvi esse conceito foi em uma aula de mestrado de um grande amigo que é fã de Niemeyer. Na apresentação, esse meu colega fez a seguinte afirmação: se vocês observarem as obras de Niemeyer, vocês podem perceber que todo o projeto dele vira um logotipo. Isso foi muito revelador. Porque o logotipo é a essência. Obviamente, nem todo prédio espetacular precisa alcançar esse nível; no entanto, se o projeto tiver esse poder semiótico, a chance de estarmos diante de um prédio espetacular é muito grande, pois o logotipo é muito poderoso. É como no caso do Empire State Building ou do 30 St Mary Axe: a força do desenho é tão grande que poucos traços são suficientes para passar uma mensagem.

É importante enfatizar que *simplicidade* não precisa ser fator de exclusão da *complexidade*, ao menos de um ponto de vista artístico: "Nossas mentes estão em fluxo constante de imagens, pensamentos, associações, lembranças e sonhos. E essa fusão existencial de categorias irreconciliáveis é o campo essencial da arte" (Pallasmaa, 2014, p. 157):

Paradoxalmente, a noção de simplicidade é utilizada comumente tanto no sentido pejorativo, quanto no reconhecimento de uma qualidade distintiva. Da mesma maneira, a noção de complexidade implica algo caótico e irresoluto, assim como uma unidade de um campo multifacetado dos fenômenos. Para confundir ainda mais o jogo entre as duas noções opostas nas artes, o significado fundamental da obra artística e arquitetônica está sempre além da obra material em si mesma, uma vez que serve como mediador para relações e horizontes da percepção, sentimento e compreensão. Como Maurice Merlau-Ponty aponta "Nós viemos não para ver a obra de arte, mas para ver o mundo segundo essa obra" (apud MCGILCHRIST, 2010, p. 409). A observação deste filósofo serve também para a arquitetura; um edifício enquadra e guia nossas percepções, ações, pensamentos e sentidos, ao invés de ser o próprio objetivo. Projeta uma narrativa épica da vida e da cultura humana.

Se você observar criteriosamente, essa é o estágio mais importante de todo o projeto. Tão difícil de ser atingida, a simplicidade é um caminho labiríntico, pois a condensação que lhe é necessária precisa conciliar imagens e significados, conteúdo e contexto, sentimentos e razão em "uma tacada só". A simplicidade artística, a qual perseguimos incansavelmente neste manual, é um trabalho contínuo, árduo e progressivo, é uma abstração – um esforço de destilação ou compressão de um sem-número de ingredientes visuais, técnicos, matemáticos, urbanísticos, ambientais, sociais e estéticos em um único significado: a edificação significativa, espetacular, que muda "nosso pensamento, comportamento e nossa autocompreensão" (Pallasmaa, 2014, p. 164).

Resumindo

Depois de todos os levantamentos, esforços, pesquisas, estudos, esboços, debates e retrabalhos, um projeto espetacular de arquitetura precisa de um "polimento" – nesse momento, o arquiteto deve realizar um último esforço, talvez o mais importante: trazer simplicidade ao seu projeto. Não a simplicidade ligada ao superficial e ao efêmero, mas sim ao instantâneo e ao inequívoco, como em um logotipo. O projeto que conseguir passar uma mensagem poderosa e múltipla pura e simplesmente com seus traços pode ser considerado espetacular.

A Lição 15 trouxe para você uma nova perspectiva sobre a simplicidade? Ótimo. Vejamos a seguir um estudo de caso que une de forma indissociável arquitetura e simplicidade.

Estudo de caso: RAC Rebouças

- **Endereço**: Rua Engenheiros Rebouças, 1315 – Rebouças, Curitiba-PR.
- **Área total construída**: 75.298,36 m².
- **Distribuição**: 9 pavimentos e 2 subsolos.
- **Número de unidades**: 8 unidades, do 2º ao 7º pavimento.
  - 6 unidades no térreo.
- **Total**: 62 unidades.
- **Estacionamento**: 1.053 vagas no total, divididas em 2 subsolos.

A implantação das torres na periferia do grande terreno, deixando um lado livre❶, é o âmago desse projeto. Todo restante é uma consequência: a praça central que integra o projeto ao novo bairro❷, o Vale do Pinhão; a volumetria prismática retangular dos prédios e o vazio quadrado no topo da torre maior❸, recriando a praça no imaginário dos observadores.

Veja na sequência outro grande projeto da Realiza Arquitetura que tem na simplicidade o seu DNA.

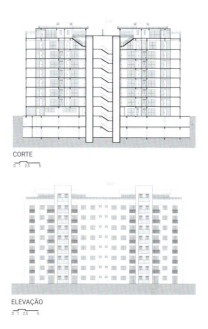

CORTE

ELEVAÇÃO

PLANTA TÉRREA

1. QUARTO
2. BANHEIRO
3. ESTAR/JANTAR
4. COZINHA/ÁREA DE SERVIÇO
5. SACADA
6. RECREAÇÃO
7. HALL SOCIAL
8. ESCADA
9. SALA DE GINÁSTICA

Ibiza

- **Coautoria**: Delmar Maciel Castelo de Souza (Modulo.2 Arquitetos).
- **Endereço**: Rua 4900, 5720 – Barra Sul, Balneário Camboriú-SC.
- **Área total construída**: 47.000 m².
- **Número de pavimentos**: edificação com um total de 40 pavimentos.
- **Número de unidades**:
  - **Torre Norte**: 31 unidades residenciais, do 6º ao 37º pavimento.
    - 1 unidade duplex no 38º ao 39º pavimento.
    - **Total**: 32 unidades.
  - **Torre Central**: 31 unidades residenciais, do 6º ao 37º pavimento.
    - 1 unidade duplex no 38º ao 39º pavimento.
    - **Total**: 32 unidades.
  - **Torre Sul**: 31 unidades residenciais, do 6º ao 37º pavimento.
    - 1 unidade duplex no 38º ao 39º pavimento.
    - **Total**: 32 unidades.
  - **Total final**: 96 unidades.
- **Estacionamento**:
  - Localizado no mezanino, do 1º pavimento ao 4º pavimento.

PLANTA TÉRREA

0 5 10 20

1. PISCINA
2. GUARITA
3. BAR MOLHADO
4. HALL DE DISTRIBUIÇÃO
5. PLAYGROUND
6. LOBBY
7. BAR
8. HALL
9. AUTOMAÇÃO
10. BOMBAS
11. SALA DE SEGURANÇA
12. ADMINISTRATIVO
13. SALA DE FUNCIONÁRIOS
14. LIXO
15. BOXES
16. BICICLETÁRIO
17. SALA COMERCIAL

Três agulhas.
Três garras arranhando o céu.
O homem na busca pontiaguda por domar a tecnologia e os seus limites.

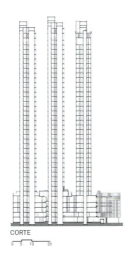

CORTE
0 5 10 20

ELEVAÇÃO
0 5 10 20

SIMPLIFIQUE 271

Lição 16

CELEBRE SEU PROJETO ESPETACULAR

Reúna seus desejos em um projeto espetacular

Zaha Hadid

Existe uma única pessoa que não pode deixar de admirar o projeto: essa pessoa é você. Se você procurar agradar a todos, não irá agradar a ninguém; a sua prioridade e o seu compromisso são com o resultado do projeto. Portanto, exerça seu direito inalienável de impor sua assinatura, sua marca, sua autoria. Isso é perfeitamente possível hoje – temos facilidade de realizar trabalhos autorais como não podíamos no início do nosso trabalho. E, diga-se de passagem, não ficamos devendo em nada para o cenário internacional da arquitetura. Por exemplo: **Zaha Hadid**, arquiteta iraquiana-britânica famosa por suas edificações desconstrutivistas, falecida há alguns anos, concebia construções muito similares a projetos que estavam sendo elaborados aqui no Brasil – tal era a afinidade da arquitetura brasileira com os trabalhos internacionais na área.

Não se trata de reivindicar o ineditismo de obras arquitetônicas; trata-se de dizer que o Brasil não é um país que meramente copia trabalhos que vêm de fora. O Projeto Parallax (sobre o qual tratamos no Estudo de Caso da Lição 1, lembra-se?), concebido primeiramente por nossa equipe, já foi construído por outra empresa. No entanto, é fundamental a reivindicação da paternidade do que é nosso. Qualquer um pode ser o criador de algo espetacular, como explica Alvin Toffler. É isto que nos move: os projetos. Fazer algo diferente, sem necessariamente visar ao lucro, evitando a mera repetição.

Nesse momento glorioso, que é o de ver o seu "filho" ensaiando os primeiros passos, você deve extrair o máximo de prazer com o seu trabalho que está para ser finalizado, pois essa atitude é fundamental para o processo criativo de projetos de qualidade. Obviamente, o fator *prazer* deve acompanhar todo o processo – desde a inspiração até a assinatura final do projeto. No entanto, o deleite que você irá experimentar nesse momento é que fará com que você chegue ao seu projeto espetacular.

Centro Heydar Aliyev, de 57 mil metros quadrados em Baku, Azerbaijão. Inaugurado em 2012. Autoria de Zaha Hadid Architects.

Por fim, não se esqueça de comemorar sua grande realização, pois esta foi uma longa jornada, feita de muitas horas e mais horas de trabalho. Alegre-se! Agora o projeto está pronto, belo e empolgante. Esse organismo vivo será desenvolvido, apresentado publicamente, construído e utilizado, e será o palco da vida de muitas famílias, o cenário de muitas histórias, fazendo parte da cidade, do desenrolar de nossa civilização.

É por isso que somos apaixonados por essa maravilhosa profissão de inventar prédios incríveis, prédios espetaculares!

Como dissemos anteriormente, é hora de celebrar, de comemorar! Que a Lição 16, assim como as 15 anteriores, inspire você a viajar pelo mundo sedutor da arquitetura e da estética e a desfrutar de suas próprias realizações. Vamos ao último estudo de caso deste manual, que materializa o sentimento que desejamos transmitir nesta Lição e na obra como um todo.

Estudo de caso: Costa Azul

- **Localização**: Ilhota, Itapema-SC.
- **Área total construída**: 46.000 m².
- **Distribuição**: apartamentos, residências, residências com serviços, conveniências e portaria.
- **Número de unidades**: apartamentos – 35 unidades.
  - Residências – 54 unidades.
  - Residências com serviço – 120 unidades.
- **Total**: 209 unidades.

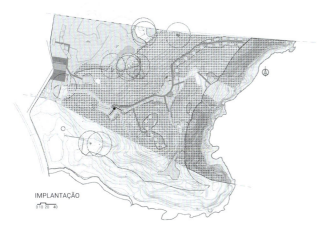

IMPLANTAÇÃO

O conceito de se adaptar à topografia da região, incorporando as linhas geométricas e estéticas do terreno na implantação e na volumetria das construções propostas[1], foi aplicado nesse projeto. As construções esgueiram-se nas lacunas da vegetação e nas áreas com relevo menos acentuado.

Vistas e paisagens maravilhosas são apresentadas de dentro das construções. Um conjunto arquitetônico integrado e respeitando a natureza foi o resultado alcançado.

Além disso, a encosta faceando o mar oferece oportunidades únicas para projetos espetaculares, demonstrando o respeito total pela topografia e por áreas de vegetação, fator essencial para projetos como este, que são o exercício da paciência meticulosa de descobrir as posições ideias de implantação de cada construção.

Sua inserção, sua orientação, sua forma, suas aberturas e seus materiais devem buscar uma perfeita harmonia com o relevo, o clima e as vistas. É um verdadeiro trabalho de acupuntura arquitetônica.

Em seguida, celebre conosco alguns dos projetos e empreendimentos mais inspirados da Realiza Arquitetura.

Fischer Dreams

- **Coautoria**: Delmar Maciel Castelo de Souza (Modulo.2 Arquitetos).
- **Endereço**: Avenida Atlântica, 4770 – Barra Sul, Balneário Camboriú-SC.
- **Área total construída**: 37.581,66 m².
- **Número de pavimentos**: edificação com embasamento de 7 pavimentos + 1 torre com 43 pavimentos + 1 torre com 46 pavimentos + 1 subsolo.
- **Número de unidades**:
  - **Torre 1**: 43 unidades residenciais, do 8º ao 50º pavimento.
  - **Torre 2**: 88 unidades residenciais, do 8º ao 53º pavimento.
  - **Total**: 131 unidades.
- **Estacionamento**:
  - Localizado no subsolo e no 2º ao 6º pavimento do embasamento, com um total de 458 vagas.

Duas torres monumentais. Dois prismas puros de vidro com um suave ritmo marcado pelas lajes aparentes; esteticamente, é uma comemoração à beleza natural da região. A simplicidade reverenciando a exuberância natural.

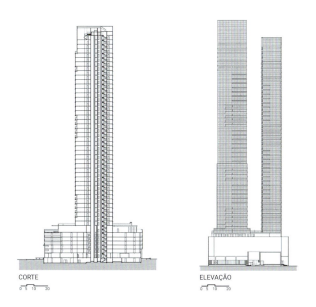

CORTE

ELEVAÇÃO

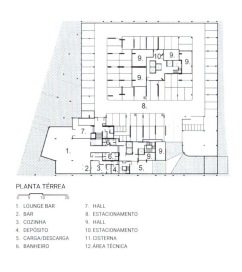

PLANTA TÉRREA

1. LOUNGE BAR
2. BAR
3. COZINHA
4. DEPÓSITO
5. CARGA/DESCARGA
6. BANHEIRO
7. HALL
8. ESTACIONAMENTO
9. HALL
10. ESTACIONAMENTO
11. CISTERNA
12. ÁREA TÉCNICA

CELEBRE SEU PROJETO ESPETACULAR

Absolute

- **Coautoria**: Delmar Maciel Castelo de Souza (Modulo.2 Arquitetos).
- **Endereço**: Rua Doutor Brasílio Vicente de Castro, 111 – Campo Comprido, Curitiba-PR.
- **Área total construída**: 60.223,83 m².
- **Distribuição**: 2 torres (um corporativo e um hotel), um embasamento e um subsolo.
- **Número de unidades**:
  - **Torre hotel**: 12 unidades por andar, do 7º ao 21º pavimento.
    - **Total**: 180 unidades.
  - **Torre corporativa**:
    - 3 salas por andar, do 7º ao 11º pavimento.
    - 7 salas por andar, do 12º ao 27º pavimento.
    - **Total**: 127 unidades.
- **Estacionamento**: 586 vagas distribuídas no subsolo e embasamento.

O Absolute foi pensado para oferecer comodidade e infraestrutura para o mercado *business* de alto padrão. Com uma proposta única e inovadora, é localizado próximo a um dos principais portos brasileiros, integrando salas empresariais de médio e grande porte com uma paisagem de encantar os olhos. As empresas são atendidas por uma infraestrutura moderna e de alta tecnologia.

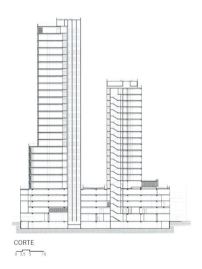

CORTE

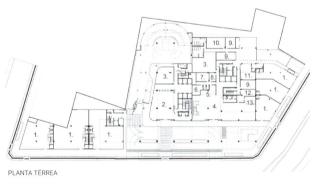

PLANTA TÉRREA

1. LOJA
2. LOBBY ESCRITÓRIOS
3. ADMINISTRAÇÃO
4. LOBBY HOTEL
5. RECEPÇÃO
6. GERÊNCIA
7. APOIO RECEPÇÃO
8. DEPÓSITO BAGAGEM
9. DEPÓSITO
10. ESTAR REFEITÓRIO
11. ROUPARIA
12. DEPÓSITO BAR
13. BAR

ACMAs

Solar Anchieta

Terra Gutierrez

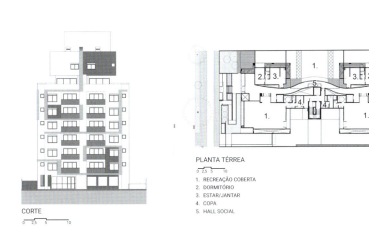

CORTE

PLANTA TÉRREA
1. RECREAÇÃO COBERTA
2. DORMITÓRIO
3. ESTAR/JANTAR
4. COPA
5. HALL SOCIAL

Viver Batel

ELEVAÇÃO
0 2,5 5   10

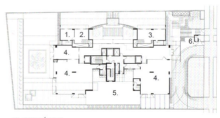

PLANTA TÉRREA
0 2,5 5   10

1. SUÍTE
2. ESTAR/JANTAR
3. CHURRASQUEIRA
4. SALÃO DE FESTA
5. PRAÇA
6. GUARITA

Prudente 130

Temos o privilégio de sermos agraciados ano após ano com encomendas de projetos para essa querida empresa: são edificações que formam um conjunto fundamentado em evolução constante de tecnologia construtiva e funcionalidade, com estética absolutamente alinhada com o lugar de cada projeto e a facilidade de manutenção e durabilidade. Graciosos "mimos" para a cidade e para seus felizes moradores.

ELEVAÇÃO

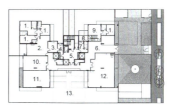

PLANTA TÉRREA

1. SUÍTE
2. ESTAR/JANTAR
3. COZINHA
4. ÁREA DE SERVIÇO
5. HALL DE SERVIÇO
6. HALL SOCIAL
7. COPA
8. SALA FUNCIONÁRIOS
9. SALA ÍNTIMA
10. ACADEMIA
11. BRINQUEDOTECA
12. SALÃO DE FESTA
13. RECREAÇÃO DESCOBERTA

Solar do Visconde

ELEVAÇÃO
0 2,5 5   10

PLANTA TÉRREA
0 2,5 5   10

1. ESTACIONAMENTO
2. PORTARIA
3. PRAÇA
4. HALL
5. SALÃO DE FESTA
6. BRINQUEDOTECA
7. SALA RECREAÇÃO
8. PÁTIO DE SERVIÇO
9. RECREAÇÃO DESCOBERTA

Estádios

Desenvolvemos uma série de possibilidades de estádios para o Coritiba Futebol Clube. Foram análises de ocupação no terreno atual e também em outros terrenos, sempre levando em consideração a estética identificada ao clube e sua "alma guerreira", bem como os aspectos técnicos e funcionais para um complexo multiuso esportivo, comercial, residencial, de eventos e educacional.

Ibis Miami

- **Localização**: Miami, 46 NE 6th ST, Flórida.
- **Área total**: 32.298,24 m².
- **Número de pavimentos**: 59 pavimentos.
- **Número de unidades**: 12 unidades por andar, do 10º ao 59º pavimento.
- **Estacionamento**: 184 vagas, distribuídas do 2º ao 7º pavimento.

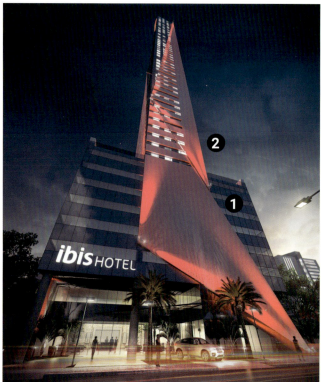

O traço esguio e inclinado[1] propõe uma nova abordagem para a tradicional e repetitiva lógica do desenho urbano resultante da legislação local, onde o embasamento acaba se constituindo em um volume separado da torre.

A forma triangular aguda cria uma unidade dinâmica ao conjunto volumétrico e as cores transitam espíritos específicos para momentos especiais em eventos e ocasiões comemorativas[2].

CORTE ESQUEMÁTICO

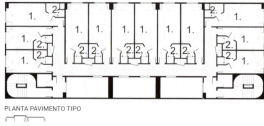

PLANTA PAVIMENTO TIPO
1. QUARTO
2. BANHEIRO

Quartier

Uma quadra.
Um projeto quarteirão.
A antiga cidade medieval recriada.
Os prédios agora são a fortificação que contorna a quadra e forma uma exuberante área central.
A apoteose do intramuros recriado com o olhar contemporâneo.

Thá Londrina

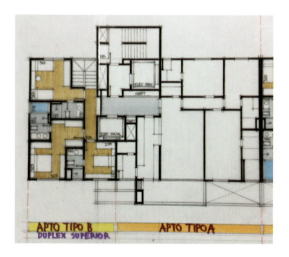

- **Endereço**: Rua João Huss – Gleba Fazenda Palhano, Londrina-PR.
- **Área total construída**: 18.208,56 m².
- **Distribuição**: 24 pavimentos e 1 subsolo.
- **Número de unidades**: 181 unidades residenciais no total, do 3º ao 23º pavimento.
- **Estacionamento**: 190 vagas distribuídas no subsolo.

Esse prédio tem a composição estética apoiada na dinâmica seleção das cores dos vidros das sacadas. A alegria e a jovialidade são ressaltadas pelas composições diagonais.

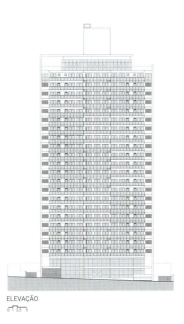

ELEVAÇÃO

PLANTA TÉRREA

1. HALL SOCIAL
2. GUARITA
3. SALA DE FUNCIONÁRIOS
4. SÍNDICO
5. CAFÉ
6. LAVANDERIA
7. SALA DE REUNIÕES
8. ÁREA TÉCNICA
9. ESTACIONAMENTO

CELEBRE SEU PROJETO ESPETACULAR

Colecionando prédios

Eu sou um colecionador de prédios. Há muitos prédios que eu considero meus (Garcez, Henrique VII). São os meus xodós. Assim como os prédios que criei: eu não canso de vê-los, de fotografá-los. Eu fiz a Exposição Brava (que apresentaremos na sequência) em homenagem a um prédio que projetei (Brava Home Resort), na qual eu fiz várias pinturas da edificação – tal é o prazer que eu tenho com a arquitetura. Eu a revisito e extraio fragmentos para transformá-los em arte. É como estar diante de um filho, de alguém que você cuidou, deu um "tapinha nas costas" e deixou trilhar seu próprio caminho. Eu tenho uma alegria enorme em ver como edificações que projetei estão resistindo ao teste do tempo, envelhecendo bem. Mostro orgulhoso para as minhas filhas o primeiro prédio que construí, e não deixo de me admirar com sua construção bem-acabada. É um gosto meio infantil, afinal, eu sou um garoto que gosta de prédios.

Frederico Carstens

Usando a criatividade como motor da arquitetura

Quando estávamos visitando uma de nossas primeiras obras, e vi como o nosso cliente falava com alegria e expectativa sobre como seria a vida de sua família na nova casa. Naquela ocasião, senti muito profundamente a grande responsabilidade da profissão do arquiteto. Tenha essa sensação ainda hoje quando vamos em obras nossas que já estão em uso – casas, escritórios, apartamentos, hotéis, áreas comerciais grandes ou pequenas; é incrível saber que os espaços que criamos serão o cenário para as vidas de milhares de pessoas. Portanto, para mim, além de ser arte, engenharia, técnica construtiva, geometria e matemática e de ser composta de diversos materiais e cores numa fantástica composição estética, a arquitetura é o palco da vida das pessoas. Projetar esses palcos para a vida é o que fazemos desde que começamos nossa empresa, e, de alguma maneira, os traços dos nossos projetos nos ligam às pessoas que desfrutam e desfrutarão de nossos espaços.

Antonio Gonçalves Jr.

Referências

A BIOARQUITETURA de Neri Oxman e por que ela pode mudar o mundo. **Brilia**, 15 set. 2021. Disponível em: <https://blog.brilia.com/a-bioarquitetura-de-neri-oxman-e-por-que-ela-pode-mudar-o-mundo/>. Acesso em: 26 abr. 2022.

A BIOFILIA na arquitetura e no design de interiores. **Tarjab**. Disponível em: <https://www.tarjab.com.br/blog/arquitetura-e-decoracao/a-biofilia-na-arquitetura-e-no-design-de-interiores/>. Acesso em: 26 abr. 2022.

ABOLAFIO JUNIOR, R. Biodesign: você ainda vai ter em casa. **Casa Vogue**, 3 dez. 2013. Disponível em: <https://casavogue.globo.com/Design/noticia/2013/08/antena-biodesign.html>. Acesso em: 22 abr. 2022.

AEC Daily. Por que incorporar paredes de musgo na arquitetura. **Archdaily**, 24 out. 2019. Traduzido por Eduardo Souza. Disponível em: <https://www.archdaily.com.br/br/927072/por-que-incorporar-paredes-de-musgo-na-arquitetura>. Acesso em: 26 abr. 2022.

AFONSO, C. G.; QUELUZ, M. P. Paranismo: e seu legado sobre o design paranaense. **Tecnologia e Humanismo**, n. 32, p. 145-158, 2007. Disponível em: <https://periodicos.utfpr.edu.br/rth/article/view/6418/4069>. Acesso em: 26 abr. 2022.

AMORIM JUNIOR, E. F. de. **Catedral de Notre-Dame**. Disponível em: <https://www.infoescola.com/franca/catedral-de-notre-dame/>. Acesso em: 26 abr. 2022.

ARIELO, F. Roger Scruton: algumas lições sobre a beleza no mundo contemporâneo. **Revista Laboratório 1**, 1º dez. 2019. Disponível em: <https://offlattes.com/archives/540>. Acesso em: 26 abr. 2022.

ARQUITETURA ocidental – França. 26 jun. 2020. Disponível em: <https://delphipages.live/pt/artes-visuais/arquitetura/france>. Acesso em: 26 abr. 2022.

BARBOSA, M.; HESSEL, R. Com queda em 2020, setor de construção civil está otimista para 2021. **Correio Braziliense**, 18 dez. 2020. Disponível em: <https://www.correiobraziliense.com.br/economia/2020/12/4895666-com-queda-em-2020-setor-da-construcao-civil-esta-otimista-para-2021.html>. Acesso em: 26 abr. 2022.

BARION, I. Como a Internet das Coisas pode influenciar no trabalho de arquitetos. **AqueceNorte**, 15 jan. 2020. Disponível em: <https://aquecenorte.com.br/blog/internet-das-coisas/>. Acesso em: 26 abr. 2022.

BIOTECNOLOGIA: descubra o que é e quais os seus usos. 8 jul. 2019. Disponível em: <https://biotechtown.com/blog/o-que-e-biotecnologia/>. Acesso em: 26 abr. 2022.

BORGES, R. Gastos com construção nos EUA têm máxima recorde em dezembro. **Money Times**, 1º fev. 2021. Disponível em: <https://www.moneytimes.com.br/gastos-com-construcao-nos-eua-tem-maxima-recorde-em-dezembro/>. Acesso em: 26 abr. 2022.

BOSI, F. A. A questão do juízo estético. **Vitruvius**, ano 17, jan. 2018. Resenhas OnLine. Disponível em: <https://vitruvius.com.br/revistas/read/resenhasonline/17.193/6823>. Acesso em: 26 abr. 2022.

BRANDÃO, R. E. O belo enquanto congruentia partium: a harmonia na beleza sensível em Santo Agostinho. **Griot: Revista de Filosofia**, v. 16, n. 2, p. 322-333, 2017. Disponível em: <https://www.redalyc.org/journal/5766/576664554021/html/>. Acesso em: 26 abr. 2022.

CARSTENS, F. R. S. B. **Arquitetura vertical de Curitiba**: anos 80 e 90 – uma análise pós-moderna. 205 f. Dissertação (Mestrado em Arquitetura) – Programa de Pesquisa e Pós-Graduação em Arquitetura, Universidade Federal do Rio Grande do Sul, Porto Alegre; Pontifícia Universidade Católica do Paraná, Curitiba, 2002.

CARVALHO, M.; CORNELLI, G. (Org.). **Filosofia**: estética e política. Cuiabá, MT: Central de Texto, 2013. v. 3.

CASTRO, V. M. de; DUGNANI, P. O filme "O círculo" e a vigilância nas redes sociais. In: JORNADA DE INICIAÇÃO CIENTÍFICA E IX MOSTRA DE INICIAÇÃO TECNOLÓGICA. 15., São Paulo, Universidade Mackenzie, 2019. Disponível em: <http://eventoscopq.mackenzie.br/index.php/jornada/xvjornada/paper/download/1594/1141>. Acesso em: 26 abr. 2022.

CLAUDE-NICOLAS LEDOUX. Disponível em: <https://leben-in-portugal.info/wiki/Claude-Nicolas_Ledoux>. Acesso em: 26 abr. 2022.

COMO FAZER uma maquete eletrônica: conheça os 10 programas que vão turbinar seus projetos. **VivaDecoraPRO**, 1º nov. 2017. Disponível em: <https://www.vivadecora.com.br/pro/como-fazer-maquete-eletronica/>. Acesso em: 26 abr. 2022.

CONTAIFER, J. Saiba por que a Catedral de Notre-Dame é importante para a arquitetura. **Metrópoles**, 15 abr. 2019. Disponível em: <https://www.metropoles.com/vida-e-estilo/arquitetura-e-urbanismo/saiba-porque-a-catedral-de-notre-dame-e-importante-para-a-arquitetura>. Acesso em: 26 abr. 2022.

COSTA, P. C. da; BUENO, G. da S. Construindo uma ruptura: tectônica moderna na obra de Erich Mendelsohn. **Revista de Arquitetura IMED**, v. 7, n. 2, 2018. Disponível em: <https://seer.imed.edu.br/index.php/arqimed/article/view/3061/2137>. Acesso em: 26 abr. 2022.

CRÍZEL, L. Software para projeto de iluminação: saiba escolher o melhor para seu planejamento. **IPOG**, 24 set. 2019. Disponível em: <https://blog.ipog.edu.br/engenharia-e-arquitetura/software-para-projeto-de-iluminacao/>. Acesso em: 26 abr. 2022.

DESENHO à mão livre e o potencial criativo da tentativa e erro. **Cau/RS**, 14 jun. 2017. Disponível em: <https://www.caurs.gov.br/desenho-a-mao-livre-e-o-potencial-criativo-da-tentativa-e-erro/>. Acesso em: 4 jan. 2022.

DESIGN ecológico. **Gaia Education**. Disponível em: <https://www.gaiaeducation.uk/elearning/design-for-sustainability-pt/dimensao-ecologica/>. Acesso em: 27 dez. 2021.

DISCURSO de vendas: 4 técnicas que podem ajudar um profissional de arquitetura. **Archademy**, 13 jan. 2020. Disponível em: <https://www.archademy.com.br/blog/discurso-de-vendas/>. Acesso em: 26 abr. 2022.

DOMINGUES, M. C. C. **Arquitetura moderna e desenvolvimentismo**: o morar brasileiro. 110 f. Dissertação (Mestrado em Desenvolvimento Social) – Programa de Pós-Graduação em Desenvolvimento Social, Universidade Estadual de Montes Claros, Minas Gerais, 2016. Disponível em: <https://www.posgraduacao.unimontes.br/uploads/sites/20/2019/05/Maria-Carolina-Castelano-Domingues.pdf>. Acesso em: 26 abr. 2022.

DRUMOND, F. A nanotecnologia revoluciona o universo da arquitetura e da construção. **Casacor**, 18 fev. 2020. Disponível em: <https://casacor.abril.com.br/arquitetura/nanotecnologia-revoluciona-o-universo-da-arquitetura-e-da-construcao/https://casacor.abril.com.br/arquitetura/nanotecnologia-revoluciona-o-universo-da-arquitetura-e-da-construcao/>. Acesso em: 26 abr. 2022.

DURANT, W. **Heróis da história**. Porto Alegre: L&PM Pocket, 2013.

EDIFÍCIO de Curitiba trata 100% da água para consumo e é o 1º do mundo a receber certificação. **Bem Paraná**, 2 out. 2019. Disponível em: <https://www.bemparana.com.br/noticia/edificio-de-curitiba-trata-100-da-agua-para-consumo-ee-o-1o-do-mundo-a-receber-certificacao#.Yl8M8ujMKUk>. Acesso em: 19 abr. 2022.

EM CURITIBA, Duet Mercês traz a natureza para dentro de casa. **Hub Imobiliário**, 22 set. 2021. Disponível em: <https://homedecore.com.br/site/empreendimento-duet-merces-traz-a-natureza-para-dentro-de-casa/>. Acesso em: 26 abr. 2022.

ENTENDA a ciência por trás do Princípio de Pareto e saiba como aplicá-lo em diferentes áreas da empresa. **Rockcontent**, 24 ago. 2018. Disponível em: <https://rockcontent.com/br/blog/principio-de-pareto/>. Acesso em: 26 abr. 2022.

FERREIRA, I. L. P. O conceito de espetacular e a encenação contemporânea. **Rascunhos**, Uberlândia, MG, v. 6, n. 2, p. 23-25, ago. 2019. Disponível em: <https://seer.ufu.br/index.php/rascunhos/article/view/45755/26594>. Acesso em: 26 abr. 2022.

FIESP – Federação das Indústrias do Estado de São Paulo. **Congresso Brasileiro da Construção**. Disponível em: <https://www.fiesp.com.br/observatoriodaconstrucao/congresso-brasileiro-da-construcao/>. Acesso em: 26 abr. 2022.

FIESP – Federação das Indústrias do Estado de São Paulo. Centro de Indústrias do Estado de São Paulo. Departamento da Indústria de Construção e Mineração. **A cadeia produtiva da construção acelerando a retomada brasileira pós-pandemia**. nov. 2021. Disponível em: <https://sitefiespstorage.blob.core.windows.net/observatoriodaconstrucao/2021/12/file-20211207183247-14construbusiness2021.pdf>. Acesso em: 26 abr. 2022.

FIGUEIREDO, E. Volumetria? Descubra agora o que é e para que serve. **Homily**, 6 nov. 2020. Disponível em: <https://www.homify.pt/livros_de_ideias/4826798/volumetria-descubra-agora-o-que-e-e-para-que-serve>. Acesso em: 26 abr. 2022.

GALVEZ, M. F. R. **Dois pavilhões em exposições internacionais do século XX**: ideias de uma arquitetura brasileira. 160 f. Dissertação (Mestrado em História) – Programa de Pós-Graduação em História Social da Cultura, PUC-Rio, Rio de Janeiro, 2012. Disponível em: <https://www.maxwell.vrac.puc-rio.br/colecao.php?strSecao=resultado&nrSeq=21750@1>. Acesso em: 26 abr. 2022.

GBC BRASIL – Green Building Council Brasil. **Seja bem-vindo ao GBC Brasil**. Disponível em: <https://www.gbcbrasil.org.br/>. Acesso em: 26 abr. 2022.

GHISLENI, C. O que é pós-modernismo? **ArchDaily**, 18 jul. 2021. Disponível em: <https://www.archdaily.com.br/br/964283/o-que-e-pos-modernismo>. Acesso em: 26 abr. 2022.

GROZDANIC, L. Introdução ao marketing de arquitetura: como conceitos básicos podem ajudar seu negócio. **Archdaily**, 8 nov. 2016. Traduzido por Lis Moreira. Disponível em: <https://www.archdaily.com.br/br/798831/introducao-ao-marketing-de-arquitetura-como-conceitos-basicos-podem-ajudar-seu-negocio>. Acesso em: 19 abr. 2022.

HAGA, H. C. R.; SACOMANO, J. B. **A logística e *supply chain* management na indústria de construção civil**. 1999. Disponível em: <http://www.abepro.org.br/biblioteca/enegep1999_a0927.pdf>. Acesso em: 26 abr. 2022.

HARMONIA. In: **Léxico: Dicionário de Português OnLine**. Disponível em: <https://www.lexico.pt/harmonia/>. Acesso em: 26 abr. 2022.

HASSEGAWA, B. O que é venustas? 7 conceitos práticos com exemplos de utilização na arquitetura. **Comoprojetar**. Disponível em: <http://comoprojetar.com.br/o-que-e-venustas-7-conceitos-praticos-com-exemplos-de-utilizacao-na-arquitetura/>. Acesso em: 26 abr. 2022.

HESSEL, C. Todos por um. **Época Negócios**. Disponível em: <http://epocanegocios.globo.com/Revista/Epocanegocios/0,,EDR84931-8384,00.html>. Acesso em: 26 abr. 2022.

IMAGINARIO, A. **Catedral de Notre-Dame (Paris)**. Disponível em: <https://www.culturagenial.com/catedral-notre-dame-paris/>. Acesso em: 26 abr. 2022.

INOVAÇÃO na arquitetura: benefícios + 6 novidades para adotar em todos os seus projetos. **Marelli**, 10 set. 2018. Disponível em: <https://blog.marelli.com.br/pt/inovacao-na-arquitetura/>. Acesso em: 26 abr. 2022.

INOVAÇÕES tecnológicas impactam setor de arquitetura possibilitando projetos que conciliam economia, resultado estético e funcionalidade. **Terra**, 26 ago. 2021. Disponível em: <https://www.terra.com.br/noticias/inovacoes-tecnologicas-impactam-setor-de-arquitetura-possibilitando-projetos-que-conciliam-economia-resultado-estetico-e-funcionalidade,c250aa74a-0937c8fdf4b7720560abee09r7uwd46.html>. Acesso em: 26 abr. 2022.

"INTERNET das Coisas": entenda o conceito e o que muda com a tecnologia. **TechTudo**, 16 ago. 2014. Disponível em: <https://www.techtudo.com.br/noticias/2014/08/internet-das-coisas-entenda-o-conceito-e-o-que-muda-com-tecnologia.ghtml>. Acesso em: 26 abr. 2022.

MARINI, B. Arquitetura e harmonia. **O Florense**, 6 nov. 2019. Disponível em: <https://www.jornaloflorense.com.br/noticia/economia/13/arquitetura-e-harmonia/10732>. Acesso em: 26 abr. 2022.

MARQUES, J. R. O que é e como funciona o *benchmarking*? **IBC – Instituto Brasileiro de Coaching**, 17 fev. 2020. Disponível em: <https://www.ibccoaching.com.br/portal/o-que-e-e-como-funciona-o-benchmarking/>. Acesso em: 26 abr. 2022.

MATOSO, M. O que Neri Oxman pode nos ensinar sobre as construções do futuro. **Tabulla**, 6 fev. 2020. Disponível em: <http://tabulla.co/neri-oxman-e-as-construcoes-do-futuro/>. Acesso em: 26 abr. 2022.

MELLO, T. de. Estética. **G1**. Educação: Filosofia. Disponível em: <http://educacao.globo.com/filosofia/assunto/temas-filosoficos/estetica.html>. Acesso em: 26 abr. 2022.

MILAGRES, M. A importância de um desenho técnico para o seu projeto. **Ômega Júnior**, 10 jun. 2020. Disponível em: <https://omegajunior.com.br/2020/06/10/a-importancia-de-um-desenho-tecnico-para-o-seu-projeto/>. Acesso em: 26 abr. 2022.

MOREIRA, N. A maquete física na arquitetura. **Habitamos**, 2 dez. 2020. Disponível em: <http://www.habitamos.com.br/a-maquete-fisica-na-arquitetura/>. Acesso em: 26 abr. 2022.

OLIVEIRA, D. 7 tecnologias que pautarão o futuro da arquitetura e construção. **ComputerWorld**, 19 nov. 2018. Disponível em: <https://computerworld.com.br/inovacao/7-tecnologias-que-pautarao-o-futuro-da-arquitetura-e-construcao/>. Acesso em: 26 abr. 2022.

OLIVEIRA, L. K. S. et al. Simulação computacional da eficiência energética para uma arquitetura sustentável. **Holos**, ano 2, v. 4, jul. 2016. Disponível em: <https://www2.ifrn.edu.br/ojs/index.php/HOLOS/article/view/3981/1526>. Acesso em: 26 abr. 2022.

O OLHAR reverso. **Dora Brasil Arquitetura e Consultoria**, 22 jul. 2020. Disponível em: <https://dorabrasilarquitetura.com/2020/07/22/o-olhar-reverso/>. Acesso em: 26 abr. 2022.

O QUE É INOVAÇÃO segundo Flávio Augusto. **meuSucesso.com**, 5 fev. 2021. Disponível em: <https://meusucesso.com/noticias/power-house-21-o-que-e-inovacao-para-flavio-augusto-8908/>. Acesso em: 26 abr. 2022.

O QUE É *mockup*? **BST!Design**, 2 out. 2018. Disponível em: <https://bstdesign.com.br/blog/o-que-e-mockup/>. Acesso em: 26 abr. 2022.

O QUE É sustentabilidade? **Universo Uniprime**, n. 1, out. 2016. Disponível em: <https://www.uniprimebr.com.br/artigo/edicao01/o-que-e-sustentabilidade->. Acesso em: 26 abr. 2022.

PALLASMAA, J. A complexidade da simplicidade: a estrutura interna da imagem artística. **Ekstasis: Revista de Fenomenologia e Hermenêutica**, v. 3, n. 1, 2014. Disponível em: <https://go.gale.com/ps/i.do?p=AONE&u=googlescholar&id=GALE|A570046257&v=2.1&it=r&sid=googleScholar&asid=a9237ea7>. Acesso em: 26 abr. 2022.

PAREDES que geram energia. **Civilização Engenheira**, 21 set. 2016. Disponível em: <https://civilizacaoengenheira.wordpress.com/2016/09/21/paredes-que-geram-energia/>. Acesso em: 26 abr. 2022.

PIRÂMIDES egípcias: os segredos por trás da arquitetura monumental. **Lider**, 2 out. 2021. Disponível em: <https://www.liderinteriores.com.br/blog/post-blog-piramides-egipcias-os-segredos-por-tras-da-arquitetura-monumental/>. Acesso em: 26 abr. 2022.

QUIRK, V. Foster + Partners Vão Fazer Estruturas na Lua Usando Impressora 3D. **ArchDaily**, 13 fev. 2013. Traduzido por Fernanda Britto. Disponível em: <https://www.archdaily.com.br/br/01-97054/foster-plus-partners-vao-fazer-estruturas-na-lua-usando-impressora-3d>. Acesso em: 26 abr. 2022.

REALIZAR. In: **Dicionário Priberam**. Disponível em: <https://dicionario.priberam.org/realizar>. Acesso em: 26 abr. 2022.

REGO, R. L. Guggenheim Bilbao Museo, Frank O Gehry, 1991-97. **Vitruvius: Arquitextos**, ano 2, jul. 2001. Disponível em: <https://vitruvius.com.br/revistas/read/arquitextos/02.014/867>. Acesso em: 26 abr. 2022.

RODRIGUEZ, A. H. T. **A relação estética/ética na arquitetura**. 132 f. Tese (Graduação em Arquitetura e Urbanismo) – Faculdade de Arquitetura, Artes e Comunicação, Universidade Estadual Paulista, 2011. Disponível em: <https://repositorio.unesp.br/bitstream/handle/11449/120846/rodriguez_aht_tcc_bauru.pdf?sequence=1#:~:text=O%20Arquiteto%20Luc%20Schuiten%20diz,o%20belo%20e%20o%20bem.>. Acesso em: 26 abr. 2022.

SANT'ANA, A.; GONÇALVES JR., A. J.; CARSTENS, F. R. S. B.; COSTENARO, M. C.; FLEIGHT, R. L. A casa viva: uma identidade com o meio. **Revista Projeto**, v. 95, n. 97, jan. 1987. Ensaio & Pesquisa.

SANTOS, D. P. dos. **Observações sobre a doutrina do homem-medida**: uma tentativa de reconstituição do pensamento de Protágoras. 109 f. Dissertação (Mestrado em Filosofia) – Programa de Pós-graduação em Filosofia, Universidade Estadual de Maringá, 2017. Disponível em: <https://philarchive.org/archive/SANOSA-3>. Acesso em: 26 abr. 2022.

SANTOS, L. G. R. et al. Simulação computacional termoenergética na arquitetura. **Vitruvius: Arquitextos**, ano 17, abr. 2017. Disponível em: <https://vitruvius.com.br/revistas/read/arquitextos/17.203/6525>. Acesso em: 26 abr. 2022.

SCRUTON, R. **Estética da arquitetura**. São Paulo: M. Fontes, 1979.

SIMÕES, D. Chrysler Building, o famoso arranha-céu de Nova York, está à venda. **Casa e Jardim**, 12 jul. 2020. Disponível em: <https://revistacasaejardim.globo.com/Casa-e-Jardim/Arquitetura/noticia/2019/01/chrysler-building-o-famoso-arranha-ceu-de-nova-york-esta-venda.html>. Acesso em: 26 abr. 2022.

SIZA, A.; MADUREIRA, A. Estórias Gráficas de Projeto Arquitetónico/Graphic Stories of Architectural Design. **Arquitetura Reversa/Reverse Architecture**. Disponível em: <http://reversearch.blogspot.com/>. Acesso em: 26 abr. 2022.

SOUZA, A. A importância do desenho a mão na arquitetura. **Perspectiva a mão livre**, 17 out. 2016. Disponível em: <https://www.modulo21.com.br/2016/10/17/a-importancia-do-desenho-a-mao-na-arquitetura/>. Acesso em: 26 abr. 2022.

SUENAGA, C. et al. **Conceito, beleza e contemporaneidade**: fragmentos históricos no decorrer da evolução estética. 18 f. Trabalho de conclusão de curso (Tecnólogo em Cosmetologia e Estética) – Univali, 2012. Disponível em: <http://siaibib01.univali.br/pdf/Camila%20Suenaga,%20Daiane%20Lisboa.pdf>. Acesso em: 26 abr. 2022.

SZAFRAN, V. Concreto 'Frankenstein' se regenera sozinho. **Olhar Digital**, 16 jan. 2020. Disponível em: <https://olhardigital.com.br/2020/01/16/videos/concreto-frankenstein-se-regenera-sozinho/>. Acesso em: 26 abr. 2022.

TAVARES, S. G. **Simulação computacional para projeto de iluminação em arquitetura**. 183 f. Dissertação (Mestrado em Arquitetura) – Programa de Pós-Graduação em Arquitetura, UFRGS, 2007. Disponível em: <https://lume.ufrgs.br/bitstream/handle/10183/8927/000591023.pdf?sequence=1&isAllowed=y>. Acesso em: 26 abr. 2022.

TRAMONTANO, M. **Habitações, metrópoles e modos de vida**: por uma reflexão sobre o espaço doméstico contemporâneo. 3º Prêmio Jovens Arquitetos - Categoria "Ensaio Crítico". São Paulo: Instituto dos Arquitetos do Brasil/Museu da Casa Brasileira, 1997. Disponível em: <http://www.nomads.usp.br/site/livraria/livraria_artigos_online01.htm>. Acesso em: 20 abr. 2022.

TRESSINO, N. O que é logotipo, isotipo, imaginotipo, isólogo? **Integração Digital**, 29 ago. 2019. Disponível em: <https://www.integracaodigital.com.br/blog/2019/08/29/o-que-e-logotipo-isotipo-imagotipo-e-isologo/>. Acesso em: 26 abr. 2022.

TREVISAN, A. M. Construbusiness: instrumento eficaz para multiplicar os resultados das políticas de desenvolvimento. In: FIESP – Federação das Indústrias do Estado de São Paulo. **Construbusiness**: base do desenvolvimento sustentado. 1998. Disponível em: <https://sitefiespstorage.blob.core.windows.net/observatoriodaconstrucao/2015/07/2-construbusiness-1998.pdf>. Acesso em: 26 abr. 2022. p. 4-5.

ÚNICA solução para o trânsito de Curitiba é reduzir o número de carros, mostra estudo. **Bem Paraná**, 11 jul. 2019. Mobilidade. Disponível em: <https://www.bemparana.com.br/noticia/unica-solucao-para-o-transito-de-curitiba-e-reduzir-numero-de-carros-mostra-estudo#.YcM1imjMKM8>. Acesso em: 26 abr. 2022.

VACCARI, L. S.; FANINI, V. **Mobilidade urbana**. Curitiba: Crea-PR, 2016. (Série de Cadernos Técnicos da Agenda Parlamentar). Disponível em: <https://www.crea-pr.org.br/ws/wp-content/uploads/2016/12/mobilidade-urbana.pdf>. Acesso em: 26 abr. 2022.

VEGINI, l. Projeto de piso retrátil para o Coliseu romano. **Archtrends Portobello**, 16 jun. 2021. Disponível em: <https://archtrends.com/blog/coliseu-romano/>. Acesso em: 26 abr. 2022.

Apêndice A

Realiza Arte

Este evento é a oportunidade de entender a delicada estratégia conceptiva da arte da arquitetura, do artista como mediador entre a cacofonia cultural de seu tempo e a estratificada audiência pública.

A qualidade do trabalho artístico autoral é diretamente proporcional à capacidade inata do artista em absorver os grandes relatos de seu tempo, distinguindo a estruturação do discurso das nuances inerentes ao desenrolar de sua apropriação.

O caldo cultural, esta sopa social, tecnológica, religiosa, política e midiática preenche todos os poros do artista, que, como uma esponja, torna-se refém desse processo e, utilizando-se de uma estratégia de sobrevivência, desenvolve esses elementos em jorros de expressão que sintetizam seu tempo.

Em um movimento contínuo de sístole e diástole do coração e da alma, o artista retoma sua obra criada e a reavalia, disseca, extrai seu âmago e a renova, fazendo com que o todo se desfaça em fragmentos seminais que então ganham vida e intensidade. Partes que reforçam o todo, vibram em sintonia em uma espiral infinita parte-todo-parte-todo.

Essa mostra apresenta busca dos elementos germinais do processo criativo autoral por meio do método da simplificação retirando todos os elementos coadjuvantes e enaltecendo os fragmentos representativos da obra de arquitetura.

Em quatro décadas de criação, o traço manual precede o processo invadindo o mundo virtual, transforma-se em grafia técnica, materializa-se incorporando madeira, vidro, aço e concreto, ganha vida na interação com seus usuários e renasce transformado em *flashes* cuidadosos trabalhados com ferramentas gráficas virtuais.

Tanto a mostra como o projeto no qual ela foi baseada são de autoria da Realiza Arquitetura.

CARSTENS, F. R. S. B.; GONÇALVES JR., A. J.
Brava #01. 2021. Canvas; 114 × 90 cm.
Galeria Realiza 575 (Realiza Arquitetura),
Curitiba, Brasil.

CARSTENS, F. R. S. B.; GONÇALVES JR., A. J.
Brava #02. 2021. Canvas; 104 × 79 cm.
Galeria Realiza 575 (Realiza Arquitetura),
Curitiba, Brasil.

CARSTENS, F. R. S. B.; GONAÇALVES JR., A. J.
Brava #05. 2021. Canvas; 152 × 90 cm.
Galeria Realiza 575 (Realiza Arquitetura),
Curitiba, Brasil.

CARSTENS, F. R. S. B.; GONAÇALVES JR., A. J.
Brava #08. 2021. Canvas; 104 × 79 cm.
Galeria Realiza 575 (Realiza Arquitetura),
Curitiba, Brasil.

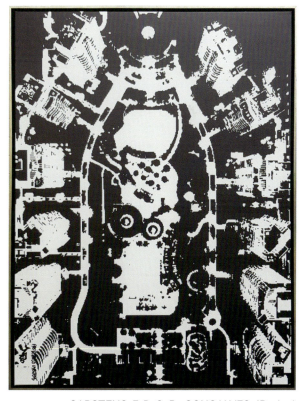

CARSTENS, F. R. S. B.; GONÇALVES JR., A. J.
Brava #12. 2021. Canvas; 104 × 79 cm.
Galeria Realiza 575 (Realiza Arquitetura),
Curitiba, Brasil.

CARSTENS, F. R. S. B.; GONÇALVES JR., A. J.
Brava #13. 2021. Canvas; 104 × 79 cm.
Galeria Realiza 575 (Realiza Arquitetura),
Curitiba, Brasil.

CARSTENS, F. R. S. B.; GONÇALVES JR., A. J.
Brava #15. 2021. Canvas; 220 × 73 cm.
Galeria Realiza 575 (Realiza Arquitetura),
Curitiba, Brasil.

Exposição Clube Curitibano*

---

*   CARSTENS e GONÇALVES JR. **Exposição da Mostra "Brava" no Clube Curitibano**. Curitiba, 20 de outubro a 10 de novembro de 2021.

Exposição Brava Mall*

---

* CARSTENS e GONÇALVES JR. **Exposição da Mostra "Brava" no Shopping Brava Mall**. Itajaí, 14 de janeiro a 17 de março de 2022.

Apêndice B

FAU Realiza

O curso de Arquitetura e Urbanismo da FAPI, norteado por áreas de atuação com ênfase em sustentabilidade e tecnologia, gestão e empreendedorismo e responsabilidade socioambiental, propõe o enfrentamento dos desafios impostos pelos conflitos territoriais vivenciados nos centros urbanos, de maneira a provocar o espírito crítico do aluno a buscar soluções que repensem o papel das cidades nos dias atuais.

O curso tem por objetivo a formação de profissional habilitado e capacitado a atuar de forma plena, incorporando em sua prática profissional todo o conhecimento adquirido durante o curso por meio de uma proposta pedagógica focada no exercício profissional e na ética. Assim, essa formação garante o equilíbrio entre questões ligadas à ciência e à expressão plástica e formal, com ênfase na prática projetual integrada ao canteiro de obras, com domínio tecnológico e visão crítica, preparado para o exercício completo da cidadania e apto a atuar em todos os estágios do processo de concepção, produção e uso da edificação e da cidade.

Sobre os fundadores do sonho

Frederico Rupprecht Silva Bompeixe Carstens
(Frederico Carstens)

Fundador da Realiza Arquitetura, Frederico Cartens é arquiteto e urbanista formado com medalha de ouro em primeiro lugar em 1986 na Universidade Federal do Paraná (UFPR), mestre em Arquitetura e Urbanismo pela Universidade Federal do Rio Grande do Sul (UFRGS) e Pontifícia Universidade Católica (PUCPR), com a dissertação "Arquitetura vertical de Curitiba", e MBA em *Buiding Information Modeling* (BIM). Já ministrou, e ainda ministra, aulas de graduação e pós-graduação como professor convidado.

É artista plástico, com participações em diversos eventos, como as Mostras do Desenho Brasileiro e o Salão Paranaense de Arte, bem como de mostras individuais, constando no Dicionário de Artes Plásticas do Paraná, da crítica de arte Adalice Araújo.

Administrador de sistema de qualidade ISO 9001, foi diretor do Instituto de Arquitetos do Brasil (IAB), fundador e vice-presidente da Associação Brasileira dos Escritórios de Arquitetura (AsBEA-PR) – onde coordenou os primeiros seminários internacionais de sustentabilidade no Brasil –, duas vezes conselheiro do Conselho de Arquitetura e Urbanismo do Brasil (CAU) e da Prefeitura de Curitiba, no Conselho Municipal de Urbanismo, e membro do G10, grupo de entidades do Paraná (Fiep, ACP, Sinduscon, Ademi, Crea, AsBEA, Creci, Fecomércio, CVI, entre outras) que colaboram para a legislação de urbanismo de Curitiba junto ao Instituto de Pesquisa e Planejamento Urbano de Curitiba (Ippuc).

Já produziu diversos livros artigos técnicos e palestras e foi articulista semanal dos jornais *Indústria e Comércio*, *O Estado do Paraná* e *Gazeta do Povo*, com a coluna "Falando de arquitetura".

É autor de mais de 10 milhões de m² de projetos de arquitetura e urbanismo, com diversos projetos agraciados com prêmios como Master Nacional Imobiliário. Foi um dos criadores do primeiro projeto do mundo a receber o certificado LEED Zero Water.

Antonio José Gonçalves Jr. (Antonio Gonçalves Jr.)

Fundador da Realiza Arquitetura, Antonio Gonçalves Jr. é arquiteto e urbanista formado em 1987 na UFPR e especializado em Gestão de Projetos pela FAE Centro Universitário-Fundação Getulio Vargas (FGV).

É diretor técnico da Realiza Arquitetura e foi fundador da AsBEA-PR.

Produziu diversos livros – como *O que é urbanismo* (Editora Brasiliense), *Um edifício e sua história* (sobre o prédio histórico da UFPR) e *Realiza Arquitetura I e II* –, bem como muitos artigos técnicos e várias palestras. Também foi articulista semanal dos jornais *Indústria e Comércio*, *O Estado do Paraná* e *Gazeta do Povo*, com a coluna "Falando de Arquitetura".

É autor de mais de 10 milhões de m² de projetos de arquitetura e urbanismo, com diversos projetos agraciados com prêmios como Master Nacional Imobiliário. Foi um dos criadores do primeiro projeto do mundo a receber o certificado LEED Zero Water.

English version

How to create spectacular buildings in 16 lessons: aesthetics and construction

Frederico Carstens
Antonio Gonçalves Jr.

Contents

Inventing 10 million square meters, 324
Realizatur, 325

01   Develop a mindset, 327
LESSON 1   Think big, really big, 327
LESSON 2   Make your project absolutely authorial, 331
LESSON 3   Fully grasp the history, 335

02   Strategize, 342
LESSON 4   Establish the human being as the primary metric, 342
LESSON 5   Create a sustainable harmony, 347
LESSON 6   Pursue the beauty, 354
LESSON 7   Keep your head in the clouds and your feet on the ground, 359
LESSON 8   Use cutting-edge technologies, 363
LESSON 9   Apply reverse engineering, 369
LESSON 10   Innovate, 374
LESSON 11   Draw, 377
LESSON 12   Simulate to exhaustion, 379

03   Cultivate attitudes, 385
LESSON 13   Prioritize priorities, 385
LESSON 14   Harmonize the parts to the whole, 387
LESSON 15   Simplify, 390
LESSON 16   Celebrate your spectacular project, 392

Collecting buildings, 395
Using creativity as an engine of architecture, 395
Reference list, 395
Appendix A, 401
Appendix B, 401
The founders of the dream, 401
Glossary, 403

"A man may be ignorant not just through being unskillful, or through acting in error, but also through feeling or wanting what it is inappropriate to feel or want" (Scruton, 1979, p. 30)

"The art form of architecture is logically an 'impure' or 'messy' category, as it contains and fuses ingredients from conflicting and even irreconcilable categories, such as materiality and feeling, construction and aesthetics, physical facts and beliefs, knowledge and dreams, past and future, means and ends. In fact, it is hard to imagine a more complex and internally more conflicting human endeavor than architecture" (Pallasmaa, 2017, p. 18-19).

Inventing 10 million square meters

Four factors give a solid foundation to any accomplishment: a desire, a goal, the right people, and a great partnership. **Realiza Arquitetura** nurtures the desire to combine aesthetics and innovation in each line of its projects. With these two values in its DNA, concerning the goal, the company aims to be disruptive, challenging, creating an architectural vision that echoes in time and, of course, in space. With the right people, for over 40 years, the organization has been materializing its most daring projects. And the great partnership was the first step for all these ingredients to combine to perfection.

My partner Antonio Gonçalves Jr. and I studied together at the Federal University of Paraná (UFPR). Passionate about arts and architecture and admirers of each other's creativity and work, soon we were carrying out projects together in architectural work teams, a very common dynamic in the area, doing internships in the best offices in the city, commanded, to our privilege, by our teachers. With the academic trajectory over in 1986, our desire to grow only increased, and soon our office was fully-functioning.

We started as interns, but it did not take long to leave our mark on what was then RT Empreendimentos, the future Realiza. Thanks to other internships that we did in several large architectural offices and institutions in Curitiba, we brought several extremely valuable partners to our company. When we finally graduated, we were able to become partners at RT and sign projects.

The trending topic at that time was **postmodernist architecture**. In fact, the big issue of the moment was the huge question mark that this new architectural vision represented. Our masters (specialists in modern architecture) have not given us any answers. Internet? Did not exist. Specialty libraries, then? The only one available, at the UFPR, was outdated beyond any defense. The only current and reliable source at that time literally came from overseas – a journal that arrived in Brazil by ship, almost disputed by professionals in the field. This difficulty created an opportunity: thanks to studies carried out on our own, we created the **Projeto Gérmen**[*] – an initiative to promote research and the production of articles on architecture that circulated the world.

The question that has always guided us since the creation of Projeto Gérmen and that still underpins all of our works is the same: **how does aesthetic appropriation occur in architecture?** Medicine deals with aspects related to health, correct? Law studies laws and their application in everyday life. And what about architecture? Does she study the construction process? It's possible, but isn't that the engineer's specialty? In reality, **architecture is about aesthetics linked to the greatest art of all**: construction. Therefore, architecture deals with an element of human perception that is closely linked to the feeling of belonging, of what is right, what is good, and also what is wrong, what is bad; and all this is linked to a zeitgeist, to the spirit of a time that needs to be understood.

All these academic, professional, and artistic dynamics were the forge in which Realiza Arquitetura was created. In the arduous trajectory of these 40 years, we have learned valuable lessons about working in the field of architecture and, more specifically, aesthetics. And it is exactly these lessons that we want to talk about in this "manual", in which we want to show, in 16 precious teachings, that anyone can build spectacular buildings that amaze, impact, and generate a spectacular and memorable aesthetic experience!

Follow us on this journey through the world of realization, aesthetics, and innovation in the field of architecture!

www.realiza.com

---

[*] The Projeto Gérmen was made up of Antonio José Gonçalves Jr., Aurélio Santana, Frederico Carstens, and Rossano Lúcio Fleith (Carstens, 2002).

Realizatur

The aesthetics of the projects by Realiza Arquitetura can be seen in numerous facets of the city of Curitiba. By binding sustainability and beauty, our projects created their mark in the urban space, showing the possibilities of architecture with purpose and boldness. Next, we'll give you a small sample of our projects and their link to the 16 lessons for building spectacular buildings. To start our tasting, we list the jewels from Realiza that are embedded in the urban fabric of Curitiba. Realiza projects participate in the daily lives of hundreds of thousands of people. Our passion for the interaction between space and humans as well as our constant search for innovation materialized in every line of our designs. Organicity and mimicry are inscribed in the smallest details – natural and synthetic are in perfect harmony, creating living constructions. Enjoy some of our most daring ventures below.

Jockey – Multiuso – Curitiba

- **Address**: Rua Konrad Adenauer, 370 – Tarumã, Curitiba-PR.
- **Total built-up area**: 151,039.00 m².
- **Number of floors**: 2 basements; shopping area; hotel tower with 5 floors; office tower with 19 floors; corporate tower with 10 floors.
- **Shopping area**: ground floor and 2nd floor.
- **Office tower**: 279 units.
- **Hotel tower**: 198 units.
- **Corporate tower**: 10 units.
- Parking lot in basements 1 and 2, ground floor and 2nd floor totalizing 2,072 parking spaces.

In this mixed-use project, the experimental aesthetic essence is taken to the extreme. The volumetry of the different buildings is unified by a shell formed by undulating sheets. In this project, we use the strategy of shapes inspired by the lightness and organicity of nature. An architectural shell is then created to house different uses, in a dynamic synergy.

Amores da Brava

- **Address**: Rua Delfim de Pádua Peixoto – Itajaí – SC.
- **Total built-up area**: 46,537.56 m².
- **Distribution**: 5 towers with 14 floors.
- **Number of units**:
    - Tower 1 – 22 residential units from 2nd to 12th floor.
    - Tower 2 – 44 residential units from 2nd to 12th floor.
    - Tower 3 – 44 residential units from 2nd to 12th floor.
    - Tower 4 – 44 residential units from 2nd to 12th floor.
    - Tower 5 – 44 residential units from 2nd to 12th floor.
- **Total**: 198 units.

The compositional strategy of implantation of the towers, which allows a lateral view of the sea for all apartments, structured the final solution of this project. The leisure area permeates the entire side of the project, creating a landscaped lung of contemplation and recreation.

The proposed plastic solution harmonizes the stronger colors in the basement and the softer colors as the buildings grow in height. Earth, forest and sky are recreated on the facade of the buildings.

Porto Belo

- **Address**: Ilha João da Cunha – Porto Belo – SC.
- **Total built-up area**: 265,033.50 m².
- **Distribution**: Hotel, inn and bungalow.
- **Number of units**: Hotel A (37 units); Hotel B (37 units); Bungalow (27 units).

A beautiful island and a project to make it wonderful. Architectural inlays of wood and glass were carefully crafted to delicately fill in each scar on the topography and harmonize natural constructions with native land. A work of mimicry with a lot of respect for the simple and the local.

01
Develop a mindset

LESSON 1: THINK BIG, REALLY BIG

If it is not to make a difference,
do not even start

First and foremost, we shall align some important concepts. Let us first think about this book's title: what is *spectacular*?

According to Ferreira (2019, p. 24), *spectacular* is

> a visual elaboration designed to capture and maintain attention [...]. Spectacular, in this sense, is a demonstration, an exhibition, something put out to be seen and which is able to arouse interest, amazement, or curiosity [...] associated with the idea of something carefully crafted to have remarkable effects on the public. [...]. Sometimes this notion is associated with the grandiose result and the surprise that urges the eye, making use of superlative resources such as extraordinary skill or the irresistible appeal to the senses, among others. [...]

Note that the idea of spectacular that we want to defend in this manual is to **generate amazement through architecture**. Mainly, we want to prove in this book that anyone, who in itself is already an infinite potential, is capable of doing this: creating buildings that amaze, that show life through concrete, steel, stones and wood, that take individuals out of the doldrums of everyday life, which invite them to interact with their structures, which show how the human being can evolve from an extracting organism to a creative form of life.

And what is the meaning of the idea of *beauty*? According to Baumgarten, cited by Suenaga et al. (2012, p. 4), this concept

> Resides first in an agreement of thoughts, disregarding the order in which they appear and the signs that serve to express them; the unison of these thoughts among themselves in a single element is fundamental. [...] Beauty is the agreement of the internal order according to which we arrange things beautifully thought out. But the order of things is an internal order that must be felt and not thought about. [...] Finally, the third definition of beauty, according to Baumgarten, is the agreement of signs, inner agreement, agreement with thoughts, and agreement with things. It is the agreement of expression, of diction, with thoughts, with the order in which they are arranged, and with the things themselves.

Therefore, beauty is an element of reality that affects us both in the rational and affective spheres, with predominance of the latter; it is a sensitive knowledge that allows us to determine, based on emotional, historical, social, psychological, sociological, and anthropological factors, what is good or bad, what is right or wrong. This concept must catch the eye in a spectacular project; it has to cause an instant reaction, which can be either approval or rejection. It is obvious that, in creating a building, our desire is that the community around it see it with admiration, that they want to access it, interact with it, that they see beauty in it. But do not worry: rejecting an enterprise does not necessarily have to be a problem – after all, if a project is properly conceived, in order to reconcile desires, needs, and cultures with innovation, harmony, and beauty, if all these elements are perceptibly and efficiently concatenated, an initially negative aesthetic experience can become positive through understanding. In other words, if a project is properly motivated, a person who initially disliked a venture might come to like it, if they understand those motivations.

Finally, what does it means *to accomplish*? According to the Priberam Dictionary (2021), it means "To make or become real or concrete [...] to materialize". This verb is fundamental, whether for our company or for spectacular projects: the project needs to be materialized. As with all human yearnings, the enterprise must be converted into reality so it can leave a mark on the world that resonates through time. This is the main value of Realiza.

This ambition cannot be accomplished without the desire to make great flights, without immense pleasure and gratitude for the chance that God has given you to be able to materialize something relevant to humanity. This thirst to build wonders and make a difference in the world is the basis for the journey in order to create works that will make hearts beat faster, that will thrill and influence the lives of many, many people daily. Creating a stage for the unfolding of humanity's everyday miracle depends on your courage to let your ideas flow to the fullest of their vital creative potential. Aim for important accomplishments, no matter how prosaic the proposed theme, no matter how small the size of the project. What matters is the final strong and direct message that your work will deliver, the difficulties that it will transform into ecstasy and love.

This is the beauty of architecture: the possibility of exercising a profession that allows you to create, to propose possibilities never conceived and to make things happen, as in the proposal of the Parallax Project by Realiza – we created a "building upside down" (as you can see in the case study dedicated to this project in this Lesson) that required the work of a calculator to prove that the construction would "stop standing".

Testimonial

Boldness can also extend to materials used in projects. In a partnership with product designers, we intend to install on the facades of our green buildings, screens with fabric planters, leaving the entire landscape green. Another example is the Projeto Caelum*, in which we proposed the creation of sunroofs, developed in a partnership with two large frame manufacturers. There are many things happening, and the most important thing is that Realiza has people who have the capacity to make things happen and who accept to work with our dreams and develop these projects, so that their users use the designed structures and that these same facilities inspire other creations. If we simply built mere apartment complexes, what would be the challenge? None. However, looking at the situation and creating a different project is what animates the team at Realiza Arquitetura.

---

* According to Frederico Carstens, "At Duet Mercês we created a series of scenarios so that residents can enjoy the interior and exterior of the building, bringing nature indoors. This project is called [Caelum] project, heaven, paradise, with a sunroof that encompasses not only the central square of the development, but also the rooms of the apartments, bringing the moon and stars inside the residences" (Em Curitiba..., 2021).

The question of challenge is an interesting one, which is why the Realiza is sought after. However, it is important to emphasize that the different and the challenging must have a function, a reason. We can create a pink building that jumps, but that will not do any good.

> **Summing up**
> Anyone can create spectacular buildings; our potential is inexhaustible, even though it is constantly repressed. Therefore, you have to allow yourself, no matter how much we are living in an increasingly sectarian society, intolerant of contrary or minimally different discourses, because many individuals cannot stand that their identities are directly affected. Precisely for this reason, the world needs people who have the courage to face the slap, and, above all, who are not afraid of the "ridiculous", who dare to be authorial and extrapolate reality without worrying about external criticism.

Did Lesson 1 open your horizons and challenge you to see further? Wonderful. Below, we present some of our most inspired and challenge-driven projects!

Case: Drone Tower

- **Address**: Rua Bento Viana, 1078 – Batel, Curitiba – PR.
- **Total built-up area**: 11,272.37 m².
- **Number of floors**: building with 25 floors and 3 basements.
- **Number of units**:
  - Residential: 1 residential unit at 3rd floor.
  - 1 residential unit at 4th floor.
  - 16 residential units from 5th to 20th floor.
  - 1 triplex unit at 21st floor.
  - **Total**: 19 units.
- **Parking lot**: a tower with 3 basements for parking and a total of 91 parking spaces on the ground floor.

The Drone Tower project portrays a drastic upcoming logistics change that will be brought by unmanned aerial vehicles for transporting passengers and cargo. Why? The answer is clear: one of the great urbanistic illusions is that public transport is the solution to traffic problems:

> "There is no work that is enough for everyone to have a car. Road space is limited. You can improve punctually, in peripheral areas, but it doesn't go very far from what is there. There is no solution but to reduce the number of cars" [...].

The simplest way to do this would be to expand the use of public transport. However, from 2015 to 2018, the number of passengers in the city dropped. The most recent calculation by the city hall is 1.39 million users per working day, which means that 230,000 people have stopped going through the roulettes of buses, tube stations and terminals in Curitiba in recent years. (Única..., 2019)

According to Vaccari and Fanini (2016), cities in our country were not designed for displacement with cars. For many years, the participation of vehicles was restricted to 25% of the total urban travel modals, which is why all socioeconomic activities were concentrated in city centers. Just think of Belo Horizonte: created from a historic center to which several extensions of land were added over the years, the city was not planned to receive large inflows of roads from small and large routes. In other words, cities grew according to an interest directed much more towards landholders than towards efficient road systems, correctly distributed according to the different activities of the region and its geographical characteristics. So, what we find is a road network formed, almost exclusively, by roads with physical characteristics to act as local roads or, at most, collectors. Rare are the cases in which the process of expansion of cities was sustained by roads with physical characteristics to act as upper arteries or urban expressways. (Vaccari; Fanini, 2016, p. 20-21)

Furthermore,

Although the public passenger transport network has historically transported the majority of the population in Brazilian cities, this fact was not used as a parameter to guide public investments in urban mobility. On the contrary, individual transport by car has always received most of these resources and incentives. (Vaccari; Fanini, 2016, p. 39)

Analyzing civilization, as Alvin Toffler did, we can observe that work rhythms are becoming more fluid, which discourages the creation of collective transport. For this modal to pay for itself, a very large volume of people is needed, which is why there is no subway in Curitiba. Transport is increasingly personalized, both for displacement and for the delivery of products and services. Hence the need for airspace, and the technology for this change is sure to emerge. When there is a period of disruption, technology develops, it takes a leap. Self-driving cars will also be increasingly common, encouraging traffic light synchronization. That's why we created PUIMAT (Urban Planning to Incentive High-Tech Modes); in this wake, Embraer is investing heavily in Eve, a company independent of the institution to accelerate the production of urban air mobility (MUA). It is essential to emphasize that all this dynamic must be conceived in parallel with the city's Urban Plan (to avoid problems such as the irregular construction of heliports, whose owners can charge as much as they want for the removal of structures, given that in regions of this nature there is no construction of tall buildings is permitted). All this computing and transportation technology will come to cities. And they have to "enter the force" in the daily life of cities, because the urban bureaucracy is averse to these novelties. So much so that PUIMAT stands out for aiming to be a hub to receive these new technologies. In short, it is a process to test new technological resources for the cities.

Case: Parallax

This project is still a concept.

The Parallax project is an architectural response to the aspirations of users and to the economic-financial goals of high-rise real estate developments. The upper floors are the target of admiration and the desire to live for most people who opt for vertical housing. Consequently, the market prices these places with higher values, making the price per square meter reach three times more than the amount in relation to the lower floors.

Working together with structural designers, we developed an innovative solution for a tower that has more built-up area as the height of the building grows. In this way, an overall sales value can be reached twice as high as a conventional building with the same built-up area. Another important result is the possibility of offering better opportunities for housing in the upper part of buildings, democratizing this form of living.

Environmental issues such as insolation and ventilation, as well as greater release for collective leisure spaces on the ground floor, add value to this architectural proposition.

Aesthetically, the architectural possibilities are very stimulating. An unprecedented volumetry for tall buildings, allowing unsettling plastic creations that challenge the idea of static balance in the architectural world.

See below how Realiza's projects are integrated into Lesson 1, taking boldness and audacity to higher levels. Palmas do Arvoredo and Younique projects prove this.

Palmas do Arvoredo

- **Address**: Praia Palmas do Arvoredo – SC.

A set of buildings that wind along the riverbank that flows into the south coast of Palmas do Arvoredo beach. This sinuous shape comes to life and grants scale to the facade of the buildings.

The horizontal architectural line harmonizes with the vertical; the river is now plastically represented in the elevations of the buildings – the continuous coming and going and the rising and falling of the tides, as well as the meeting of the river waters with the sea waters, are materialized in a harmonious composition of flaps that increase and decrease, evoking the gentle sea breeze.

Younique

The proposed program resulted in two large volumes integrated by a central leisure area. The striking volume was used as an aesthetic opportunity, as a great backdrop to support a prominent feature that snakes through the entire set.

It is the playful freedom of architectural scratch loose in space.

- **Address**: Rua Romédio Dorigo, 85 – Água Verde, Curitiba-PR.
- **Total built-up area**: 39,702.45 m².
- **Distribution**: 2 towers with 19 floors and 3 basements.
- **Number of units**:
  - Tower 1 – 90 residential units from 4th to 19th floor.
  - Tower 2 – 90 residential units from 4th to 19th floor.
  - **Total**: 180 units.
- **Parking lot**: 405 parking spaces.

Autódromo de Curitiba

We made a proposal to preserve the sporting use of the racetrack combined with a new development. We use sinuous shapes that refer to the design of motorsport tracks and the cutting-edge technologies that will be developed on-site.

LESSON 2: MAKE YOUR PROJECT ABSOLUTELY AUTHORIAL

Trust yourself

One of the great observers of the changes at the end of the 20th century and those that were to come with the new millennium – including architecture and its focus on aesthetics – was **Alvin Toffler**, author of *The Third Wave*, who, using solely and exclusively from logic, predicted much of what would occur in the immediate future of humanity. Our work was deeply influenced by this thinker in our effort to discover the "new", an architectural approach that assimilated and at the same time surpassed modernism, very strong in the area, considering the anticipation of industrial aesthetics brought by this trend, whose greatest representative was **Le Corbusier** (whom we will talk about later). It foresaw this approach praised for anticipating a dynamics of reality that, to one extent or another, we still live today.

As Domingues (2016, p. 14) states, "The spirit of an era is expressed by architecture, which cannot be analyzed by isolated conditions, but must be contextualized in the whole expression of the culture of a people". Among the social expressions of the area, we can consider **aesthetics** as one of its fundamental factors. In the academic sphere, we quickly realize that this element is treated in a doctrinal, orthodox way, which dispenses with the activity of thought itself. In this sense, academia is sectarian: either the project is good, based on Le Corbusier's precepts, or it is simply ignored. Why? Because the projects based on the great French architect are "clean".

Also according to Domingues (2016, p. 21),

In teaching architecture, students no longer made copies of ready-made models, but had the freedom to create. Gradually, the architecture was transformed, the facades of the houses became without borders, without pediments, without trimmings, a cleaner construction, without ornament. On the upper floors, the cantilevered slabs began to appear, the plans were free, inspired by the teachings of modern architecture by the master Le Corbusier and, thus, consequently, the landscape of the city was also transformed.

This extreme paradigm shift had its origins in the post-World War traumas, an event that brought countless other changes with it. According to Tramontano (1997), it was at this time that the European modern movement was responsible for a real debauchery in the area of architecture, which had all its design work and the production of spaces completely revised – giving a new relevance to the architect –, in an effort to whose repercussions are still felt today.

However, modern architects envisioned a prototypical dwelling, which corresponded to a man, a city, a landscape equally prototypical in its formulation. They created an archetype, that of housing-for-all, even though the scope of the propositions it contained was gradually disregarded by the technical-financial logic of construction entrepreneurs, who preferred to appropriate only economically profitable elements and concepts. (Tramontano, 1997, p. 1)

The influence of the French architect in the world of architecture was enormous, reaching the most renowned professionals of the still incipient Brazilian architecture, such as Lucio Costa.

"Reasons for New Architecture" marks Lucio Costa's insertion within the group of defenders and diffusers of the new modern architecture. Until then, his textual production was focused on the neocolonial, defending the search for the origins of a legitimate Brazilian national architecture and discarding possible deviations in the understanding of these origins (as in the case of the essay on Aleijadinho, from 1929, later refuted by the author himself) . In this text, the enchantment with the new architecture, "found" by Costa in the production of Le Corbusier, diverts his gaze from the past to the future, from the nationalism of the time (representation of the constructive tradition derived from the Portuguese) to the modern, international, advent machine architecture. (Galvez, 2012, p. 91)

This spirit generated a textbook language, which should be followed to the letter, with no room for the challenge of creativity. That's why authorial work is so important! We are taught to "stay in our corner", because we do not compare ourselves to the great paradigm that was Le Corbusier. This prison, this conformation prevents architecture students and professionals from thinking about what they do in their daily lives, because everything that could be invented is already in place.

Testimonial

This asphyxiated and monotonous professional life provoked my partner and I to research, to study ways to break this cycle, to create truly authorial works. We Brazilians have to learn to claim the "paternity" of our works, to show how inventive and original we are. That's when the **Projeto Gérmen** came about, initiative motivated by the following question: "when will the new aesthetics emerge"? Using Toffler's logical method, we came to the conclusion that this advent would occur with changes in the world's tools, social relations and technologies, as in the case of the emergence of the concept of "sustainability" (when the term did not even exist), over which we were already talking about in the 1980s and 1990s, when we proposed the creation of the "living house" (which we will talk about in Lesson 5). At that time, no one understood our proposal. However, over time, understanding came to professionals in the area: today it is possible to see aesthetic projects that provide for the creation of flower boxes, in organic forms; even though current technology does not manage to create sustainability in its strict sense – since the assumption of this idea is that human beings stop extracting inputs from nature – it is already feasible to synthesize elements that allow us to abandon "dead constructions" to live in living structures.

In this new dynamic, it is essential that the architect recognize the following fact: **each site is unique, as well as the combination of this element with the project created for it, the climate and the characteristics of the region**. All these factors always call for an original solution. Therefore, originality is something similar to a "must-have" of spectacular design.

However, it is necessary for the true professional of architecture to be open to **criticism**: this is the test of the architect, of the aesthete – having his work scrutinized by others. Living with criticism is essential. Although lambasting are constant, they are what make us grow. We must accustom ourselves to "take the hit" without getting hurt, after all, it is about a concept that the criticism is made. In fact, the problem lies at unanimity, because then nothing develops.

Summing up

Believe that you do have the sacred right to transform your feelings into shapes and colors, into architecture, buildings and cities. Regardless of who tells you otherwise, have the conviction that your unique and wonderful brand is the fundamental ingredient for a unique and emblematic construction. Yes, you are the one doing this project and your voice must echo freely and strongly in every detail of your work. Your work is your authorship.

Did this lesson bring new possibilities to your work? Amazing! Shall we go to the case that materializes our conversation?

Case: Olimpíadas Rio

The project seeks to recreate the natural elements of the Rio de Janeiro landscape, integrating the sea, the lake and the green mountains with the landscape design, the design of the buildings and the connections created by the access roads. The main features of the landscapes of Rio and Barra are the mountains adorned by lush forests. Our masterplan directly corresponds to these specificities – despite being low and flat, the location our project was intended for is a peninsula in the heart of Barra da Tijuca, which can be seen from the raised areas around and from the edges along the lagoon.

The landscaping project aims to carefully promote interaction between people who, for example, move between locations, enjoy the sun with friends during games, walk through stores, go jogging, or even grow vegetables in the community gardens. The undertaking seeks to be open and accessible, allowing people of all origins and ages to mingle and enjoy the environment in the way that best suits them.

Take a stroll through other undertakings and projects by Realiza Arquitetura that prioritize the value of authorship in all its features.

Tower Club House

- **Address**: Avenida Iguaçu, 2960 – Água Verde, Curitiba – PR.

One of the tallest buildings in Curitiba in the 1990s, with a height of 90 m (2 bases + 27 floors).

In this project, we use the concept created by Realiza called *vertical permeability*, in which the voids created in the towers work like sponges that absorb noise, allow the passage of wind and lighting and create unexpected visuals. These spaces form squares on high floors along the building, with greenery and convivial environments. At a time when sustainability concepts were still incipient, this was one of the first green towers in the world. This concept presented by Realiza to the community is essentially urban, as the repetition of these towers would create beneficial sustainability effects on a regional urban scale.

Itapema Tower

- **Address**: Avenida Nereu Ramos – Meia Praia, Itapema-SC.
- **Total built-up area**: 74,712.00 m².
- **Number of floors**: 53 floors.
- **Number of units**: 4 residential units on each floor from 4th to 53rd floor (total: 200 units).
- **Parking lot**: 800 parking spaces.

This project was conceived based on a dynamic volumetry, an aesthetic transformation as the building grows in height. Seeking special views, light and ventilation, this project pursues form, following nature.

Mercure

- **Address**: 2355 NE 163rd St. – North Miami Beach, FL 33160, United States.

The slender and sloping line proposes a new approach to the traditional and repetitive logic of urban design resulting from local legislation, where the basement ends up constituting a separate volume from the tower.

The sharp triangular shape grants a dynamic unity to the volumetric ensemble, and the colors merge specific spirits for special moments in events and commemorative occasions.

Capela Fred

Architecture resulting from Christian symbology: three similar elements structure the composition, referring to the Holy Trinity and the movement of ascension to Heaven. The first element is supported on a plane at rest; the second is supported on an edge as in a lifting movement; and the third rests on two points, moving towards Heaven. This elevation is also the Resurrection and the three elements in the three positions represent the integration and reconciliation between the Earth and the Divine.

Corporativo Antonio

This project, made by Antonio in his fourth year of college in 1986, is perhaps one of the first projects of buildings with rotating tower floors in the world. Nowadays, 40 years later, these buildings are known as *Twisting* and they proliferate around the Earth, mainly in the United Arab Emirates and Asia.

The late professor Lubomir Ficinski Dunin, after seeing the project's plank, told Antonio that it was an impressive concept for the idea and for being structurally resolved.

The design principle is four fixed structural points, where the office support areas (elevators, stairs, bathrooms, etc.) and the slabs that rotate 15 degrees on each floor are located. With the support areas on the periphery, the office slabs – with 1,700 to 1,800 m² each – are completely free of pillars or any other obstacle.

LESSON 3: FULLY GRASP THE HISTORY

Get to know spectacular buildings and the reason why they became spectacular

As architects, we must fully grasp the history. Today, thanks to the internet, accessing countless materials and experts in History is just a click away. Obviously, these facilities do not dispense with travel, which is essential – we must visit the great constructions of humanity in loco and perceive the characteristics of these great achievements, as well as the reasons why these specificities still echo in our times. It is also important to understand the historical context of the civilizations responsible for these buildings, so that we can sharpen our aesthetic sense and even get rid of prejudices. It is gratifying to revisit and create the story, whether we like it or not. With this awareness, we can see how everything is so interconnected, motivated, how all our actions have consequences that stretch across time and space. Therefore, the great lesson is this: we must understand our importance in the context of all humanity.

> **Testimonial**
>
> Is there a method for carrying out this study of the great architectural feats of humanity?
>
> Personally, I initially notice how they make me feel. When I have the opportunity to personally visit great historic buildings, I take a small notebook with me, for notes and scribbles; however, I don't start drawing right away. When I am in front of a great historical building, emotion is inevitable, because immediately a movie plays in my head that shows the importance of that building for the history of humanity when it was conceived.

Think about the **pyramids**: is there a more perfect shape than this, thinking about the culture and history of the Egyptians? Those shapes didn't exist. All that structure linked to the afterlife; such a simple format with incredible solar orientations. What form best translates this civilization?

Shall we investigate the characteristics of these monumental human achievements?

- **The first pyramid**: this monumental building, like the others that followed it, was erected in the name of Ra, pointing to heaven and the afterlife. Built at the time of Pharaoh Djoser in about 2630 BC at Saqqara, the building featured "six stone steps that together reached 62 meters in height" (Pirâmides..., 2021).
- **Pyramid of Khufu, Pyramid of Giza, or Great Pyramid**: erected by the pharaoh of the same name, the Pyramid of Khufu (Cheops) has traveled through history to the Middle Ages as the tallest human building – 146.5 meters. Today it is just a vestige of its majesty: only its structure, built-in 2560 BC, can still be seen. It is the shadow of a building that, at the height of Egypt's power, was covered in limestone that reflected sunlight.
- **Pyramid of Khafre**: erected by Khufu's successor, this 136 meters tall limestone giant is the second-largest pyramid in Egypt.
- **Pyramid of Menkaure**: following the trajectory of his two ancestors, Menkaure built on the Giza Plateau the smallest of the pyramids in Egypt, measuring a modest 65 meters.

Buildings surrounded by bewildering mysteries, the pyramids are shrouded by an eternal veil of enchantment, which covers many of their main features. Even so, there are very interesting specifics of these buildings that were bequeathed to our present:

- The height and width of these buildings were conceived based on calculations established in parallel with the religious concepts of Egyptian civilization.
- The limestone blocks used in the construction of these monuments were moved by wooden sledges, in front of which water was poured, in order to facilitate movement.
- The floods of the Nile River also helped in the handling of the stones used in the construction of the pyramids.
- Rocks were cut using copper and stone tools.

Source: Based on Pirâmides..., 2021.

Now imagine the **Colosseum**: the construction was certainly a real show for the time – the emperor's mise en scène, the stadium shape, life and death all in one place. All extremely impressive, just like the stadiums still are! Regarding the technology used in constructions of this nature, we can see ephemeral constructions, made of wood and fabric, the beauty of the aqueducts, among other structures.

The construction of the Flavian amphitheater began around AD 71, during the reign of Emperor Vespasian. The Roman Colosseum became the largest amphitheater, with an elliptical structure 188 meters long, 156 meters wide and 57 meters high.

Built with bricks and covered in travertine marble, it was divided into five levels and its areas were defined according to social class, raising the level of those who stayed closer to the show arena. (Vegini, 2021)

From the profane to the sacred, there are countless architectural achievements that demonstrate the human desire to explore from the bestial to the sublime, such as **Notre-Dame Cathedral**, one of the most finished examples of the Gothic style of the Middle Ages (Amorin Junior, 2022):

- The project is structured around the Latin cross, consecrated in 1189, and has an extensive ambulatory around the choir.
- The two towers on the western facade have the same measurements, which gives symmetry to this part of the construction. Dating from approximately 1200, this portion of the cathedral also has a "rose window measuring 13 meters in diameter and a portico composed of three doors (the Last Judgment in the center, the Saint Anne Door to the north, and the Virgin Door to the south)" (Amorin Junior, 2021).
- The three tympanums present a meeting of the kings described in the biblical texts and the French kings, materializing the concept of secular power united with divine power.
- The Cathedral was crowned with a transept (arms of the cross in the north-south direction) created by the renowned architects Jean de Chelles and Pierre Montreuil, in the period between 1250 and 1267. the support of buttresses located on the outside of the church, which enables the "elevation of pointed arches and the placement of stained-glass windows. Its dimensions are 127 m long by 48 m wide and 35 m high inside" (Amorin Junior, 2022).

As for her marked style, Maria Fernanda Derntl, quoted by Contaifer (2019), explains that:

> "It is a break with the previous way of doing churches. The Gothic thinks the structure differently, in order to open the walls to the stained glass windows and use the arches in order to release a height that was not available until then, creating an impactful effect".

Obviously, we cannot forget that architecture has the objective of shocking, of moving emotions, of focusing at the same time on the rational and the intuitive, and Notre-Dame was no different. According to Imaginario (2021):

> Any mortal who has reached the entrance to the church immediately feels the undeniable grandeur of that mass of concrete filled with symbols, legends and stories.

Therefore, first of all, we must highlight the monumentality and its symbolic power, underlining the importance of construction for Gothic art. Consistent with a theocentric worldview, each space in the Gothic building was diligently cared for, and while it often lacks a specific function, each space received the detailed attention of craftsmen who believed that God watched over them.

Architecture, to a large extent, draws its driving force from the impalpable, the imponderable; it is focused on pure forms, as in the neoclassical projects of Claude-Nicolas Ledoux, creator of the incredible **Barrière de la Villette**: "consisting of a tall cylinder coming out of a block low square with porticos of square and heavy Doric pillars, it displays all the essential elements of the style: megalomania, geometry, simplicity, antique details, formalism and stylophilia (use of many columns)" (Arquitetura..., 2020). Furthermore,

> In this work [the author] combined two elementary forms, a Greek cross and a cylinder containing the dome, in order to superimpose a spherical shape on a cubic one, with an imposing portico formed by Tuscan pillars with simple capitals. In addition, the grandiose effect is accentuated by the chiaroscuro given by the alternation of solids and voids and by the contrast generated by the square attic windows and the semicircular arches below them. (Claude-Nicolas Ledoux, 2022)

Advancing in time and trends, we can observe how art, cinema, photography and science had gained more and more space in the construction of architectural projects, such as the German expressionism*, brilliantly realized by Erich Mendelson in the **Einstein Tower**, completed in the 1920s:

> As denoted by Bruno Zevi (1999), we can understand the Tower as a formal manifestation of the transformation of the gravitational paradigm enunciated by Einstein. [...] In the Theory of Relativity, published in 1911 with the revision to the General Theory, Einstein explains that the gravitational relationship with the phenomena of time and space are intrinsically constituted. During the avant-garde, Cubism tried to make this relationship explicit in an experimental way, representing the temporal unit in its spatial context. Zevi explains this relationship between the unit of time of the material constitution (ZEVI, 2002) of space, where the Einstein Tower becomes emblematic, with its questioning of the materialization of the material passage of time.
>
> [...]

---

* "Going back to Gombrich (1999), the expansion of photography and cinema during the early 20th century reconfigured what the arts could represent again in their works. If photography could truly express itself in a figure or landscape, what should we represent? Here, among countless answers, we will focus on expressionism. Sentimentality, romanticism and the poetry of the figure's expression can be interpreted as prominent expressionist features, evidently in the production of painters such as Ernst Kirchner and Franz Marc, to which Mendelsohn exists not only on a regional spectrum" (Costa; Bueno, 2018).

Materials, for Mendelsohn, are the means to the end of their formal expression (FRAMPTON, 2003). What matters for the architect, as described in detail by Zevi (1999) about his compilation of the entire projectual trajectory, is that his symbolic experience of traditions and technology constitute the modern language of his architectures. This impression came in an imagetically unilateral and formal way, later transformed into the experimentation of signs, where past and history appear in the expression of its architecture.

Here we can establish a connection with the rupture with his contemporaries in the search for the expressiveness of the Einstein Tower, using as a junction of the constituent elements of architecture connection processes using formal folds such as sealing and structure, sealing and spans to achieve influential aesthetic effects of relativity. (Costa; Bueno, 2018)

The power of the architectural concept has become so powerful over the years that many buildings are true **brands**, powerful logos that convert large buildings into products, such as the **Chrysler Building**, a monument to the *art deco* of the late 1920s. Home from the Chrysler company until 1950, the building still celebrates its glorious aesthetic past with its bird-shaped gargoyles on its storm drains, which emulate the famous Chrysler hood. Carefully built, the construction complies with more than 1900 zoning laws in his hometown of New York, "which restrict the height of external walls on the street side" (Simões, 2020). Its layered construction resulted in a silhouette formed by groupings of different dimensions.

This incredible 77 floors building was erected on a robust structure that combines steel and masonry spread over its 319 meters.

The cladding of its lower part is ornamented by a beautiful contrast of polished black granite and white marble.

With a beautiful grid composition, the windows, without sills, are aligned in parallel with the facades of the building.

The *art deco* can be admired in the segments of its elevated atrium covered in gold tone. The golden age in which it was built can be seen in its travertine flooring, in its walls covered in red African marble and in its lamps (Simões, 2020).

With the increasingly accelerated evolution of postmodernism, architecture has been able to convert buildings into true works of art, as in the case of the **Guggenheim Bilbao**: a spectacle embedded in titanium, the museum's structure is art in itself. With its cascades of twisted, irregular blocks, the building defies any notion of hierarchy. Its glazed atrium acts as an explosion of volume. Defying any and all analysis, its configuration has planes and edges that show themselves in an incredible way, but never completely, because encompassing it as a whole is a vain work. Combining metallic textures with streamlined design, the museum defies convention by uniting such architectural elements with simple masonry blocks and regular shapes carved from stone.

Obviously, the building does not lack functionality: rationality is perfectly printed, at different monumental levels in the distribution of its galleries and in the basement, intended for the museum's administrative services, markedly rigid and functional:

> This same duality, although mitigated by the uniform stone cladding, can be seen in the American Center in Paris, an "L"-shaped block regular enough to house a residential building that takes advantage of the inflection of volume and the programmatic freedom of the institution's public spaces. to accommodate overlapping irregular shapes. (Rego, 2001)

Note that architecture leaves a mark on the face of the Earth, a tattoo that records our desires, our desires, our needs, our beliefs; the constructions of humanity materialize our ambitions, our dreams, our desire for eternity, our struggle against time, our effort to preserve memories. These human achievements show how great buildings are high points of many cultures. Of course, a spectacular building does not need to mark history like these great monuments of humanity, but it can be a point in the striking approaches to architecture of a time, such as "paranismo", a trend that has been remembered today. According to Afonso and Queluz (2007, p. 145, 149, 151), this movement was conceived to give an image to the state of Paraná, giving the region's population a sense of belonging based on the symbols of pine, pine and its derivatives that to this day remain in the imagination of Paraná. Through the elaboration of urban furniture and other architectural objects, names such as João Turin, Frederico Lange de Morretes and João Guelfi marked history as active defenders of the movement. From Lange we keep the melancholy *petit-pavé* sidewalks, which run through many important routes in Curitiba.

> The great legacy of paranismo was the incentive for a production not only regionalist, but by figures truly linked to what was happening in the State. It is noted that, along with this incentive, the pine symbol (*Araucaria angustifolia*) and its derivatives also remained as the State logo. (Afonso; Queluz, 2007, p. 150)

In this sense, we can also mention postmodernism, a movement that marked the 1960s as the antithesis of the modern movement. Going over everything that Le Corbusier's paradigm represented, this tendency draws on the sources of symbols and their cultural values. Standardization was abandoned to give way to a cult of differences and the social variety typical of cities. Having the figure of Robert Venturi as a banner of the movement, postmodernism was divided into the following values, according to the scholar:

> simplification × complexity; uniqueness × tension; unity × entangled vitality. Instead of the formal and aesthetic rigidity of modernism, Venturi proposes the incorporation of historical elements, unusual materials, as well as fragmentations and ruptures in the facades, considered to be primary elements. In other words, postmodernism represents a new way of thinking about buildings, so much so that when asked about the phrase "less is more" by Mies Van der Rohe, Venturi counters by saying that "less is boring". A kind of parody that says a lot about this style. (Ghisleni, 2021)

We can assimilate this phenomenon and combine it with our own thoughts, extracting the positive aspects of the movement, such as historical revisionism and dialogue with other manifestations. This is how history is created: nothing is really eliminated; everything is assimilated and re-signified, gaining other contours, meeting other demands and other ideals, which one day will be transformed again. And how does this apply to current architecture? What criteria can we use to assess whether a building can go down in history and subsequently contribute to new architectural perspectives? It must generate a spontaneous aesthetic experience, connected with our time, associated with a visible purposeful desire to create a better civilization, with interactive and sustainable spaces (in Lesson 5 of this manual, see the Eurobusiness Project, by Realiza Arquitetura, a true example of a building that will go down in history; see also the incredible case of the architect Norman Foster and his audacious project on the Moon!).

> **Summing up**
> Go straight to the source of the landmark buildings of their times; if you can, meet them in person. Travel back in time and imagine the challenge faced by that architect, as well as the paths that led him to the brilliant solution he found. Marvel at the echoes, but also notice how the great buildings of history remain imposing and important to humanity today. Enjoy every detail with the curiosity of a child. Make these works luminous beacons for the conduct of your career and revisit them constantly.

Did Lesson 3 inspire you with all this historical heritage? Wonderful! Admire projects by Realiza that respect the historic features of the city of Curitiba in their lines.

Equilíbrio Solare

- **Address**: Rua Urbano Lopes – Cristo Rei, Curitiba – PR.
- **Total built-up area**: 18,487.51 m².
- **Distribution**: 24 floors and 2 basements.
- **Number of units**: 120 residential units from 5th to 24th floor.
- **Parking lot**: 170 parking spaces divided into 2 basements.

A reinterpretation of historic corner buildings in Curitiba, which contoured corners with gentle curves.

Gadens André de Barros

- **Address**: Rua André de Barros, 513 – Centro, Curitiba – PR.
- **Total built-up area**: 18,532.95 m².
- **Distribution**: 28 floors and 1 basement.
- **Number of units**: 14 units from 5th to 28th floor.
- **Total**: 336 units.
- **Parking lot**: 97 parking spaces divided into 2 basements.

Reinterpretation of the buildings from the 1960s in the central region of Curitiba, as we are making a new insertion in this region, revitalizing the surroundings.

Gadens Ecoville

- **Address**: Rua Bárbara Cvintal – Mossunguê, Curitiba – PR.
- **Total built-up area**: 24,908.62 m².
- **Distribution**: 29 floors and 3 basements.
- **Number of units**: 144 residential units from 2nd to 29th floor.
- **Parking lot**: 146 parking spaces in the basements.

Highlight in the basement and the crown, in a reinterpretation of the classic masters of architecture: base + body + crown.

02
Strategize

LESSON 4: ESTABLISH THE HUMAN BEING AS THE PRIMARY METRIC

The human being as a measure and parameter for all design decisions

Sophist philosopher, Protagoras of Abdera (481 BC-411 BC) became famous for the following sentence: "Of all things the measure is man: of those that are, that they are; and of those that are not, that they are not". According to Aristotle, Protagoras argued that

> man is the measure of all things, meaning simply that that which seems to each man also assuredly is. If this is so, it follows that the same thing both is and is not, and is bad and good, and that the contents of all other opposite statements are true, because often a particular thing appears beautiful to some and the contrary of beautiful to others, and that which appears to each man is the measure. (Aristotle, 2021)

This foundation is essential for thinking about architecture and, in our case, aesthetics – a phenomenon that, although it can generate a negative reaction in a first contact, can be reviewed and re-signified by the observer: when he is encouraged to understand the motivations of certain aesthetic choices, he may change his mind. Therefore, it is an intuitive apprehension of reality, in the sense that it generates a spontaneous reaction, as well as a rational one, given that the observer can review his aesthetic concepts about a given object if he sees the arguments and motivations that led to its creation as valid.

Revive the ancient man

Architecture, urbanism and specific legislation formed a cultural and technocratic framework that tied man with invisible strings. So much protection and pseudo-comfort made the human being sick, making a body designed for millions of years to be a machine with constant mobility and adaptability domesticated and immobilized. In this context, rediscovering the natural vocation of our biological design and creating spaces and cities that seduce exploration and healthy dynamics becomes an innovative and consistent strategy.

According to William Myers, author of *Biodesign: Nature + Science + Creativity* (2012), cited by Abolafio Junior (2013), biological design, as its name implies, is a compromise between design and biological systems created for high ecological performance. It is through the insertion of live microorganisms that technologies such as Styrofoam made from mushrooms are currently obtained; Philips' bio-management island, which is capable of generating methane gas applied to various functions; the *Bacterioptica luminaire*, by the American studio MADLAB, based on colonies of bacteria that feed optical fibers for lighting; and the Edifício Harmonia 57, by the collective Triptyque, in São Paulo, which functions as a truly living organism, which drains rainwater, treating it and constantly reusing it in its own facilities. "It is a way of contrasting with the typical impermeability of the city", considers Carolina Bueno, partner of the studio formed by her and three other architects (Abolafio Junior, 2013).

However, we are still in the paradigm of modern architecture, industrialism, mass production, the factory, family fragmentation. In addition, modern aesthetics are markedly rationalist and ideological, and representative fine arts no longer have so much space. So much so that until recently we didn't have professionals who worked with Rococo, Baroque, Art Nouveau; it is only now that such styles and their respective techniques are becoming economically viable again.

At the height of industrialism, art and modern architecture, everything that was different was rejected; these approaches to reality were exclusionary, exclusivist. And that hasn't changed much today. That's why architecture is so important, because it privileges the understanding of aesthetics; because when we understand the social nuances behind architecture, we become more tolerant. It's sad to see how indoctrination and elitism influence our field today – an area that has very erudite but unwise people. There is not little erudition in the world, but little emotional intelligence. And it is essential to understand this new generation, that of the blip, already predicted by Toffler, in order to offer this new humanity wisdom and emotional intelligence. According to the American futurist,

> With the expansion of access to information by a large part of society, some changes in the way of thinking and the concept of organization were transformed, especially for the most recent generations. This is what Toffler calls blip culture. It is a new culture that is born intrinsic to this new generation of society that receives infinitely different pieces of information, almost always incomplete, disconnected and lacking in tradition or meaning, however, even so, they find a way to naturally unite these blips. Today easily related to the content of digital networks and the internet in general, this phenomenon is clear. Toffler, however, in 1980 predicts that not being bothered by this lack of organization would be typical of the natives of the third wave, since, from then on, fragmentation would not be considered a lack of organization, only a new way of organizing. In social networks, where the lives of hundreds of people are routinely followed, the positioning of countless brands, news about society and any type of news and information, there is often no clear union between almost anything contained there. (Castro; Dugnani, 2019, p. 8)

We must make this generation manage to be less sectarian, tribal, intolerant of the other and the new. Being able to be free to participate in more than one team, to speak, is fundamental in this case. It is these possibilities that can give rise to a new architecture, to new trends to be explored, such as biophilia, neuroarchitecture and ecological design.

And what is biophilia? What is your relationship with neuroarchitecture? How can we conceptualize ecological design? Let's see (A biofilia..., 2022):

- **Biophilia**: an architectural trend that seeks to reconcile contact with nature and designed environments. Thanks to ecological design, humans have recognized that they can adapt to the natural world and not just focus on artificial environments. This movement prioritizes physical and mental health, as well as people's well-being and sense of belonging. Having these values in its background, biophilia aims to create places with modern structures and landscapes that reconcile the natural and the human, in a relationship of mutual integrity.

- **Biophilia and neuroarchitecture**: neuroarchitecture analyzes the relationship of spaces with brain functioning and behaviors. Biophilia, in turn, prioritizes mental health in its work, among other factors, hence the relationship between these two aspects. Taking into account that we spend 90% of our time in certain environments, which include the corporate one, there is nothing more rational than reconciling a healthy relationship with nature with an environment 100% designed to act positively on the brain, for example, reducing the stress and anxiety.
- **Ecological design**: it concerns a design aspect that prioritizes a systemic and integrated approach to buildings, in a multidisciplinary work that encompasses "permaculture ecological constructions, sustainable agriculture, ecological engineering, water and energy systems, ecosystem restoration, development regenerative and many others" (Design..., 2021). Giving strength to the many interdependencies existing in the environment, it prioritizes the creation of favorable conditions for the development of any and all forms of life. In addition, this niche of architecture preaches the co-creation of cities "and decentralized and 're-regionalized' ecological settlements, attuned to the uniqueness of their bioregions, in ways that help us to go beyond adaptation and impact mitigation, towards regenerative development and a new human consciousness grounded in biocentric principles" (Design..., 2021).

It is with this permanent capacity for creativity and collaboration that architecture can adapt to the numerous challenges that humanity faces today in the environmental sphere.

Summing up

The soul, the intellect, the ergonomics, the needs and aspirations of man cannot serve only to justify a posteriori decision. They must serve as a design instrument, for the effective conception of the unfolding of the creative process. In our definition, "architecture is the relationship between man and space", while urbanism is "the relationship between society and space", as simple as that. Create spaces that stimulate movement, sharpen the intellect, promote conviviality.

Did this lesson show you how to direct your architectural priorities and vision? Excellent! Next, we will see cases that embody the contents covered in this lesson.

Case: Bravíssima Private Residence

- **Address**: Avenida José Medeiros Viêira, 500 – Brava Norte, Itajaí – SC
- **Total built-up area**: 69,900.36 m².
- **Distribution**: 10 towers, 1 club, 1 security cabin and 1 basement.
- **Number of units**:
    - Tower A
        - Residential: 2 residential units on each floor from the 2nd to 5th floor.
        - 1 residential unit on the ground floor.
        - Total: 9 units.
    - Tower B
        - Residential: 2 residential units on each floor from the 2nd to 5th floor.
        - 1 residential unit on the ground floor.
        - Total: 9 units.
    - Tower C
        - Residential: 2 residential units on each floor from the 2nd to 5th floor.
        - 1 residential unit on the ground floor.
        - Total: 9 units.

- Tower D
  - Residential: 2 residential units on each floor from the 2nd to 5th floor.
  - 1 residential unit on the ground floor.
  - Total: 9 units.
- Tower E
  - Residential: 2 residential units on each floor from the 2nd to 5th floor.
  - 1 residential unit on the ground floor.
  - Total: 9 units.
- Tower F
  - Residential: 2 residential units on each floor from the 2nd to 5th floor.
  - 1 residential unit on the ground floor.
  - Total: 9 units.
- Tower G
  - Residential: 2 residential units on each floor from the 2nd to 5th floor.
  - 1 residential unit on the ground floor.
  - Total: 9 units.
- Tower H
  - Residential: 2 residential units on each floor from the 2nd to 5th floor.
  - 1 residential unit on the ground floor.
  - Total: 9 units.
- Tower I
  - Residential: 2 residential units on each floor from the 2nd to 5th floor.
  - 1 residential unit on the ground floor.
  - Total: 9 units.
- Tower J
  - Residential: 2 residential units on each floor from the 2nd to 5th floor.
  - 1 residential unit on the ground floor.
  - Total: 9 units.
- **Total**: 90 residential units.
- **Parking lot**: basement – 367 parking spaces.

The location of this land facing the sea, with fauna and flora of the Atlantic Forest, made the apotheotic valorization of landscaping, integrating the sea with the Atlantic forest, characterize the architectural compositional strategy of this project. The towers aligned longitudinally to the site provide the central area for an exuberant landscaping composition.

The sinuous shapes of the buildings were studied and redesigned to the point of exhaustion until we found the perfect balance of an invisible force, but one that could be felt like a current of energy that runs through the entire work, the strong and indomitable soul of Bravíssima.

Case: Duet Mercês

- **Address**: Rua Visconde do Rio Branco, 116 – Mercês, Curitiba – PR.
- **Total built-up area**: 9,354.55 m².
- **Distribution**: 9 floors and 2 basements.
- **Number of units**:
  - 8 units from 2nd to 8th floor.
  - 5 units on the ground floor.
- **Total**: 61 units.
- **Parking lot**: 82 parking spaces distributed in 2 basements.

In this project, we once again exercised the creation of the third dimension in the use of residential buildings. Usually, we have the external area that is seen from inside the apartment and the internal area of the apartment and its common areas.

The proposal presented is for a building with a central atrium, creating a third internal dimension in the building – a third indoor and open common use environment, seeking greater efficiency and comfort, we provide the atrium with a transparent retractable cover. This structure, activated automatically according to insolation, ventilation, temperature and humidity, promotes thermal control and creates an appropriate microclimate for the different seasons of the year. On both the external and internal walls, the vegetation is not only present on the ground floor, but also rises through the facades, creating vertical gardens.

The apartments with different typologies present innovations: the apartment has bedroom doors that open directly to the social area; the toilet, in turn, has two doors, allowing its social use or use for the second suite.

The passive design alternatives resulted in a sustainable building in aesthetic harmony with the urban environment, which is abundant in vegetation.

More than a building, we created a "building-square". We subvert the space-time lapse between the circulation from the entrance hall to the apartment, creating a new lively and democratic scenario. The architectural walk through a central square with landscaped treatment where residents can experience a differentiated community experience.

See below how buildings by Realiza bring in their DNA a vision that respects the human dimension.

LN Ecoville

- **Address**: Rua Deputado Heitor Alencar Furtado – Campina do Siqueira, Curitiba – PR.
- **Total built-up area**: 43,599.52 m².
- **Distribution**: 2 shops, 2 residential towers, 1 corporate tower and 2 basements.
- **Number of units**:
  - Tower 1 (left) – 42 residential units distributed on 22 floors.
  - Tower 2 (middle) – 17 residential units distributed on 18 floors.
  - Tower 3 (right) – 160 office units.
- **Parking lot**: 413 parking spaces distributed in 2 basements.

These studies and works exercise the plastic possibilities for a functionally differentiated real estate product of mixed-use and varied sizes. This innovation should echo aesthetically.

Champagnat Office & Residence

- **Address**: Rua Padre Anchieta, 2540 – Bigorrilho, Curitiba – PR.
- **Total built-up area**: 41,268 m².
- **Distribution**: 1 tower with 24 floors and 2 basements.
- **Number of units**: 16 residential units from 5th to 24th floor.
- **Total**: 304 units.
- 18 commercial units from 5th to 17th floor.
- **Total**: 216 units.
- **Parking lot**: 211 residential parking spaces on basement 2 and 173 commercial parking spaces on intermediate floors (2nd and 3rd floors).

A mixed-use development – apartments and offices are identified with different volumes and colors, intersecting at the corner. At this intersection, uses and colors are mixed, denoting the symbiosis of living and working today.

Giuseppe Verdi

- **Address**: Avenida Silva Jardim, 255 – Água Verde, Curitiba – PR.
- **Total built-up area**: 16,346.72 m².
- **Distribution**: 4 residential towers with 8 floors each and a basement.
- **Number of units**: 88 residential units.
- **Parking lot**: 150 parking spaces on the basement.

Space within space, the successive layers of the world and the universe.

LESSON 5: CREATE A SUSTAINABLE HARMONY

Passive solution

Before diving headlong into the contents of this lesson, we need to clarify the concepts of harmony and sustainability that drive the work in architecture. Shall we go to them?

For the purposes of this manual, *harmony* presupposes "1. Well-organized storage between the different portions that make up a whole; symmetry or combination; balance; 2. Affinity or coherence; conciliation or agreement; wake up; 3. A consensus among different individuals; peace or understanding" (Harmonia, 2021). In this context, architecture "encompasses all its scales, from interior to urban design, and harmony thinks of being as a whole" (Marini, 2019).

The idea of sustainability is recent. The term *sustainability* was created in 1992 by the United Nations (UN), when the institution was determined to radically apply the concept in its environmental preservation agenda. For the first time in the world, governments of all nations on the planet would be encouraged to make significant changes in their modes of production and consumption to mitigate the ecological problems that have been knocking on humanity's door for a long time. Trying to change the extractive socioeconomic mentality of the member countries, the organization presented its members with a simple equation: in order for there to be development that lasts for generations, it is necessary that there are environmental resources properly maintained for this process. The curious thing is that the practice of sustainability has a history that goes back in time: already in the 17th century, countries in Europe reused the wood used for the construction of ships and applied them in several other segments, thus conserving the raw material for longer.

However, it was only with Agenda 21 that the discussions on sustainability left the chairs of the UN representatives to reach the great industrialists, thanks to voices such as that of sociologist John Elkington:

> The British sociologist and writer John Elkington was the first to speak of sustainability in the field of business and to consider it as part of a tripod, adding economic and social bias to environmental discussions. The "Triple Bottom Line", an expression that translates Elkington's theory, defines that, to be sustainable, an organization or a business must be financially viable, socially fair and environmentally responsible. (O que é..., 2016)

Testimonial

When the term *sustainability* emerged in the United States, building solutions that saved energy and other inputs benefited from tax reductions and earned a seal, which, in turn, gave rise to a large "trade". When this trend arrived in Brazil, I warned my colleagues: the US parameters are different; we supported the coming of the Green Building Council (GBC)* to Brazil and

---

* "We are part of a global movement, present in 80 countries, we work for the transformationof the construction industry towards sustainability. We are independent and aimlessprofitable, supported by market forces and we operate in all phases of a building,design, construction, interiors and operation. In Brazil we have activities and projects throughoutcountry and we are featured in the international green building movement" (GBC Brasil, 2022).

> teach architects what sustainability was in our terms, with a different vision: when the idea of sustainability emerged in the country, the construction of a building cost up to 30% more; we managed to make this value decrease, until we reached previous levels, reaching a building that does not consume water.

The role of bioarchitecture in the design of such elements is fundamental. Originating in the 1960s and 1970s, this niche was conceived by professionals who finally understood the importance of reconciling the construction of buildings with the environment. And how did they do it? The solution was simple: integrate the buildings into the local ecosystem, using newly discovered technologies and traditional architecture, which already makes use of natural elements and climatic dynamics of the region where the buildings are installed. Over the years, the market has seen what we call "green architecture" grow, in which

> natural elements such as earth, stone, sand, clay, natural fibers and burnt cement are widely used to replace materials that emit large amounts of CO_2, such as cement and bricks, thus reducing damage to nature. These architectural projects aim at ecology and sustainability, and this is put into practice from project planning to its final phase. It is necessary to evaluate and take advantage of all the natural resources available in the space where the building will be built, such as soil, rocks, trees or climate, for example. (A bioarquitetura..., 2021)

Shall we see a little more on this subject?

The living house: the future or the present of architecture

In the current context, in which technology is one of the protagonists of architectural plastic, we strongly believe in what we call "the living house" – a new aesthetic cycle of architecture and cities. We have researched and supported research in this direction since the 1980s to create truly sustainable solutions, creating living and synthesized materials, not extracted from nature, that react instantly to demands related to comfort, performance or resources. Inspired by nature, this is a great promise of future disruption.

And what is the living house? First, we have to think about the historical context in which the concept emerged: a true effervescence of human creativity – for better or for worse – took over the second half of the 20th century in all areas of knowledge, such as politics, science, philosophy, culture and, without a doubt, architecture (Sant'Ana et al., 1987). Lyotard's postmodernism and Toffler's Third Wave swept away modernist conventions; in the field of architecture, Le Corbusier began to be systematically questioned, although his shadow still hangs over the destinies of the area.

It is in this cultural broth that a new construction concept was born, coined by the architects Aurélio Sant'Ana, Antonio J. Gonçalves Jr., Frederico R. S. B. Carstens, Mário César Costenaro and Rossano Lúcio Fleight in a futurological effort undertaken in 1987, called casa viva: a structure based on advances in genetic engineering and their respective research and on materials combined with the culture of microorganisms and the use of electronic components produced at the molecular level. Sant'Ana; Gonçalves Jr.; Carstens; Costenaro; Fleight, 1987).

Think of the powerful idea that this building represented at the time, with its "futuristic" vision, and think of all the innovations that 21st-century architecture already offers and that go exactly in the direction we indicated: we are moving towards a world in which the technology has already been widely assimilated by the organic (Sant'Ana; Gonçalves Jr.; Carstens; Costenaro; Fleight, 1987). In this trajectory, organic architecture has already become a mere consequence, an architecture in which, in the very near future,

> it is enough for the architect to select the genetic code of some living cells and the characteristics necessary for housing, that is, the projects are made directly in the DNA spiral. From there, the house is ready to grow according to the desired characteristics. [...] The house grows in a very short time and has properties that delay its regeneration and aging. All their survival systems (the old equipment), as well as their functioning (metabolism), are also determined in the genetic code. (Sant'Ana; Gonçalves Jr.; Carstens; Costenaro; Fleight, 1987, p. 97)

Can anyone with adequate information on architectural innovations doubt the coherence of this vision, which blends in with the present and future of the area?

In the wake of great changes, **biotechnology** is fundamental:

> According to the UN, "biotechnology means any technological application that uses biological systems, living organisms, or their derivatives, to manufacture or modify products or processes for specific use" (UN, Biodiversity Convention 1992, Art. 2). (Biotecnologia..., 2019)

In other words, biotechnology is nothing more than the science that, from living organisms, creates products to improve the way we live, using academic knowledge, experimentation and constant innovation.

Among the types of biotechnology that are of interest to this manual, we can mention the following (Biotecnologia..., 2019):

- **White biotechnology**: applied to industrial processes, aimed at the development of sustainability and production efficiency.
- **Gray biotechnology**: applied to the environmental area, more specifically for the preservation of terrestrial, water, plant and animal resources; specialized in waste recycling work.

Investments in this area are increasing, given the results that this niche consistently presents. On Brazilian soil, there is great potential for growth in this field.

> Some acceleration initiatives in the sector, such as BiotechTown, are examples that ensure that this is an interesting path for new investments.
>
> As it is now starting to grow, experts say that the biotechnology sector, especially in life sciences, is at the ideal time to receive investments and the results will be increasingly positive. (Biotecnologia..., 2019)

A great example of an enterprise that works with living materials is **Mush Soluções Biotecnológicas***, a company from Ponta Grossa, which develops building materials through the creation of mosses. It is an extremely important technology for sustainability in architecture, as you can see below (AEC Daily, 2019):

---

*   Do you want to know more about it? Access: <https://mush.eco/>. Accessed: 26 April 2022.

- inserts healthy green spaces;
- creates a pleasant atmosphere for building entrances and offices;
- reduces stress, the ability to focus and other mental functions;
- decrease anxiety in medical and hospital environments;
- provides an air filtration system (manufacturer surveys show that after three days after a particular installation of this element, CO_2 emissions dropped by 225% on-site).

In addition to being used indoors, moss can play an essential role in any building – **generating energy** (Paredes..., 2016):

The IAAC (Institute for Advanced Architecture of Catalonia) student, Elena Mitrofanova, in partnership with the biochemist Paolo Bombelli, created a proposal for a facade system that uses the natural electricity generating power of plants. It consists of a series of modular hollow clay "bricks" that contain mosses. The system employs recent scientific advances in the biophotovoltaic (BPV) field and would be cheaper to produce, self-repairing, self-replicating, biodegradable, and much more sustainable than standard photovoltaics.

The process is incredibly simple: when carrying out photosynthesis, the moss releases substances that are released by underground roots and are consumed by symbiotic bacteria, which break them down into countless other particles, including free electrons, which can generate electricity. Designed to achieve self-sustainability, the **Moss Voltaics brick*** has a specific shape for optimal growth of mosses, with deep hollows that preserve them from light; For this reason, it requires little maintenance. In addition, the clay parts are not enameled, so there is the possibility of moisture circulation, unlike the inner part of the brick, which has a coating that prevents its deterioration.

In addition, biotechnology has already given rise to "**living cement**", which has the addition of a cyanobacterium *Synechococcus*, capable of retaining water and nutrients and that, in a combination of sand and hydrogel, is able to sustain itself. The binding of these two products results in a release of calcium carbonate by the bacteria, as in the creation of shells. After drying, the cement resulting from the process is as strong as cement-based mortar. Exposed to the necessary conditions, it stays alive and multiplies (Szafran, 2020).

When we talk about biotechnology, the work of synthesizing elements takes place, to a greater extent, in the laboratory. We can think of the case of glass, for example: in the case of this material, the desired characteristic is transparency, right? If we are talking about a "living glass", we can synthesize a material that can grow and "feel" the amount of light and become more opaque or more translucent according to the need. These are the elements of a living house. Imagine living cities, all made up of these amazing materials!

Neri Oxman** is an architect who works directly with this. She does very deep research on biocompounds (such as pectin from apple skin): studying such substances, the specialist evaluates their structures to synthesize other artificial products, but with natural origin, which are

---

* Do you want to know more about this incredible project? Access: <https://iaac.net/project/ moss-voltaics/>. Accessed: 26 April 2022.

** Neri Oxman is an architect and researcher who works with experimental projects in construction. Uniting art and architecture with design, biology, computing and materials engineering, Oxman combines advances in materials science (such as 3D printing) with design principles found in nature, in a systemic and interconnected way. Do you want to know more about this great professional? Access: <https://neri. media.mit.edu/>. Accessed: 26 April 2022.

inserted into 3D printers and give rise to constructions large scale (Matoso, 2020). The scholar, a total opponent of the usual modes of construction, seeks with her work to avoid the massive waste and mismanagement of non-disposable waste in landfills and dumps:

> Neri doesn't just reinvent materials. She also questions the rational thinking of the architectural logic of thinking, where since the Industrial Revolution, assembly lines dictate a world made of parts framing the imagination of architects and designers who were trained to think of their projects as the result of pieces with distinct functions. (Matoso, 2020)

The material can only be truly sustainable if it allows us to stop being extractive! Searching for living materials is a civilizational milestone. And they make the aesthetic change radically. Therefore, our designers are becoming more and more scientists. In this sense, why is nanotechnology not being used in civil construction? So used in agriculture, in the arms and automobile industry, nanotechnology is not in demand in architecture. Mush's work, for example, is not a demand for civil construction, despite the startup working with materials of this nature.

Sustainable minds

The involvement of hundreds of brilliant minds is indispensable in the execution of sustainable projects, mainly in the search for what we call "a living home".

When you understand that architecture is the most complete form of artistic expression, and that this interaction presupposes aesthetics, which refers to the way people see the world in terms of "right" and "wrong", you realize how the world is fully interconnected. In this context, the architect has the obligation to know what is happening in the world (politics, economy, health, culture, architecture, art), with all its different visions, in order to situate what he will accomplish. In this complex scenario, urbanism, climate, environmental and legislative issues become a mere detail, albeit an important one.

When we talk about sustainability, for example, the most important thing is the **Urban Plan**. One may wish to create, based on this parameter, to create the most sustainable building in the world. However, if the Urban Plan forces the architect to do something technically incorrect, it is all wrong. When these plans were created, the entire framework of knowledge that we have today was not yet available. In this case, we can conclude that the urban plans of planet Earth are wrong. For example: Realiza Arquitetura has a project (the Tower Club House) based on an "urban theory" – vertical permeability. In the development in question, the building has a "hole" in its center. And what is the function of this element? Serve as a repository for hanging gardens? No, for airflow. We have a problem in Curitiba: the constructions for the south face generate the problem of humidity, poor ventilation and lighting, which can generate mold. And the city's Urban Plan makes this problem possible. Hence the insertion of holes in the building: why prevent people from seeing the street? Why not allow air and light in?

> This work was so important that we managed to achieve what we now call regenerative architecture, which prioritizes energy, water and other inputs above all else. So the conciliation between sustainability and aesthetics is perfectly possible, one thing does not exclude the other. For example, Duet has a central garden atrium that creates a microclimate and a retractable sunroof. When winter arrives, this roof closes

> and the sun's rays that fall on it heat the building, in a greenhouse effect. When the heat is more intense, the roof is opened, to avoid the use of air conditioning and to light more efficiently, using few resources.

When we thought of these solutions, among others, such as insulation and acoustic comfort, the topic of sustainability was not even raised. Today, there are already programs that simulate the possibilities of inserting sustainable resources in large constructions. That's why for years I've been trying to convince my co-workers to invest in "urban modeling", which is the extrapolation, and improvement, of the Urban Plan. However, the funds and time required are scarce for an undertaking of this magnitude; if there is no concern with these elements, a project cannot even bear that name.

The compositional strategy is to save money with correct ventilation and lighting. This is the quantum leap of regenerative architecture: turning buildings into power plants! The investment is a little higher, but the intelligence can be applied to the best treatment of water and air, the best generation of energy. An example is the tall wooden buildings that are being built: with reforestation wood, a small team can assemble a building in a management area, a simple thing. And see how we can take advantage of different ideologies: this is a manufacturing concept: maximizing resources, manufacturing in lines. It is a rational view of construction, due to constructive technology. Therefore, dogmas are not good; because all forms of thought are valid; creativity is only possible with freedom, with the synthesis of different approaches.

Summing up

The inventiveness in the concatenation of legal, social, economic and environmental conditions must pursue an architectural artifact capable of passively providing the best solutions for its use, for comfort and for the use of resources. Carefully evaluate insolation, surroundings, prevailing winds and special characteristics of each case.

The proposed solution must be as self-sufficient as possible, thus dispensing with active solutions to achieve ideal sustainability indices. Your goal must go further: seek to create regenerative buildings, generating a positive impact on the economic, social and environmental chain. The effort required for the design and execution of a building no longer justifies being content with just a building that meets its primary use. With a bolder spirit, you can create real power plants that generate clean air, clean water and clean energy.

Has this lesson contributed to your understanding of how aesthetics and sustainability go together? Great! Now, let's move on to a case study that deals specifically with the knowledge we've talked about.

Case: Eurobusiness

Luiz Alberto Borges de Macedo
(Arquitetura Borges de Macedo)

- **Address**: Rua Doutor Brasílio Vicente de Castro, 111 – Campo Comprido, Curitiba – PR.
- **Total built-up area**: 39,993.77 m².
- **Distribution**: 16 floors and 3 basements.
- **Number of units**: 56 commercial rooms from 3º to 16º floor.

- **Parking lot**: 131 parking spaces distributed on the basements.

Realiza's project called *Eurobusiness* won the world's first international LEED Zero Water certification.

The Eurobusiness commercial building, located in Curitiba (PR), obtained the unprecedented certification in the world from the U.S. Green Building Council (USGBC): the LEED Zero Water.

Using a wetland (roots zone, located on the roof of the structure), the building treats all wastewater from activities on its 14 floors and reuses it in toilets or returned to its source, in a process totally devoid of Chemicals. Drinking water on the site is provided by an artesian well.

Through a water depth of 11 centimeters, the construction stores rainwater. In addition, the implementation of an external floor covered with fine gravel, as well as the planting of macrophytes, or aquatic plants, play a very important role in the treatment of wastewater.

The equipment and accessories related to water consumption were carefully chosen having as a criterion the most efficient use possible, surpassing even the indices established by LEED 2009. With these arrangements, Eurobussiness reduced the consumption of drinking water by 82%.

In addition to all the resources mentioned above, the building also reuses water from air conditioning units and uses an underground infiltration system and gray and black water. With this structure, the building recovered, in the course of 12 months, 65% of all the water used.

This is innovation associated with sustainability, conveying a truth, a true design to bring about change. The technical solutions were exhaustively studied to result in a design that offered beauty and high energy performance to the building.

In computer simulations, several types of glass were tested together with the analysis of the dimensions of the masonry, until reaching the desired balance. We work on the facades to reduce the use of air conditioning and artificial lighting. That's why we adopted the glazing closure.

In addition to the maxim-ar windows, the façade also has masonry parapets – covered in white ceramic – for sun protection on the side, back and main sides, unlike the south front, which is completely covered by glass skin. Aesthetically, these straight strips suggest the idea of speed and, at some points, they go beyond the body of the building.

Below, we present projects by Realiza Arquitetura that have taken the concepts of sustainability and aesthetics to a new level.

Hotfloor

- **Address**: Rua Jerônimo Durski, 886 – Bigorrilho, Curitiba – PR.
- **Total built-up area**: 4,089.92 m².
- **Distribution**: 3 floors and 2 basements.
- **Number of units**: 2 office rooms on each floor from 2nd to 3rd floor.
- **Total**: 4 units.
- **Parking lot**: 32 parking spaces distributed on the basements.

An iconic building that features underfloor heating technology. It tunes institutional image, function and architectural form. Technology and innovation symbol.

Privacy Policy

Solution resulting from the creation of a hyper-sustainable project:

- Photovoltaic roof, whose cells are used to generate solar energy.
- Facades with louvers, which regulate lighting.

- Water wall to dissipate heat and reduce the energy used for air conditioning. The creation of water slides, by itself, already generates a tremendous aesthetic effect.

All these technological resources can improve the performance of the building, making it more sustainable. These elements can be used as aesthetic resources.

Realiza Casa

Customized projects for implementation, landscaping and facade aesthetics, with high constructive technology, low maintenance cost, high sustainability technology, the possibility of reduction of up to 100% in the electric bill and possibility of reduction of up to 100% in the water bill.

See below a project that has in its DNA the contents that we cover in this lesson.

Barão

- **Address**: Rua Barão do Rio Branco, 823 - Centro, Curitiba – PR.
- **Total built-up area**: 9,522.07 m².
- **Distribution**: 1 tower with 12 floors and 2 basements.
- **Number of units**: tower with 8 units on each floor from 5th to 12th floor.
  - **Total**: 64 units.
  - **Corporate tower**: 3 rooms on each floor from 7th to 11th floor.
- **Parking lot**: 110 parking spaces distributed in basement and foundation.

An invisible, anti-matter project to let matter shine – the fallen construction. Behind the glass and the fallen facade, high technology and sustainability.

LESSON 6: PURSUE THE BEAUTY

Aesthetics is everything

To understand the theme of aesthetic fruition in architecture and its specificities, we first have to go to the discipline from which aesthetics originated: philosophy. Several thinkers have focused on this theme, from Plato to Walter Benjamin. Ready for that trip? Let's go!

What is *aesthetics*?
The term comes from the ancient Greek *aisthetiké* ("what we perceive with our senses"). Currently, the word can refer to different types of apprehension of reality – from our everyday impressions to highly philosophical reflections. As an area of knowledge that focuses on beauty and art, it was first analyzed in greater depth by Alexander Baumgarten, a scholar who conceptualized aesthetics as "the doctrine of sensible knowledge" in his work *Aesthetica* (ca. 1750).

The most important discussions about aesthetics took place among idealist philosophers (followers of Platonism, a philosophy that understands the beautiful as a manifestation of the World of Ideas and as a reflection of our soul, they believed that art and beauty should be analyzed separately, as the first was a mere imitation of the second and, therefore, should not be taken into account; in this aspect, the beautiful exists by itself and the geometric shapes are its greatest representation) and empiricists (in essence, materialists such as David Hume, who believed that the beautiful it is a subjective criterion, just like art) (Mello, 2015).

However, it is important to emphasize the thinking of scholars who were an important source of understanding for what we now understand as *aesthetics* and for the application of this virtue of reality in architecture (Rodriguez, 2011).

Based on Platonic thoughts regarding geometric shapes, Pythagoras brought together, in his School, mathematics, natural sciences and aesthetics, as he believed that this was the combination that represented the universal character of beauty.

Aristotle, unlike Plato, understood that imitation could manifest the beautiful, not only by imitating the things that exist but the things that have the potential to exist. Therefore, beauty could also be born of human creativity; in this context, art was absolutely necessary as a form of catharsis.

Vitruvius Pollio pursued an architecture strictly based on proportions of perfect forms, which, for the Roman architect, was the highest expression of beautiful architecture.

Already in the 18th century, Immanuel Kant caused a real revolution in the vision of aesthetics, by stating that the beautiful resides in the vision of each individual, in their own perception. At that moment, the judgment of taste takes on another importance – the sense does not only concern sensations, but also what is thought and reasoned about.

Hegel, in turn, goes beyond the Kantian thought: the vision of the beautiful is constantly revised through the ages, due to the "becoming" (constant change of reality and its aspects); In this context, the culture and understanding of each era are fundamental.

In the 20th century, sensible and sense are inseparable; feeling is imbued with thought; "therefore, the beautiful is simultaneously felt and understood" (Rodriguez, 2011, p. 24).

According to Rodriguez (2011, p. 25),

The result of this evolution of thinking about aesthetics is the current aesthetic, an aesthetic that is provocation, but also perception, reason, but also sensation. Aesthetics today is much more linked to the object's purpose for the subject, than to concepts that try to universalize beauty. Thus, the current beauty would be precisely in this relationship, creator (artist), with the subject (perceptor) and with the object (work of art).

Moving forward in time and thinking about the Brazilian context, we quote Jeanne-Marie Gagnebin, cited by Marcelo Carvalho (Carvalho; Cornelli, 2013, p. 110),

When we talk here in Brazil about aesthetics outside beauty salons, we talk about several things at the same time, which shows how ambiguous the concept is, in the good sense of the word. In the sense that it has several meanings, which also marks the history of what is called aesthetics. We translate a concept, as you said, that comes from German and that did not exist before as a separate subject. So, I always insist, when I teach courses more related to aesthetics, that it is a discipline that we can see as a theory of the arts, as a theory of the fine arts, also a theory of the beautiful, of taste, and that asks what it is, thus, the truth value of what we feel; and all this is a recent question, but it goes back to the old Greek word *aísthesis*, which means perception. It does not mean either beautiful or art. So, it is a doctrine of perception that, so to speak, converges with several other doctrines, such as the question of taste, the question of the beautiful, the question of the sublime, but also the question of the ugly and the question of artistic practices. I also insist that this is recent and that you only have this partition in several disciplines, as you just mentioned, from the 18th century onwards, when Baumgarten published what, in his book, he calls aesthetics. Before that, people talked about the arts, talked about aesthetic emotion, talked about it without saying that it was a separate discipline, it was always subordinated to another type of philosophical questioning.

Associating this set of aesthetic thoughts with architecture, we have the following considerations by Rodriguez (2011, p. 28-29):

If the beautiful is that which activates the sense and the sensible in a positive way, then the ugly would have the opposite effect, it would therefore affect both the sense and the sensible in a negative way. Thus, if you have that the ugly is what is left when the beautiful is absent. The ugly would then be the antithesis of the beautiful. If ugly causes bad sensations and perceptions, ugly would also be the opposite of good. So that which is not beautiful would not be good. So, in the same line of thought, if the beautiful is what causes good things, then it would be linked to the good, to the good. In this way, what is beautiful is often also what is good. Thus, even if aesthetics does not refer only to what is beautiful, but to everything that affects the sense and the sensitivity in a favorable way, it is possible to say that what is aesthetic is often also ethical. Therefore, ethics can be found within aesthetics and vice versa.

[...]

Architect Luc Schuiten says that aesthetics is a way of making architecture ethical, in a beautiful way. Thus, it is important to think about aesthetics, ethics and architecture, together so that the beautiful and the good can be built.

For the purposes of this manual, the most important concepts of aesthetics and art are those emitted by philosopher **Roger Scruton**. For the British scholar, art and beauty are, above all, the manifestation of the meaning of life and its perpetuation:

art gives meaning to our existence because "it reveals to us, from examples of actions and passions exempt from the contingencies of everyday life, that being human is indeed worthwhile" (SCRUTON, 2013, p. 139). In this sense, the philosopher gives the name "feeling of adequacy". For him, it is in the beauty expressed through the arts that this notion that life makes sense and is worth living resides. Beauty rests in art and gives man the benefits of contemplation and solace when faced with the pain and suffering that are inherent in the human condition. Therefore, beauty, as Scruton points out, is a human need, and in losing or denying it, it is as if a man were to cut off a vital organ. (Arielo, 2019)

As for architecture as an artistic manifestation, Scruton makes the following considerations:

When observing much of contemporary architecture, Scruton reports that he perceives an aesthetic massification: square boxes or large rectangles of glass and steel, without facades or adornments that differentiate them from each other. For the philosopher, the constructions of cities were, based on what the Greeks bequeathed us, faces to face us and to demonstrate questions dear to humanity: proportion, harmony, beauty, details that bring aesthetic meaning to the whole. The architecture was then a reflection of a man in the world, a demonstration of how we place ourselves before him. And so, like art, the architecture reflects a sense of belonging and appropriateness: we, as men, build things around us to call this home. (Arielo, 2019)

For Bosi (2018),

As peculiarities of architecture compared to other forms of art, the author points out that every architectural work necessarily has a function beyond appreciation. For [Scruton], we are unable to treat a building without considering its function, as we would be appreciating a "sculpture" and not an architectural work per se. "Our sense of the beauty of an object always depends on a conception of that object" (p. 19). Another characteristic that distinguishes architecture is the fact that it is located, which makes it always in relation to an environment and vulnerable to changes in that environment. Transformations in the surroundings of an architectural work alter our aesthetic relationship with the architectural object itself.

Finally, for Scruton, architecture is also public and vernacular art. It is public, as it is incapable of being aimed only at a specialized public. Occupying the space of the city, a building is visible to all inhabitants and users of the place where it is installed. For the author of Aesthetics of Architecture, an architect cannot and cannot allocate his work only to a specialized group of architecture connoisseurs, being obliged to consider all users in the surroundings of the building.

Scruton's reasoning is perfect: aesthetics is directly related to the moral sense of a time and people. My studies ended up going in the same direction. The aesthetic sense is formed by very particular elements. The aesthetic sensation may be innate, but it is motivated by everything inside us: our inclinations, our desires, our history, our thoughts and our values.

Associating the ethical concept of architecture and aesthetics cited by Rodriguez with Scruton's thoughts, we can arrive at the following reasoning: if the beautiful and the good can be reconciled in architecture, this is only possible if such values can actually be shared with a collectivity. as a whole. Based on this thought, we can ask ourselves: are the realizations' constructions viable, from an aesthetic perspective, for all social spectrums?

Testimonial

To answer this question, we can cite an example of an undertaking carried out by Realiza in the Vila da Glória community, which went through an urban planning process that we planned a few years ago. Residents of the region were listened to; Afterwards, we got in touch with surrounding companies and obtained materials - which would not be used by the donor organizations -, for the construction of beautiful houses that the inhabitants themselves assembled; we were awarded by the BNH at the time for this initiative.

Therefore, the concepts of architecture and aesthetics that we defend were imprinted in this project: we analyzed the surrounding reality, we listened to the demands and desires of the region's residents, we used quality materials that the local residents themselves could use to build their own homes; finally, we apply the beautiful harmonized to the local context and to the desires of a collectivity.

Summing up

In the context of architecture, aesthetics is not just about the facade of the building: it refers to the whole, it is the message that reaches the viewer, the sensation that reaches the user. Aesthetics is about shapes, textures, spaces, flows of cold, heat and wind, light emissions, and shadow projections. When you realize that when working with architecture you have an infinite set of elements at your disposal, you are prepared to carry out spectacular projects.

Aesthetic appropriation takes place first instinctively, according to the observer's moral and cultural framework; soon after, a reasoned relationship begins between the observer and the object that can continue for a lifetime, depending on the quality of the architectural elements of the work and the provocation it causes in the one who sees it, continually altering the aesthetic relationship with the work. The work.

Was this Lesson useful for you to enrich your aesthetic sense and your intimate connection with architecture? Perfect! Now let's look at case studies that embody the teachings we've talked about.

Case: Tower One

- **Location**: Balneário Camboriú – SC.

A supertower, the tallest in Balneário Camboriú, with a simple, oval volume, harmonizing the structural efforts with the winds and the urban design of the city, and at the top an amplitude.

A technological flower of the 21st century; a supertower that democratizes citizen participation by offering a square next to the clouds.

Case: Itapema

A classic: the best definition for the aesthetics of this project. Its smooth horizontal lines combine the harmony between volumes and textures.

And most importantly, it has been on display in our boardroom for years, it is used as an example in new project meetings and as a source of inspiration in qualitative research, praised 100% of the time it is presented.

Something in the simplicity of the plastic composition attracts and captivates people.

Notice in the projects presented below that take the concept of aesthetics to another level and how this factor is taken seriously in every feature of our buildings.

Sede Realiza

The space that houses the Realiza Arquitetura atelier in the city of Curitiba was designed to stimulate the creativity of employees and to function at the same time as an art gallery.

The proposed objectivity is materialized in the pure and robust aesthetics chosen to represent the ideals of our company.

Amsterdam

- **Address**: Rua Brigadeiro Franco, 1160 – Centro, Curitiba – PR.
- **Total built-up area**: 4,855.35 m².

Concatenations of rectangular prisms and vertical and horizontal planes: simplicity in favor of a timeless building.

Admire other projects that carry out the essence of Lesson 6 in their conception.

Belmenn Campo Grande

- **Address**: on the corner of Rua 13 de Maio and Rua Amazonas – São Francisco, Campo Grande – MS.
- **Total built-up area**: 28,955.97 m².
- **Distribution**: 28 floors and 2 basements.
- **Number of units**: 200 residential units from 3rd to 27th floor.
- **Parking lot**: 219 parking spaces distributed on the basements.
- **Belmmen Ribeirão Preto**
- **Address**: Alameda dos Jardins – Ribeirão Preto – SC.
- **Total built-up area**: 16,530.48 m².
- **Distribution**: 28 floors and 2 basements.
- **Number of units**: 218 residential units from 2nd to 28th floor.
- **Parking lot**: 222 parking spaces distributed on the basements.

A minimalist aesthetic that emphasizes the essence of the vertical development, that is, the lines of the floor slabs.

RED

- **Address**: Rua Paulo Ziliotto, 85 – Campina do Siqueira, Curitiba – PR.
- **Total built-up area**: 26,034.25 m².
- **Distribution**: 24 floors and 5 basements.
- **Number of units**: 216 residential units from 5th to 22nd floor.
- **Parking lot**: 300 parking spaces distributed on the basements.

A red cloak organizes the aesthetic composition. The name of the building is RED.

Rio Rhône

- **Address**: Rua Bento Viana, 1078 – Água Verde, Curitiba – PR.
- **Total built-up area**: 11,272.20 m².
- **Distribution**: 1 tower with 23 floors and 3 basements.
- **Number of units**:
  - 1 residential unit on each floor from 3rd to 20th floor.
  - 1 triplex unit from 21st to 23rd floor.
- **Total**: 19 units.

The aesthetics exemplify the compositional exercises for the same volumetry, with infinite possibilities. It presents a world to be created in each project.

Ferrari

Sinuous and fluid forms associated with metallic colors with chrome details: a striking aesthetic translating the technology that would be embedded in the building.

LESSON 7: KEEP YOUR HEAD IN THE CLOUDS AND YOUR FEET ON THE GROUND

Marketing, technical, and functional malleability

For truly impactful projects, it is essential that the architect establish close contact with all the actors involved in this difficult undertaking. Research professionals, sales, marketing and "construbusiness" service providers should be consulted constantly during project design. They are the fundamental pieces to ensure the viability of your bold proposals.

- **Research professionals**: research has never been more important to architecture – new materials in biotechnology areas; sustainable construction processes; new architectural trends; references

of great enterprises of the present time; historical references. All these elements are fundamental for the development of the current architecture and demand in-depth investigations that directly influence the projects in the area.
- **Sales professionals**: the architectural project is the key to the success of the architecture firm. Therefore, it is only natural that the company has to worry about selling its product in the best possible way (Discurso..., 2020). The sales professional in architecture is responsible for important functions in offices in the area. First, we mention **consultative selling**, which consists of a diagnostic work carried out with the customer, in which the seller meets all the consumer's needs and customizes the solutions he needs. Empathy is the key to this work: listening to the client, fully understanding their demands and designing a project totally linked to their identity is essential for the architecture firm to exceed the expectations of its clients (Discurso..., 2020).

  Another important assignment is the planning of the design of the presentation of a project, after all, the design is a confirmed presence in architectural projects, especially in works intrinsically linked to high aesthetic proposals. In this context, it is essential that the client has a full visual notion of the realization of the project. Finally, we list the **research on the client**: the architect needs to have a full prior notion of the characteristics of his client. It's not enough to just listen: any kind of anticipation that demonstrates careful research about the customer is sure to win him over. In this case, closing the sale is just a consequence (Discurso..., 2020).
- **Marketing professionals**: according to Grozdanic (2016),

  Architects in general tend to underestimate the importance of marketing in creating and running a successful business. Even those who claim to understand marketing's role in attracting customers and building relationships often fail to use it to its full potential. Directors of small architectural firms often get caught up in trying to keep their offices moving forward and end up treating marketing as a luxury they can afford once they achieve stability — forgetting the true role of marketing as a catalyst for growth. Architects need, or should, use marketing in their companies from the beginning and treat it with the same dedication that they treat their floor plans, sections and 3D models of their projects.

  In this context, the marketing department of an architectural firm has to focus on the following questions (Grozdanic, 2016):
  - Who are you? (Definition of your placement in the industry and your intended audience)
  - What problems do you solve? (Formulation of a value proposition)
  - What is your differentiator? (Differentiation between your business and the competition – attracting new customers; converting visitors into potential customers; closing deals; maintaining relationships)

  In addition, this sector needs to worry about two initiatives:

  - Outbound marketing ("calls, email bombing, newsletter")
  - Inbound marketing ("embraces new media tools, and promotes the creation and sharing of content that appeals to specific people")
- **Construbusiness**: a concept that gained relevance and space thanks to the growing importance of the civil construction industry. Referring to all end-activities of the production process in the area when a project is finally put into execution, this term refers to one of the greatest forces in the development of

a country's economy, being divided into five macro-sectors (Haga; Sacomano, 1999).

According to Trevisan (1998, p. 4), construbusiness is of fundamental importance because it works as a powerful catalyst for the country's development. This field of the economy consists of a dynamic web that generates jobs and, consequently, income for the population and taxes for the treasury.

In the complex hierarchy of the Brazilian industrial landscape, construbusiness is at the top of this food chain of business sharks. In this context, it is important to emphasize that the dynamo "State-Private Initiative" is fundamental, as it is there that the great strength of construbusiness resides: "contributing to the country's sustainable development" (Trevisan, 1998, p. 4).

Although the description presented is from 1998, it perfectly describes the current context of civil construction and, therefore, of the architecture. In this sense, the Brazilian Construction Congress (ConstruBusiness), a Fiesp initiative aimed at debates on public policies designed for the sector, undertook, among its most current discussions, undertaken in the 14th edition of the event, dialogues on contributions from the construction sector (Fiesp, 2022) and, consequently, architecture, whose performance is a direct reflection of construbusiness, for Brazil's economic recovery in the post-pandemic context (Fiesp, 2021, p. 21-22):

> Although the recession registered in the country in 2020, due to the impact of the pandemic, was smaller than initially expected, its consequences are still present: high unemployment, inflationary pressure and an increase in public debt, with negative effects on public investment. As a result, there is currently a lower outlook for growth in the short and medium-term than in the pre-pandemic period.
>
> In this context, the recovery of the national economy demands, therefore, a broader, lasting, and planned approach, in line with the investment programs announced by developed countries, such as the United States of America, the European Union and China, which paid attention particularly to the construction sector and, in particular, to the infrastructure sector.
>
> [...]
>
> The recovery of investments in construction and the growth of employment in the sector are well-known and point to promising results in the medium term. This picture points to the strategic role that the construction production chain can play in the recovery of the Brazilian economy since this chain has characteristics that place it as a key part of this process: (i) it has a strong effect on unemployment rates, on income generation and growth; (ii) it has positive and rapid impacts on quality of life; (iii) raises investment and savings rates; (iv) assists in the recovery of the state's fiscal capacity; and (v) it has enormous potential to attract long-term foreign investment.
>
> [...]
>
> This great objective contains critical challenges for the next decade. It is necessary to increase investments, recover credit conditions, readjust institutions and regulatory frameworks, improve the business environment and, thereby, expand opportunities for investors. This development also involves

strengthening the links in the production chain, in search of balanced growth for the sector as a whole, with support for mining, the construction materials industry, the machinery and equipment industry for construction, trade-in materials, construction companies and developers, real estate credit, engineering and architectural design companies and all other segments that make up this chain.

All these dynamics show how the world of architecture is complex and extremely integrated, whether among its players or with society altogether. For this whole set to work effectively, it is important that everyone is aware of the culture that each professional group presents – behaviors, goals, limitations, potentials, related labor laws, etc. A sales professional, for example, has his **speech** as his main work tool; everything that can be done so that the members of this sector improve their communication, ideation, and persuasion techniques, the more chances the firm has of selling its projects. A marketer is skilled at **anticipating wants**; therefore, the more the area's personnel are specialized in analyzing new trends and understanding the mentality of their potential customers, the greater the chances that the company will create demands and leave its mark on the market. The same goes for all professionals in the construbusiness chain: the more the architect knows how all areas of construction work, from those who sell the necessary materials to those who deliver the key to the buyer, the more chances this professional must create projects spectacular. Obviously, all this reasoning also applies to the client, whose needs and profile must be meticulously studied for the project to meet their demand with a large building.

> **Summing up**
>
> By seeking to understand the culture of people, contracting companies, with the actors involved and decision makers, you can determine how to extract the best from all participants in the process.
>
> It is up to you to utilize these precious resources and increase, project by project, the degree of challenge for the entire team involved. Always work with the best, with a team willing to find new answers and always motivated to make a difference. You need powerful thrusters, not rusty anchors.

Was this Lesson able to make you aware of the complex relationships between players in the field of architecture? Excellent! In its undertakings and projects, Realiza always considers the complex network of professionals who contribute to making our desires and projects come true. Let's see some of them below.

Case: Centro Empresarial Antonio Peretti

- **Address**: Avenida Iguaçu, 100 – Rebouças, Curitiba – PR.
- **Total built-up area**: 9,201.43 m².
- **Distribution**: 1 commercial tower with 8 floors and 1 basement.
- **Number of units**: 1 unit on each floor, totalizing 8 commercial units.
- **Parking lot**: 85 parking spaces on the basement and 45 on the ground floor.

The building was born from a generic program and was adapted in a proposal to serve a company that needed ample spaces and was prepared to receive high technology. Basically, they are floors with free spaces and a support area in the core of the building. The ground floor is configured to receive the reception and access controls with a security area, while the parking lot takes the ground floor and the basement.

In this project, we worked with a team of super specialists in engineering, sustainability, among other fundamental areas for the work.

We arrived at the result we had in mind thanks to the technical knowledge of all team members, and, with that, we obtained the LEED GOLD certification, which can be extended to LEED PLATINUM. In addition to this achievement, we had a totally innovative aesthetic as a result. For example, in order to enlarge the surface for the installation of future photovoltaic panels, we created an additional structure to the tower, which also provides a shading area and contributes to the control of thermal efficiency; this required the technical expertise of mechanical and structural engineers, as well as environmental consultants, etc.

Finally, to reduce the demand for energy consumption, the walls of the building with more sunlight were made with masonry and few openings. For this, the technical support of the team was necessary to carry out the energy simulations, the dimensioning of the openings, etc.

Cima Sede

- **Address**: Avenida Silva Jardim, 3975 – Seminário, Curitiba – PR.
- **Total built-up area**: 1,218.89 m².
- **Distribution**: 2 floors and 1 basement.
- **Number of units**:
    - 6 rooms on the ground floor.
    - 5 rooms on the 2nd floor.
- **Parking lot**: 32 parking spaces on the basement.

Intersecting volumes are associated with defiant simplicity.

Check out how Realiza's ventures and projects are the results of powerful partnerships, based on respect for the culture of each niche involved.

Today's Office

- **Address**: Avenida República Argentina, 1237 – Água Verde, Curitiba – PR.
- **Total built-up area**: 14.772,92 m².
- **Distribution**: 1 tower with a foundation, 16 floors and 1 basement.
- **Number of units**: 171 offices distributed from 4th to 16th floor.
- **Parking lot**: 99 parking spaces distributed on the basement and foundation.

A light metallic structure like lace on the facade of this building structures the volume of the balconies and defines its unique personality.

Tribunal de Justiça

The old penitentiary in Ahú, Curitiba, is preserved. The new building takes up the theme of the atrium, now with a retractable roof; large portals invite and direct the public to the main accesses.

LESSON 8: USE CUTTING-EDGE TECHNOLOGIES

A world of opportunities: boost your project with all the cutting-edge technologies

The driving force behind spectacular architectural developments, which go down in history and become a reference in the area is **technology**. Without the innovations in materials, simulation, augmented reality systems, hardware, and software assigned to the design area, architecture would still be walking at a snail's pace. It is the speed of technological evolution that drives the area to update itself, review its processes, think of new solutions, get out of its comfort zone.

And how technology has evolved in the field of architecture. The aesthetic, pragmatic, procedural, environmental and landscape possibilities are limitless. Shall we go to them?

Nanotechnology*

One of the great potentials of 21st century technology applied to architecture, nanotechnology, and its products, known as nanomaterials, are used in various segments of the area – from the structure of buildings to their finishing details.

One of the most promising applications is **nanoconcrete**, a combination of cement and carbon nanotubes. As it is more resistant and lighter than common concrete, it is perfect for working with different shapes, as it generates structures with lower density.

Another use with great potential for architecture is **nanopigmentation**: using nanoadditives (such as nanofibers), paints that use nanotechnology provide a more resistant, permeable, adherent coating with a high level of coating, making these products cheaper and less toxic.

In the field of coatings and surfaces, nanotechnology has contributed to the preservation or dispersion of heat, thanks to the application of **polycarbonate sheets filled with nanogel**. In addition to its use in translucent walls and ceilings, forming a new type of multi-layer system, the extrusion of polycarbonate sheets requires much less energy than that required for the manufacture of glass. Very durable material, the polycarbonate sheet is 250 times more resistant to impacts, it is designed to withstand extreme weather conditions, from –40 ºC to 120 ºC and events such as winds, sleet and snow. The insulating nanogel, responsible for filling the product, consists of "synthetic polymers or biopolymers that are chemically or physically cross-linked to aid in energy efficiency, which can guarantee a 50% more energy efficient construction compared to a glass monolayer" (Drumond, 2020).

Still in terms of energy savings, researchers at Princeton University have created **"smart windows"** – a technology based on transparent solar cells capable of managing the amount of light and heat falling on buildings. Another extremely interesting experiment was undertaken by designer Augustin Otegui, who created a tower covered with a kind of "skin" composed of nanotechnology – tiny photovoltaic turbines that absorb CO_2 from the atmosphere and capture solar and wind energy, transferring them to nanofibers inserted into nanowires.

Augmented reality, virtual reality, and mixed reality

The immersive experience invaded several segments, including architecture. Being able to walk through a property and even interact with it can be a differential in the presentation of projects or even before its production - in the virtual contact with the intended space, the client can request insertions or corrections in the planning, which generates time savings and greater efficiency in project production.

In the elaboration of a corporate space, for example, it is possible that the client not only can see the place on a reduced scale but can also have a very accurate idea of how the project arrangement will look and how the people who will use the space will be able to interact. with

---

* Based on Drumond (2020).

him ("walking between tables or stalls, walking through the corridors, visiting the environment where customers will be received and understanding what their real experience will be like") (Inovação..., 2018). According to Buy Actions, "Augmented reality (AR) and virtual reality (VR) have become some of the biggest trends in technology, and this market, which also includes mixed reality (MR), is expected to continue growing until it reaches the US. $124.4 billion in 2023, an increase of 305% in two years" (Inovações..., 2021).

The **detailing software** is also fundamental in the work of project presentation (PROMOB, 2020, CABINETVISION), which allows observing how the project will look when ready. This is a new charm that virtual reality has brought with it: with programs like Vray, Corona, RenderUp and RealScene, the user puts on glasses that allow him to feel "at home". It is possible to "build or renovate, knowing exactly how it will look" (Menezes, quoted by Inovações..., 2021).

3D printing

This resource brings several possibilities to architecture - construction of models and elaboration of sculptures and countless other objects of construction, landscaping and decoration. Therefore, it is an essential instrument for reviewing the concept of the physical delivery process.

With the advances of this technology, today it is possible to build small replicas of houses and other types of buildings. This application of 3D printing led to an increase in the use of prefabricated items, which also increased the delivery of different resources to infrastructure (Oliveira, 2018).

Of course, all these dynamics also contribute to an increasingly frequent demand among architectural firm clients: customization (Inovação..., 2018).

Internet of things

One of the biggest technological revolutions of today, the internet of things (IoT) unites objects used in everyday life to the world wide web, connecting physical and digital, transforming them into one thing through data centers and their respective clouds, creating a true environment of mobility and absolute presence of the internet (Internet..., 2014), in a hyperconnectivity between human and machine.

In this sense,

As a survey by McKinsey, the consultancy, the global impact of IoT on the economy is from 4% to 11%, which is equivalent to 3.9 to 11.1 trillion dollars. Brazil alone has more than 2.5 million devices that transmit data to fully electronic systems, according to data from Anatel (National Telecommunications Agency).

The country is expected to have more than 100 million devices connected by 2025. The International Telecommunication Union (ITU) predicts that it will not be long before more than half of the global population is connected to the Internet of Things. Therefore, we will be able to see highly technological equipment integrated with online platforms. Another important data shows that more than 45% of people belonging to Generation X will adopt smart ecosystems, including connected and wearable devices. For Generation Y, the percentage is higher: around 50%. (Barion, 2020)

The applications of this resource in different works in the field of architecture are countless. We can think, for example, of the possibility for architecture professionals to use transmitted or shared online data to create a virtual view of a certain aspect of a project. Based on this simulation, the architect can present his concept and, perhaps, make requested changes in real time, thus avoiding rework in the construction process (Barion, 2020).

In addition to applications in buildings themselves, IoT can be used in the routine of companies and architectural offices. A construction management company can, for example, gather on a single platform the basic and registration information of the employees, the type of work they want to do and the sector they belong to, the deadlines of their demands and their geolocation. Bearing this information, the company's management can assess the level of fulfillment of tasks and offer suggestions for improvement in possible bottlenecks in this process (Barion, 2020).

Finally, IoT can be applied to projects themselves. Architecture can only benefit in this case: as the IoT allows the gathering and analysis of the most different data from potential customers, the architecture professional has the possibility to develop increasingly individualized projects, to meet the most specific demands. For example, the designer can design a computerized platform for the home of a wheelchair user, so that the client can use their home in a fully connected way, from anywhere in the property, in order to meet their most diverse needs (Barion, 2020).

This is a one-way shift, both for technology and architecture. In a world where integration is the norm, spectacular architectural projects have to establish a definitive partnership with the IoT.

Big data
Project design and building administration are heavily impacted by data management and cloud computing. As Nicolas Mangon, vice president of architecture, engineering and construction (AEC) at Autodesk explains: "Imagine identifying patterns based on risk data from everything that went wrong in previous projects. This saves time and money" (Oliveira, 2018). Andrew Anagnost, Autodesk CEO, in turn, argues that many organizations still need to prepare their platforms to deal with massive volumes of information, even though all companies are aware of the need to work with access to files of different sizes in an absurd amount. In this dynamic, the "cloud" has been proving to be a great solution.

Blockchain
A system that presupposes the distributed ledger that aims at decentralization as a security instrument, blockchain is already used in architecture, especially in processes that involve many people. In the fight against corruption that is often part of the dynamics of the construction world, this system will be fundamental – Anagnost explains that "It is not uncommon to have corruption in the construction sector in general, because millions are directed to projects. One of the biggest barriers to technology in the industry, however, is people who don't want to have their steps tracked by the system." (Oliveira, 2018).

BIM
BIM (Building Information Modeling) is one of the greatest innovations in the field of architecture, engineering and construction. It consists of a system that represents designs based on a combination of objects whose geometry interactions, relationships and attributes are richly complex. Fundamentally,

> The project development methodology called Building Information Modeling (BIM) is a concept that digitally represents the physical and functional characteristics of a building, sharing and integrating knowledge in order to build a real basis for

decision making. during the project life cycle. A more exact definition of the methodology can be obtained from Eastman (2008), in which BIM is not just a methodology for the design stage, nor just for cost optimization and planning effectiveness. The digital construction model, as it contains information entered and used throughout the life cycle of the work, from conception, construction, use, maintenance to demolition, allows the visualization of the work throughout its life. (Fiesp, 2021, p. 106)

Regularly, graphic representations of buildings are performed in 2D. In BIM, on the other hand, it is possible to extend these representations to the three primary dimensions, to which information about time and costs can be added. By extrapolating the geometry, the system makes it possible to add data related to spatial relationships, geographic specifications and specifics related to construction materials and components:

> The system integrates information from architectural and landscaping projects with structural engineering and hydraulic and electrical plans, ensuring the complete consistency of plans. The administrative counterpart of financial flows, production schedules, human resources and purchases of materials and services is also integrated into the system, so that, for example, the impacts on costs of a change in the hydraulic plan or in a window can be evaluated. quickly. Throughout the process, the BIM methodology incorporates the necessary changes and updates the entire information system, and, at the end of construction, all information is archived, providing a complete historical record of the work, which can be used in the future in several ways – information support for building renovations and adaptations, insurance contracts, legal issues, etc. (Fiesp, 2021, p. 106)

The use of this system is still restricted in Brazil, considering the high investment required for its implementation, as well as the support of high tax burdens (the product is imported) and the acquisition of considerably expensive hardware. In addition to financial obstacles, BIM requires an entire productive restructuring, which forces the organization to review procedures and establish an interface between various areas in the design and project process. As if these factors were not enough, a system of this magnitude needs professionals who fully use it and who can pass this knowledge on to others, as well as libraries and other repositories that have their technical specifications, a lack that the country still suffers from.

However, in 2018, an answer came to the need of potential BIM users:

> In 2018, through Decree No. 9,377, of May 17, 2018, the Brazilian federal government created the National Strategy for the Dissemination of Building Information Modeling in Brazil (BIM BR Strategy) and instituted the BIM Strategy Management Committee, a deliberative body designed to implement the government's strategy and manage its actions. In 2019, the federal government adjusted the legislation, through Decree No. 9,983/2019, of August 22, 2019. The new legislation aims to promote a suitable environment for investment in BIM and its dissemination in Brazil. According to article 2 of the 2019 Decree, the BIM BR Strategy has the following objectives:

I. Disseminate BIM and its benefits
II. Coordinate the structuring of the public sector for the adoption of BIM
III. Create favorable conditions for public and private investment in BIM
IV. Stimulate BIM training
V. Propose normative acts that establish parameters for purchases and public contracts using BIM
SAW. Develop technical standards, guides and specific protocols for the adoption of BIM
VII. Develop the BIM Platform and National Library
VIII. Stimulate the development and application of new technologies related to BIM; and
IX. Encourage market competition through neutral BIM interoperability standards. (Fiesp, 2021, p. 107)

All these innovations have the potential to elevate architecture to unimaginable heights: buildings can be self-sustaining, responsive to environmental stimuli and weather, economic and beautiful. From the first sketches of the project, architecture can now offer interactive experiences for its clients, experimenting to exhaustion before the first brick is laid; can meet the needs of its users with maximum accuracy, be efficient in its processes and, in addition, based on the best ethical practices of the market and society.

Testimonial

In this context, we were the first proponents of what we call *regenerative architecture* (which we will talk about in Lesson 5), which was only possible with the use of cutting-edge technologies in energy, water resources, information technology, nanotechnology, biotechnology, civil construction, automobiles, and aeronautics, making these resources transform the building into a real power plant. More than being self-sufficient, the building has a positive balance and returns this balance to the city and society.

Once again, all this technical knowledge was translated into a disruptive aesthetic.

Enjoy the following projects and see how the technology factor is fundamental to the production of our projects.

Summing up

Technology is the great driving force behind innovation. Keeping pace with new developments in the area and participating in their construction: this is a very important value for Realiza. This allows us to collaborate for the creation of these new resources and generate possibilities of application of these implements in urbanism.

Technological innovation and culture feed one another – nanotechnology, the internet of things, augmented reality, the 3D printer, BIM; any technology that represents a potential advance for architecture and urbanism is encouraged to improve because of these two areas. Furthermore, we are at the top of a technological disruption curve, and major transitions like this have always affected civilization and, consequently, architecture. These tools can turn out to be the heart of a wonderful project.

How was reading this Lesson? Has she opened her mind to the infinite potential of the most diverse technologies that architecture has? We hope so. Let's look at some examples of how technology is fully integrated into the projects and undertakings of Realiza Arquitetura?

Case: Concurso Guggenheim – Helsinki

- **Location**: Helsinki, Finland.
- **Total build-up area**: 12,100 m².
- **Number of floors**: 2 floors and 1 mezzanine.

The shapes of this project symbolize the human being's attempt to reach the splendor of nature's solutions.

In this transitional stage, the building becomes a large plant that treats air and water, generates energy and, more than supplying its private demand, democratizes the results with a positive generation for the city. Furthermore, it amicably points to the future in which materials and technologies will be truly natural, alive, and integrated with nature.

Clube Curitibano Contest

The Clube Curitibano is characterized by an architecture that celebrates its time. This project is clearly a work of the 21st century.

The shape of the pillars denotes a respect for the terrain, with minimal interference, opening as they rise, as an exaltation, like fireworks that celebrate the new space for the Club's members.

A Fábrica

The technological aesthetic of this project seeks to establish a direct relationship with this client's cutting-edge research technology. Multiple directions and a lot of speed are evident at first glance.

Procave Normando Tedesco
Delmar Maciel Castelo de Souza (Modulo.2 Arquitetos)

- **Address**: Avenida Normando Tedesco – Balneário Camburiú – SC.
- **Total built-up area**: 26,776.13 m².
- **Distribution**: 1 tower with 1 foundation on 6 floors and 29 residential floors.
- **Number of units**: 2 residential units from 7th to 35th floor.
  - **Total**: 58 units.
- **Parking lot**: 279 parking spaces from the ground floor to 5th floor.

High-tech facade and cladding systems are expressed in a high-tech aesthetic.

LESSON 9: APPLY REVERSE ENGINEERING

Practice benchmarking

Essentially, benchmarking consists of a thorough and in-depth investigation of the main competitors that the company has in its area of activity, as well as its products, services and differentials, in order to understand them and, as far as possible, anticipate them in your initiatives and be innovative. Among the benefits of this tool, we can mention (Marques, 2020):

- **Understanding the market**: the constant analysis of competitors' work makes it possible to understand the niche in which the organization finds itself and the role of this sector in the market. Only in this way can the research company take its practices to the best levels of the market in which it operates.
- **Continuous evolution**: it is necessary to create a documented benchmarking procedure and make it available to the entire organization so that the company creates a culture of reverse engineering and uses it in its daily development.

- **Consistency**: it is necessary to carry out the benchmarking work regularly, as it is only with regularity that it is possible to assess the behavior of the competitor and the inconstancy of the market. In addition, it is through this work that the company can see new trends and sudden changes in its niche.
- **Knowledge**: with the learning that benchmarking makes possible, the company can understand its competitors, understand what they are doing and assess how the market is behaving. With this research, it is possible to create a systemic view of the processes and dynamics of the professional market.
- **Analysis**: all benchmarking research must be supported by subsequent analysis. In other words, the research must generate insights that, if necessary, allow the company to review procedures, assimilate new ideas and even create a new strategic plan.
- **Error reduction**: thanks to the analysis of the entire competitive landscape, it is possible to observe everything that is done wrong and correct these mistakes. This doesn't mean that competitors don't have good ideas that they can't take advantage of. Quite the contrary: good ideas can be executed in the wrong way or in a way that can be improved. That doesn't make it any less a good idea to explore.
- **Cost reduction**: the mistakes and successes of the competition can make the research company reduce costs in its own procedures and its own conduct.

Benchmarking is rich in variety and applications. Whether for an assessment of the company's external environment or for an analysis of the organization's internal dynamics, as you can see below.

Table A – Types of benchmarking

Internal benchmarketing	Evaluates the company's internal processes, aiming at the implementation of best business practices in new branches.
Competitive benchmarketing	The most requested by companies, it is applied by companies that want to verify the results of the most significant competitors in order to improve production processes and overcome the competition.
Functional benchmarketing	Used for the organization to understand how a technique can be applied to different types of companies (for example, an application of a certain professional profile test in various organizational contexts).
Generic benchmarketing	Indicated for the evaluation of processes of an organization applied to other companies (for example, e-commerce team interacts with purchase sites to evaluate its functioning).
Collaborative benchmarketing	Collaborative work is the emphasis of this technique. Groups of companies come together to carry out research that allows the development of a system of indicators for performance comparisons.

Source: Based on Marques, 2020.

In order to implement this powerful tool in context, some steps need to be followed, as shown below.

Image A – Steps of benchmarking

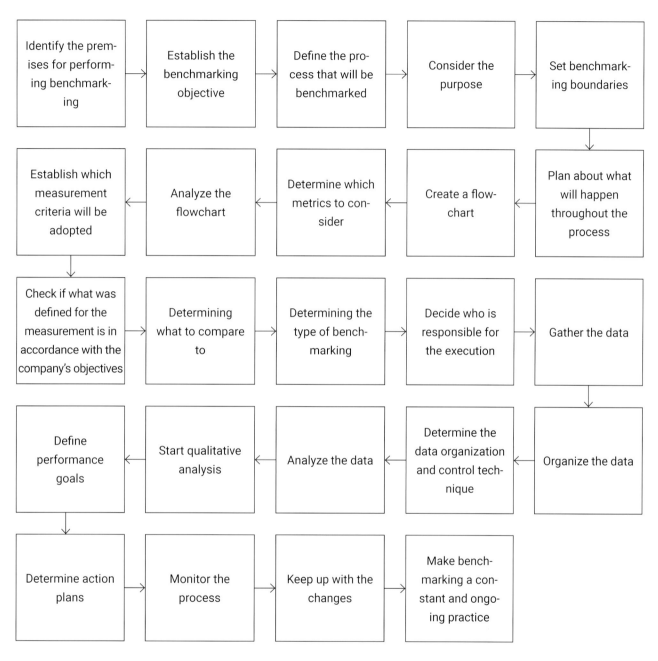

Source: Based on Marques, 2020.

In addition to this markedly organizational and procedural process, today we can also talk about *reverse architecture* (O olhar…, 2020):

Looking at the building from the outside in, from the macro to the micro, identifying its peculiarities, is Reverse Architecture.

And technology is the primary factor for this reading. 3D reading equipment "sweeps" the internal and external parts of a building, capturing its smallest details, with millimeter precision. A photographic collection helps the reading, complementing the information that the "laser scan" captured. A 3D model is produced, revealing the existing construction with fidelity and richness of detail.

It is literally the "disassembly of a work", but which stops at "its matters and contingencies", leaving aside its technological foundations. The procedures for a work of this nature are as follows (Siza; Madureira, 2022):

- **Participating register**: the architect's perception is moved by his interaction with the space. It is essential that the professional is, whenever possible, present at the work to promote discussions. This conduct is important so that the interpretation of the work is based on a direct experience so that the architect can evaluate from physical aspects of the building to factors linked to the direct relationship of the user with the construction.
- **Psychography**: for the architect to have a holistic view of the building in all its aspects and developments and to be able to carry out the effort of reverse architecture, an exhaustive and extremely detailed photographic survey of all its details, from the smallest to the most remarkable, is necessary.
- **Speculative genealogy**: it is necessary to reconcile the graphic analysis of the building with a bibliographic survey of the influences that affect the architect, in order to highlight the "imaginary museum" of the professional, creating a genealogy of the project".

Testimonial

When our team discovered reverse engineering, we saw how we had wasted precious time in our lives. Architecture has been in the works for thousands of years. Therefore, if the architect has the courage and humility to observe what has already been done in human history, he can cut paths, create shortcuts, save precious time that can be devoted to the creative process.

It is curious how the academy has always been very emphatic in the opposite direction: don't look for references, don't base yourself on anything, look for purely authorial thinking (although it insists on Corbusier's paradigm). There are clients, by the way, who are afraid of "contaminating" the architect, when this fear is unfounded: the more information for the architect, the better.

Having this spirit as one of our fundamentals, we created a team dedicated to the research of real estate launches (seeing footage, sizes, etc.), in order to verify the best in the market. So, when we are going to create a project, we already have a repertoire of historical research of what already exists and what is being built. It's our reverse engineering.

Summing up

In the world of the internet, where access to information is super easy, it is unacceptable not to set aside specific moments during the design of your building to research similar solutions or different solutions to similar problems. Look for the best, sort, prioritize, dismantle the best ones, dissect every detail. Understand the processes they went through and the reasons for their propositions. After this work, you will have millions of hours at your disposal.

Take advantage of the countless hours that humanity has invested in these projects and add something better now. Even if you can't, this should be your minimum goal.

Did this Lesson help you to see the importance of studying external references to enrich your work and develop your differential? Incredible! Shall we analyze the case study below to concretize the contents presented?

Case: Bosco Centrale

- **Address**: Rua Mariano Torres, 573 – Centro, Curitiba – PR.
- **Total built-up area**: 17,077.42 m².
- **Number of floors**: 22 floors and 1 basement.
- **Number of units**:
  - Residential: 6 residential units on each floor from 6th to 21st floor.
  - 3 residential units on 5th floor.
  - **Total**: 99 units.
- **Parking lot**:
  - basement 1 – 41 parking spaces.
  - ground floor – 18 parking spaces.
  - 2nd floor – 38 parking spaces.
  - 3rd floor – 33 parking spaces.
  - 4th floor – 35 parking spaces.
- **Total**: 165 parking spaces.

A vertical forest! That was the challenge of the project. More than a simple building, it was conceived to be another milestone in the revitalization of downtown Curitiba. Monumental conical columns form a "porte cochère" square at the entrance of the building and the vegetation is used as an aesthetic resource for the design of triangular shapes in the plastic composition of the facade. At the crown, triangular shapes of glass filled with water and sometimes with air complement the traditional compositional strategy of basement, body and crown, always reverberating the angular shapes.

Vegetation can do much more than just passively resting in flowerbeds. In this project, we gave a new life to the plants. They are the protagonists of the building's unique angular design. Now they are the architecture.

Analyze the buildings below, the result of reverse engineering processes that inspired Realiza Arquitetura to create spectacular projects!

Alba

- **Address**: Rua Júlio Perneta, 742 – Mercês, Curitiba – PR.
- **Distribution**: 4 floors + basement.
- **Area**: 10,023.17 m².

The steep terrain facing the east view of the Serra do Mar was the driving force behind the ideas for the design of the architectural party. The scale of the building and the terrain is as it rises, providing memorable views to its users.

The concatenation of volumes and horizontal lines creates a positive intensity to the architectural artifact.

Shopping Carlos de Carvalho

This proposal for a shopping center was structured on two simple traces:

1. From the urban inflection of the transversal street, two lines slightly curved upwards to the parallel and opposite streets originate.
2. Origin and destination materialized in the volumetry of the building.

A lot of transparency and vegetation complement the aesthetic proposal.

LESSON 10: INNOVATE

Always have innovations in progress

Thinking about the dynamics of today's architecture, you might ask yourself: "To think big, I must innovate. However, with innovation and boldness becoming a standard, an inescapable requirement, how is it possible to extrapolate the parameters of architecture and reconcile this effort with functionality, economic viability and, above all, the aesthetics of the project?"

Before answering that question, we can start by arguing about what not to do: create an "innovation department". What sense does it make to conform innovation along the lines of a department full of rules, routines, and demands? What is the point of a company considering itself innovative if it needs a department to do so? Either the company is innovative or it is not. You cannot teach someone to be innovative. What is it to be innovative? According to Nick Balding, quoted by Flávio Augusto (What is innovation..., 2021), "Innovation is the successful exploration of new ideas". Also according to Augusto, innovating refers to "solving problems – those that have not been resolved and those that have already been resolved, but in a better and more efficient way – and generating value – for the consumer, employees, the company itself, shareholders and society". Therefore, a department of this nature normally serves the exact opposite: to "treasure" possibilities. A company that does repetitive things, without creativity, is not innovative.

That's why Realiza Arquitetura implemented ISO 9001, precisely so that everything that is repetitive could be quickly eliminated and so that all the project design time could be devoted to creativity. It is also for this reason that the design work is still of fundamental importance in this dynamic (as we will show in the sequence of this material), as it is the fastest way to materialize the idea; it is laborious and exhausting, and it is precisely because of the high investment of energy in this work that it yields results.

Testimonial

Obviously, when working with innovation, there are moments of greater slowness: the introduction of any new process or new tool requires learning time. This was the obstacle faced in the context of implementing BIM at Realiza (which we talked about before, remember?). For a period, the work of professionals takes place in parallel: sometimes carrying out work in the old fashioned way, sometimes learning to execute new processes. I couldn't get out of my place in this process. However, the gains paid off far beyond any projection: the company started to count on professionals eager to work with the new tool, and I returned to the student bank to do a postgraduate course in BIM Management. It was thanks to this turnaround that Realiza got in touch with the biggest BIM specialists and started working with them. With the advent of the internet, this interaction with leading professionals has become increasingly dynamic; we have architects from all over the world working with us now just a click away.

With the emergence of the pandemic, we decided to work from home, at first for a week. You might ask yourself: did this get in the way of the work process at Realiza? No way. The secret? Normalize and standardize all company work through the ISO 9001 standard. Sounds like a paradox, doesn't it? How can an organization that has innovation in its DNA obtain this certification? For this very reason: so that the professional can spend time innovating and creating, instead of wasting it on tasks performed without a verifiable parameter.

Thanks to the application of BIM in our company and the observation of the work of other offices, we were able to see how much time was wasted with rework, with activities that were constantly repeated (and repeated many times incorrectly). This is a sin in our profession, a flaw that needs to be eliminated so that creativity and innovation have all the architect's time possible. It is painful for those who work with creativity to have flaws pointed out in their projects all the time. And it is even more painful for those who have to point out corrections. That's why this powerful partnership between BIM and ISO 9001, which made possible the automation of our projects.

In addition to the lack of vision about the concept of innovation and how to apply it to the organizational context, as we mentioned earlier. In this context, how is it possible to innovate?

The key to everything lies in the **obvious**, which must be the target of the innovative architect. The obvious is the hardest to achieve in terms of architecture and aesthetics. When the project is very complex, it is because it has not yet reached perfection, because perfection is simple and obvious. However, we humans are not perfect; therefore, we should not demand of ourselves to reach this level, without, with that, giving up perfection as a goal of challenging projects, which demand our best energies and our highest thoughts, because this lack of courage is a sin in any human activity. Everything you can do to achieve maximum excellence, do it. If you can't get there, fine. But the courage, the attempt and the trajectory are fundamental.

In this sense, we can mention the projects of **Norman Foster**, an architect who works with propositional architecture. He is literally building on the Moon! What was his move? The architect sent a 3D printer to the Moon to create objects with the raw material of the satellite itself.

In a partnership with the European Space Agency (ESA), Foster + Partners created projects to associate 3D printing with the construction of lunar dwellings at the south pole of the Moon, a region that has the emission of recurrent sunlight. This partnership has already borne fruit: a base, with the capacity to house four people, has already been built and is undergoing simulation tests related to the lunar environment.

The construction has a shield that emulates the hollow cellular structure of certain organisms. Its function is to protect the base from the weather that ravages the lunar surface, such as gamma radiation.

Through this daring project, the partner companies also analyze the possibilities regarding the logistics of the enterprise, as well as the feasibility of using regolith, abundant material in the Earth satellite, for construction processes (Quirk, 2013).

This is just one example of this professional's approach and a case that, in the future, will serve as an object of study for architects who will look in wonder at the great achievements of the past that directly contributed to the evolution of humanity. They will marvel at our simple, perhaps even rudimentary technology, and wonder how we were able to accomplish so much with so little. But these are scenes from the next chapters.

What about the viability of all this innovation effort? The term innovate seems inevitably to refer to high costs, high investments and, above all, the restriction of access to certain innovative solutions. In this case, it is important to highlight a fact: if it weren't for Formula 1, there would be no rear-view mirrors in the cars. We cannot start from the assumption that investments in highly sophisticated products do not generate more democratic solutions. On the contrary. For example: consider the case of our **Realiza Casa project**: it is carried out in an off-site process, which is expensive, as it does not have scale; therefore, access to this product is actually more restricted. However, it is only possible to build small, more affordable houses after many higher-priced buildings are sold, as one process pays the other, in a virtuous cycle. And when a sophisticated product is produced, many people are involved, and they all take the result of this work home. If people have cell phones, notebooks, tablets, cars, it is because at some point high value-added products were created, where there is more "slack" for testing, which were diluted and reached other social spheres. And the work of Realiza is no different: all the innovations we proposed in our constructions are being used in popular buildings. We are part of a larger chain, where nothing is separate.

Summing up

Keep a stock of new solutions. Always stay prepared and believe that innovation and brilliant solutions are almost always in sync. Develop your original and provocative proposals, animate and instigate the market. Don't expect anything you believe in to be done. Do it yourself.

Another goal of architecture is, to one degree or another, to generate amazement. And the most interesting thing is that even a building with a more "behaved" profile can instigate this feeling. We built a building whose objective was literally to "disappear". Mimicking characteristics of the buildings in its already established surroundings, the building disappears in the landscape. This simplicity is astonishing.

Has Lesson 10 opened your mind to the work of innovation? We hope so! Let's see below a case study that exposes how Realiza Arquitetura innovates in its ventures and projects!

Case: Brazilian National Library annex building

More than meeting technical, aesthetic and functional issues, the regenerative building was designed to overcome contemporary expectations and become a space icon, an example of a cutting-edge architectural attitude that dares to improve the scenario of the place where it will come to exist.

Inspired by the urban renewal currently being promoted in Rio de Janeiro, especially in the Porto Maravilha region, the Brazilian National Library Annex building creates a dialogue with the city, its inhabitants and its visitors. Through its media façade, the function of the building goes beyond the simple storage of information and becomes a place of exteriorization of it, inviting pedestrians to this place.

Below, we present some projects that represent the effort of Realiza to innovate in its buildings.

Rotterdam

- **Address**: Rua Desembargador Motta, 1648 – Batel, Curitiba – PR.
- **Total built-up area**: 19,629.16 m².
- **Distribution**: 26 floors and 1 basement.
- **Number of units**: 147 residential units from 4th to 25th floor.
- **Parking lot**: 178 parking spaces from the basement to the 3rd floor.

This silver-gray building, white with slightly greenish glass, is aesthetically structured by a subtle contrast in the slope and size of the front porches. The variable shapes according to the observer's point are wonderful.

LESSON 11: DRAW

Drawing is the fastest way between imagination and creation

There is a sublime relationship between the intellect and the act of drawing. For thousands of years, human beings have developed this unique ability to transform their feelings into physical expression and share them with their fellow human beings.

Even so, it is important to start by emphasizing the importance of technical drawing as a way of expressing a certain idea that the designer has and wants to pass on to the professional who will put it into practice, in a communication process whose rules are inscribed in NBR 10647* – all the symbols, numbers and other graphic elements that are necessary for the full understanding of a project are there.

The addition of good designers to an architectural firm only brings benefits to the organization, such as (Milagres, 2020):

- **Productivity**: Execution activities become more dynamic, more agile, and work teams perform their functions more cohesively and less prone to errors.
- **Knowledge management**: the implementation of procedures that help in the management and storage of the organization's knowledge is a powerful resource to save expenses on products that can be transformed into intellectual capital.
- **Quality**: standardization in carrying out the activity guarantees quality and consequent increase in productivity.
- **Maintenance**: the technical drawings can work as product maps, thus facilitating their maintenance.

Even so, considering all the advances in drawing programs today, is it possible to persist in the idea of drawing manually within the scope of architecture?

Undoubtedly, because it is through it that it is possible to clarify an idea, to give it some order and structure. As a powerful means of expression, it helps the architect to convey the thought of his creations and give materiality to the first idea and, subsequently, to the solution of possible problems and the alteration of architectural details. There is no computer program that can handle the fluidity of a freehand drawing, which is the most basic link between thought and gesture. With practice, this fluidity becomes as spontaneous in the architect's work as the act of breathing. It is no wonder that some faculties in the area still require additional tests in which graphic productions of this nature are requested (Souza, 2016).

Just think of the figure of Oscar Niemeyer: in interviews and reports that dealt with his work and which had the opportunity to expose the great architect's thinking, it is obvious that his words, although extremely significant, became smaller when he picked up a pen and began to express his idea. In a matter of seconds, a world of words was summed up in a few sensual and evocative lines. This is the charm that the architect cannot lose sight of!

Therefore, as the architect and urban planner Daniel Dillenburg explains, "Architecture will always depend on information technology, but it cannot be held hostage by it" (Desenho..., 2017). The professional also argues that the art of freehand drawing is "reborn", as technology brings

---

* Do you want to take a look at this material? Access: <https://www.cin.ufpe.br/~sbm/CG/ProjecoesABNT.pdf>. Accessed: 4 January 2022.

with it an onus: with its hyper-realism, imagination is simply thrown aside. In addition, the architect's identity, his trademark, his vision of the world is in his hands and in the traces he draws, in a non-transferable process that communicates in an extremely efficient way. Moving away from the mathematical field of computer figures, hand drawing humanizes, transmits proximity, an effort to interpret the surrounding reality.

Above all, hand drawing is essential to give the architect the ability to deal with the process of trial and error: rework is an inescapable reality in the area, as true architecture is rooted in that potential that is found on blank paper. in which it is necessary to "scratch and risk, get your hands and paper dirty" (Desenho..., 2017).

> **Summing up**
>
> The magic of drawing is that we quickly visualize what we were imagining, evaluate the original idea, and keep improving it quickly and constantly. That is why the ability to master the technical skills of design is associated with great architects. This ability is directly related to the ability to observe and, in the case of creation, to the ability to observe your imagination. In short, the ability to imagine in great detail.
>
> The architect must represent his thoughts in design and try out all the possibilities at his disposal, test them to the limit and when he is fully convinced and in love with the resulting solution, that is the time to present it to the public.

Did this case help you to realize the beauty, poetry and power of freehand drawing in architecture? Wonderful! Let's take a look at the projects from Realiza that were based on some of the most inspired designs created by us!

Case: Serra Juvevê

- **Address**: Rua João Gualberto, 1698 – Juvevê, Curitiba – PR.
- **Total built-up area**: 24,998.53 m².
- **Number of floors**: 23 floors and 3 basements.
- **Number of units**:
  - **Residential**: 20 residential units from 12th to 20th floor.
  - 2 garden units on 11th floor.
  - 4 duplex units no 22nd floor.
  - **Total**: 26 units.
- **Commercial**: 2 shops on the ground floor.
  - 18 rooms on the 3rd floor.
  - 68 rooms from 4th to 7th floor.
  - 12 rooms from 8th to 10th floor.
  - **Total** = 100 units.
- **Parking lot**:
  - Tower with 3 basements directed to the corporate parking lot; total: 144 parking spaces.
  - The residential parking lot was allocated on intermediate floors, with 59 parking spaces.

The challenge of environmental and visual comfort on a plot located in a densely populated area of the city was solved by creating a commercial volume on the basement from where the residential tower is born. The conditions of insolation, ventilation and acoustic comfort, as well as the view of the mountains to the sea, were then maximized and the architectural design of houses on top of a mountain was recreated with the residential tower resting on the commercial volume. The slabs form horizontal planes and the slab-to-slab glass fences and planters complement the aesthetic solution of this project.

The displacement of the residential and commercial volume is the greatest aesthetic pleasure in this project. We made the residential tower float, supported by two slender columns covered with ornamental plants. With a keen eye, we can see the structural forces magically running through the columns to support the provocative volume that insists on detaching itself from the basement.

See some more projects from Realiza that had their debugging process in the freehand drawing process, creating true architectural prodigies.

Serra Juvevê: initial option

In this option, the aesthetics were worked with fractal glass planes: a true crystal tower.

Brava Osvaldo Reis

- **Address**: Avenida Osvaldo Reis – Itajaí – SC.
- **Total build-up area**: 414,679.33 m².
- **Distribution**: shopping, hotel/office and residential units.
- **Area**:
  - Shopping – 58,200 m².
  - Hotel/office – 123,054 m².
  - Residencial – 233,425.33 m².

A utopian linear city with a pedestrianized road system admitting cars, bike lanes and delightful living spaces on wide, tree-lined sidewalks.

An island of peace with many people walking and chatting with their pets in tow and many stores catering to the daily and leisure needs of users.

On the basement of the buildings, another street forms, but this time with more privacy. Each building has its exclusivity and its leisure facilities overlooking the street. So used and admired, this street will naturally be very safe.

The buildings, conveniently spaced apart to allow for adequate ventilation and lighting, line up elegantly parallel to the main street.

A dream not yet realized.

LESSON 12: SIMULATE TO EXHAUSTION

Dozens, hundreds of alternatives

Spectacular solutions do not magically appear, nor will they appear after a deep sleep with revealing dreams. These innovations will be the result of effort, of many studies, analyses, re-studies, re-analyses, discussions, considerations, dead ends, reassessments, new studies; and, like plants in a greenhouse, like leavened bread, this work gains life, strength, consistency. And simulation plays a key role in this process.

Considering architecture today, it is important to deal with **computer simulation**, which is fundamental for the in-depth analysis of the "impact of various architectural aspects and the program of activities on the environmental performance of the building" (Santos et al., 2017). The influence of this resource in the area is increasing, due to an increasingly emphatic demand for sustainability combined with the production of buildings. In addition to this objective, we can mention others that are considered for the implementation and simulation software:

> the methodology for evaluating the life cycle and evaluating the life cycle costs of buildings (3), forecasting climate change scenarios (4) and different retrofit scenarios (5). Projects with the concept of net zero energy buildings (NZEB), or buildings with almost zero energy consumption, which are increasingly widespread in the European context (6) and starting this discussion in Brazil, also need to undergo computer simulations. (Santos et al., 2017)

In order to use this tool with maximum performance, the architect must master all aspects of the chosen program - its foundations and guidelines, its potential and its problems - to extract from the software the simulations closest to the intended demands, among which we can cite the following:

- **Thermal performance evaluation**: more accurate studies regarding the thermal performance and comfort of users, as well as the energy efficiency of buildings, has demanded more and more simulations. "Through thermo energetic simulations, thermal and light performance variables of buildings can be quantified and visualized, such as temperature, humidity, air movement, insolation, shading and lighting levels" (Santos et al., 2017).

Given the growing demand for the implementation of environmental certificates in buildings, such as the *Leadership in Energy and Environmental* (Leed), simulation tools are here to stay, "in view of the diversity of ways to increase energy efficiency, whether by architectural or technological solutions, and these tools allow the evaluation of different solutions still in the planning phase of these buildings" (Santos et al., 2017). Among the most used software on the market for this analysis, we can mention: "Green Building Studio (GBS), Ecotec, Project Vasari, VE-Pro, Energy Plus, DOE2, TRNSYS and Design Builder" (Santos et al., 2017).

- **Lighting projects**: when lighting planning is carried out properly, the building can only benefit from the highlight and appreciation that light brings with it, as well as the comfort that this element can bring and, consequently, from the increase in the productivity of those that use the construction and preservation of natural resources.

According to Tavares (2007, p. 2),

The computer simulation of lighting projects enables quantitative and qualitative studies of the available light in the environment. These studies are only possible because in addition to the numerical results generated by the calculations, the tools allow the production of photorealistic representations and through them the appearance of the environment can be visualized.

Among the programs used for this purpose are Agi32, DIAlux and Relux. An interesting detail is that lighting design projects can incorporate BIM into their projects: "Working with BIM it is possible to obtain exact information on the amount of natural light that reaches an environment and measure the intensity of each suggested luminaire. In addition, the professional can have contact with the workflow performed in the model and access information from other areas of the project" (Crízel, 2019).

- **Energy efficiency assessment**: the analysis of the energy efficiency item takes into account multiple factors that interact with each other, as well as multidisciplinary concepts: "The energy efficiency of buildings is important to optimize consumption levels and consequently reduce the environmental impact of energy generation. Despite being classified as an environmental sub-theme, energy efficiency also influences economic aspects, as it tends to reduce electricity costs with a satisfactory technical performance" (Oliveira et al., 2016).

Therefore, the simulation allows, in this context, to foresee different scenarios at the beginning of the project, in order to guarantee its quality. Among the software applied to this work, we can mention the already presented Design Builder and Ecotec and SE3.

To give greater materiality to the simulation, a very relevant resource is the **mockup**. Whether in its material or electronic/virtual version, it is what allows the architect and others involved in the project a faithful projection, in scale, of how the project will look when it gets off the ground.

According to Moreira (2020), the **material model** makes it possible to visualize the object "on a reduced scale, bringing together all the two-dimensional drawings that we created during the project. Often when viewing the object in 3D, we can see new situations, errors, gables, among other details that we could not when we saw only in our minds and drawings".

The applications of the physical model are very important for the work of the architect, in their various attributions (Moreira, 2020):

- **Sketch a project**: in this context, the model can be used to visualize the interaction between volumes – by seeing more easily the relationship between a volume and its scale, the architect can, by manipulating the model, innovate in the forms and space of the building.
- **Study a space**: a model can only represent the surroundings of the building to be built or present the two layers together (ex.: it is possible to create a model of a listed building and its surroundings to analyze how interferences in the surroundings of the building can be carried out in order to not harm you). This type of mockup is different from a sketch in that the detail has to be much greater; in addition, the object designer has to show it to his project colleagues to discuss its accuracy.
- **Presentation**: whether to exhibit to a professor or to present to a client, the physical model is ideal for the presentation of architectural details, such as paths, volumes and parts of the project.

When we think of an **electronic model**, we are referring to a three-dimensional representation of a particular building created in specific software whose function is to give the greatest possible impression of reality, with volume, depth, lighting effects, textures, among other elements (Como fazer..., 2017). It is through this resource that a presented environment will convey such a vivid impression that the observer is seeing the result of the building to the point of causing enchantment; in addition, the electronic model leaves no room for misinterpretation, as is possible in a presentation and a floor plan. Programs frequently used for this work are SketchUp, V-Ray, AutoCAD, 3DS MAX, Revit, among others (Como fazer..., 2017).

Finally, so that the project participants have a full notion of all the objects that will be used in the building, the designer can work with the production of **mockups**, "digital representation of a piece of stationery, a product or other item, normally in full size or on a larger scale", whose function is to serve as a

> guide for the designer or other communication representative to get approval to order or launch a piece. They also serve as a reference for printers or factories that will produce the item. Mockup also refers to a physical representation, also called a prototype. Scenarios, smaller-scale properties and larger-scale products can be built to facilitate the creation of communication pieces (mainly with photography) and the visualization of customers. (O que é..., 2018)

With this feature, the architect and his team can see architectural items in minute detail and discuss possibilities for improvement or replacement.

Obviously, we can't forget the value that **hand drawing** has for the representation of a project (we talked about this in Lesson 11, remember?). It is this feature that will allow the architect to insert his fingerprint into the project and show his personal and non-transferable inspiration to the world.

With these tools in hand, the architect will have a potential universe to show his idea and impress his client.

> **Summing up**
>
> When we begin the process of creating a project, the resources to complete it are unpredictable; there are changes made until the end of the project. For the simulations of the resources needed for creation and development, electronic, virtual and material models are needed, as well as mockups (life-size prototypes of certain construction details). However, nothing beats hand drawings – the mastery of the art of drawing and construction techniques makes this resource the most used for simulations in architecture.

So, did Lesson 12 show you the importance of the hand drawing, the simulation and the visuals you have at your disposal? Perfect! Let us see below the projects and undertakings of Realiza Arquitetura that were the result of exhaustive studies and simulations.

Case: Ária

- **Address**: Avenida Munhoz da Rocha, 122 – Juvevê, Curitiba – PR.
- **Total built-up area**: 8,591.55 m².
- **Number of floors**: 26 floors and 3 basements.
- **Number of units**:
  - **Residential**:
    - 8 residential units type A on floors 2nd, 4th, 6th, 8th, 10th, 12th, 14th e 16th.
    - 8 residential units type B on floors 3rd, 5th, 7th, 9th, 11th, 13th, 15th e 17th.
    - 4 duplex units on floors 18th, 20th, 22nd e 24th.
    - **Total**: 20 units.
  - **Parking lot**: 65 parking spaces on the 3 basements.

A three-dimensional connection between apartments located on different floors but sharing the same floor to provide double-height ceilings for their social area – is the differential of this project in relation to similar typologies. The slabs form horizontal planes that receive the floor-to-ceiling glass enclosure, directing the resident's view towards the Serra do Mar. The rooms were arranged in the most liberated region of the land while the service area was positioned facing the existing neighboring building.

Aesthetically, we accentuate the feeling of lightness of the crystal tower through the light horizontal planes that segment it. The cadenced and uniform rhythm turns into unexpected movements as it rises, as if a vortex, a whirlpool, found the building and provoked an unusual architectural dance.

Below, we list amazing projects by Realiza that required in-depth analysis and the production of electronic mockups.

Brava Home Resort

- Delmar Maciel Castelo de Souza (Modulo.2 Arquitetos)
- **Address**: Rua Delfim Mário de Pádua Peixoto, 350 – Praia da Brava, Itajaí – SC.
- **Total built-up area**: 142,027.80 m².
- **Distribution**: 14 towers, 1 club, 1 restaurant, 1 lobby and 1 basement.

- **Number of units**:
  - **Towers 1 and 14**: 14 floors.
    - **Residencial**: 2 residential units on floor type A (even floor numbers: 2nd, 4th, 6th, 8th, 10th)
    - 2 residential units on floor type B (odd floor numbers: 1st, 3rd, 5th, 7th, 9th, 11th).
    - **Total**: 22 units.
  - **Towers 2 and 13**: 14 floors.
    - **Residential**: 2 residential units on floor type A (even floor numbers: 2nd, 4th, 6th, 8th, 10th).
    - 2 residential units on floor type B (odd floor numbers: 1st, 3rd, 5th, 7th, 9th, 11th).
    - **Total**: 22 units.
  - **Towers 3 and 12**: 14 floors.
  - **Residential**: 2 residential units on each floor from 1st to 11th floor.
    - **Total**: 22 units.
    - **Towers 4 and 11**: 14 floors.
  - **Residential**: 1 residential unit on floor type A (even floor numbers: 2nd, 4th, 6th, 8th, 10th).
  - 1 residential unit on floor type B (odd floor numbers: 1st, 3rd, 5th, 7th, 9th, 11th).
    - **Total**: 11 units.
  - **Towers 5 and 10**: 14 floors.
  - **Residential**: 2 residential units on each floor from 1st to 11th floor.
    - **Total**: 22 units.
  - **Towers 6 and 9**: 14 floors.
  - **Residential**: 2 residential units on the 1st floor.
  - 2 residential units on each floor from 2nd to 11th floor.
  - 1 duplex unit on 12th floor.
    - **Total**: 23 units.
  - **Towers 7 and 8**: 14 floors.
  - **Residential**: 2 residential units on each floor from 1st to 11th floor.
    - **Total**: 22 units.
- **Total**: 144 residential units.
- **Parking lot**: basement 1 – 555 parking spaces.

This project is the result of numerous analyzes of deployment arrangements. The environmental, topographical, urban and legal conditions allowed different alternatives for the spatial distribution of buildings on the ground. At that time, the region still did not have a defined market definition in relation to real estate products, nor in relation to services and urban infrastructure. The defined architectural party proposed mixed use, in which the residential towers were arranged longitudinally to the land, creating a comfortable leisure space in the central part. In the peripheral lands, support infrastructures such as shopping malls, schools and medical centers were implemented. A series of details, such as the preservation of the forest at the back of the land, the creation of an artificial beach, the skylights that bring natural lighting to the basements, among others, made this project an icon that marked the growth of throughout the region in a high level of real estate and architectural quality.

What a thrill to be able to determine the future of a city through architecture. The shapes and curves that skid, twist, break loose in each tower of this project were carefully designed to generate a dynamic balance, recreating the movements of waves, winds, sand and vegetation of Brava Beach, but in each feature the science of responsibility that thought on our shoulders made the creative care reverberate in this architectural magic where each building is different, but at the same time indispensable in the aesthetic composition of the whole.

Niponsul

- **Address**: Avenida Nossa Senhora da Luz, 1890 – Hugo Lange, Curitiba – PR.
- **Total built-up area**: 3,255.05 m².
- **Distribution**: building with 3 floors and 2 basements.
- **Parking lot**: 86 parking spaces distributed on basements and the ground floor.

The perfect integration between the angular shape of the terrain with the prismatic volumetry and the idea of speed-limiting technology.

Vivance
Othelo Lopes Filho

- **Address**: Avenida Visconde de Guarapuava, 3670 – Centro, Curitiba – PR.

The tall towers were encapsulated by sloping "L" wings, creating a pleasant lightness, an unpretentious and smooth float that brightens Avenida Visconde de Guarapuava in Curitiba.

03
Cultivate attitudes

LESSON 13: PRIORITIZE PRIORITIES

*Use the Pareto principle
in your work*

Priorities are born with each project. For example, if the project in question is intended for a hospital, research into the latest medical technologies and techniques would probably be the absolute priority when starting the enterprise. In a house project, in which construction techniques are widespread, meetings with all family members to meet all the needs of this group would be the demand of the moment. Therefore, requirements change from project to project. Intelligence in weighing the importance of items against one another is a skill developed over time. A simple prioritization technique is to create a list of items and compare them in order of importance, giving weights to each item. What has more weight, will have more importance and priority.

An interesting principle for you to understand this hierarchy process is the factor scarcity principle, created in 1892 by scholar Vilfredo Pareto: "The Pareto Principle, or 80/20 rule, is a trend that predicts that 80% of effects arise from starting from only 20% of the causes, and can be applied in several other cause and effect relationships" (Entenda..., 2018).

The same goes for architecture: both with regard to the design processes for a given building and for your clients, you should prioritize 20% of the procedures that will make all the difference and 20% of your clients that generate the most results for your enterprise. What about the remaining 80%?

Of course, when reviewing processes and strategies to optimize the management of time and resources, unnecessary activities and actions can be detected and, in this case, the ideal is to eliminate them. The same goes for groups of customers or leads that don't generate any returns, even after numerous attempts. Do not waste your time! (Entenda..., 2018)

However, like any working method, Pareto's principle has its limits, as certain results may be outside the rule. In that case, take the following precautions (Entenda..., 2018):

- **Analyze your own reality**: the Pareto principle is only valid if the information is based on reality and concerns actions that can be carried out. Very generic data can compromise the analysis.

In more succinct words: don't confuse your 20% with the neighborhood 20%! Although they are subject to very similar requirements and tasks, companies have very different characteristics, problems and objectives.

The best information that an enterprise can acquire is that based on its own reality: its history, analysis and tests. It is this data that should support your strategies. (Entenda..., 2018)

- **Consider the variability of facts**: it is important to consider that activities, companies, people and businesses will not always be the same. So if 20% of activities are responsible for returning overall results, that doesn't mean they will never change. "In this way, identify the 20% of activities, employees and customers that need to be improved and focus your efforts on the 20% of activities, employees and customers that contribute most to the success of the business, continuously readjusting your strategy to allow for the evolution of results" (Entenda..., 2018).

> **Summing up**
>
> Pareto's "factor scarcity principle" states that 80% of effects come from 20% of causes. Therefore, knowing how to rank and prioritize the most important events, that is, the 20%, is a fundamental task to organize your thinking and dedicate your precious time to what should really be the target of your attention.
>
> If in doubt, make a list and compare all the items between them, two by two, and add one point for each winner in the "duel". In the end, you will have your "paretized" list. Now get to work.

Has this Lesson enlightened your mind about the need to rank and prioritize tasks? We hope so! Below are projects that required the use of the Pareto principle.

Case: Mandala

- **Address**: Rua Brasílio Itiberê, 3940 – Água Verde, Curitiba – PR.
- **Total built-up area**: 30,115.82 m².
- **Distribution**: 3 towers with 9 floors each and 3 basements.
- **Number of units**:
  - Towers 1 and 2: 35 residential units from 2nd to 9th floor.
  - Tower 3: 40 residential units from 2nd to 9th floor.
- **Parking lot**: 289 parking spaces distributed on basements.

The concatenation of several types of apartments in several blocks and the distribution of these blocks in the large land were used to seek the best conditions of comfort and urban insertion, the great challenges of this project.

Hundreds of options were created and analyzed until we reached the ideal solution. The relationship with the urban environment was guaranteed; in the central area, a generous leisure area connects the architectural complex. Elegant features float over the facade of the buildings, forming a dynamic and harmonious set.

See below projects that, since their inception, have reconciled the values of Realiza Arquitetura with the needs of its clients.

Terraços da Rainha

- Marcelo Cortezi (Conceb)
- **Address**: Rua Romeu Pereira, 84 – Pioneiros, Balneário Camboriú – SC.
- **Total built-up area**: 22,000 m².
- **Number of floors**: 31 floors and 3 basements.
- **Number of units**:
  - 9 residential units on each floor from 2nd to 6th floor.
  - 5 residential units on each floor from 7th to 26th floor.
- **Total**: 185 units.
- **Parking lot**: located on the 3 basements.

Its strategic location is worth a postcard. Prioritizing views and a crowning with democratized use, making the building and the view possible to be enjoyed by whoever wanted it and not just by the residents, was our objective in this project.

Marambaia

- Delmar Maciel Castelo de Souza (Modulo.2 Arquitetos)
- **Address**: Avenida Atlântica, 300 – Bairro Pinheiros, Balneário Camboriú – SC.
- **Total built-up area**: 37,581.66 m².
- **Number of floors**: foundation of 7 floors, 1 tower A with 36 floors, 1 tower B with 41 floors.
- **Number of units**:
  - **Tower A**: 72 residential units from 8th to 43rd floor.
  - **Tower B**: 82 residential units from 8th to 48th floor.
  - **Total**: 131 units
  - **Parking lot**: 442 parking spaces from the ground floor to the 6th floor.

A pointed prism towards the sky, faceted, evading balance and pointing towards the future.

LESSON 14: HARMONIZE THE PARTS TO THE WHOLE

Establish a harmonic vibration

Now is the time to give unity and density to the project. The perfect relationship between the parts of the project and between each one of them with the whole resulting from the final set is essential. As Brandão (2017) explains to us, citing Saint Augustine, who defended the concept of sensitive beauty as the "harmony of parts with a certain softness of color":

In this case, sensible beauty is the harmony of the parts. We have in this definition a very broad concept of beauty, since, if beauty were symmetrical (aequalitas), only the exact equality of the parts would make a body beautiful, and since harmony is the well-ordered arrangement between the parts of a whole, the symmetrical, although not the only standard of beauty, is also beautiful, insofar as its exact equality of parts is also a well-ordered arrangement of the parts of a whole.

In a concrete way, this harmony of the parts takes place in the balance of a certain entity of Nature. That is, this congruence occurs when the parts of a body are in harmonic relationship with each other, not being too big and not too small, when the aforementioned parts are compared. If, on the one hand, the exact equality of the parts (symmetry) is not necessarily required in this definition, on the other hand, excessive disproportion in a way that displeases the viewer does not fit in it. Therefore, even if there is some difference between the parts, which is very natural in ontic beings, these differences do not clash because of their greatness, being deformed in our eyes, they harmoniously contribute to the beauty of a body.

Note that the concept of softness here should not be confused with advocating the use of "light colors and pastels" and the meanings that can arise from a possible idea of parsimony. Here we are dealing with a convenient structural arrangement that pleases the eye and therefore conveys an idea of harmony. As stated by Durant (2013, p. 68), "the harmony of the part with the whole can be the best definition of health, beauty, truth, wisdom, morals and happiness".

It is important to emphasize that, as in any other area of human production on reality, the concept of harmony is polysemic, varied and multiple. Therefore, it is important that the architect does not hold on to an "absolute truth" in reference to this idea. There are countless possibilities for solutions and innovations for the same building in order to reconcile the parts with the whole. Among the numerous possible proposals, we can mention those listed by Hassegawa (2022):

- **Establish harmony with the built environment**: it is important that the project reconciles construction strategies, materials and techniques with the context in which the building will be built, as well as with the locality's tradition and history.
- **Propose rhythm to the urban fabric**: the architect can create a rhythm based on the volume of the building and the empty space, generating an effect that can be felt on the street, in the neighborhood and even in the city. When this repercussion is positive, it creates an interesting interaction between public and private space. The repetition of patterns and architectural elements, in this case, can generate harmony and rhythm with the buildings in the surroundings. As in a song, the repetition of architectural objects can refer to a musical structure, in which the project and the context in which it must be placed are in harmony. The use of coatings and frames, as well as elements such as colors, textures and shapes can be used in order to, at the same time, generate a pattern, take a certain construction out of the monotony, and insert the building in an intended context.
- **Create movement**: this concept is conceived in an architectural project so that the observer walks through the building with his eyes. "Inclined planes, curves and pointed shapes are excellent in this regard). Incorporating shapes with these characteristics into certain types of terrain, such as elevations, can create true visual landmarks. In these cases, it is interesting to avoid more sober and orthogonal formats, as they create "absence of movement in the composition". In this conciliation between building and terrain, dynamicity can be obtained through the manipulation and transformation of volumes (Hassegawa, 2022).
- **Insert contrasts**: simplified traditional volumes and coatings composed of unusual materials can make this impression on the observer of the building. These effects are even more visible when the building uses the surroundings for contrast. But therein lies the danger: the contrast cannot diminish the importance of what surrounds it, for in this way its quality of space is diminished. The common denominator between contrast and lightness is the priority when this type of choice is inserted in the project.
- **Challenge proportions**: one of the most important factors for the harmony of a building, the proportion is aesthetically appealing. In this context, projects that are based on the golden ratio and the third are often successful. The use of modules is pertinent in this case. "One way of working with proportion in architecture is to define volumes with dimensions that are harmonious with each other and remove parts of them" (Hassegawa, 2022). In this dynamic, it is very important to take into account the surrounding context, in order to guarantee "proportional relationships with the whole" (Hassegawa, 2022).
- **Establish hierarchies**: hierarchize, in this case, consists of highlighting relevant elements and parts of the building, establishing a subordination of less important parts with these first ones. This procedure is essential for the use of the building by its users to become efficient.
- **Propose emphases**: this feature has the function of establishing the understanding and observation flow by project users. It is by emphasizing certain elements over others that the architect shows his fingerprint on the building, its main objective, the soul and the aesthetic principle that governs the building. This is where the contrast enters once again, which is carried out through constructive elements.

Therefore, there must be a positive reverberation between the user experience in relation to each detail of the project through the feeling of belonging to the whole, as in the harmony found in the human body. Beautiful passages in themselves, and even more beautiful for being part of a similar set and of a whole in which their participation becomes relevant, clear and indispensable. This aesthetic richness creates layers of reading, levels of experimentation resulting in a passionate complexity.

> **Summing up**
> The important thing is to integrate the part into the whole. If the project is of a high tech profile, for example, the architect cannot just be concerned with how the aesthetics will reflect this choice; it must be present in every detail: in the electrical and hydraulic part, in the coatings, energy use, water saving, insertion of management systems for the house's routines, security systems, etc.

What did you think of Lesson 14? Did it bring new proposals on harmony and aesthetics and the need to reconcile these two values with the context and surroundings? Wonderful! Shall we go to a case study that explains this dance between the part and the whole?

Case: Cacupé*, Canajurê and Floripa Loft Juarez Machado**

- **Address**: Rua Alves de Brito, Centro – Florianópolis – SC.
- **Total built-up area**: 6,478.68 m².
- **Distribution**: 15 floors and 1 basement.

---

* Robson Nascimento (R Nascimento Arquitetos)
** Giovani Bonetti (MarchettiBonetti+ Arquitetos Associados)

- **Number of units**: 37 residential units from 3rd to 15th floor.
- **Parking lot**: 47 parking spaces distributed on the basement and the ground floor.

These three projects are part of a collection that explored the development of charming double-height apartment units with mezzanine floors. In this context, the architecture is fully integrated to the peculiarities of each urban insertion, which gives the unique aspects of each project.

A lot of transparency, simple volumetry and clear materials create the identity between the three projects: the historic house preserved in Juarez Machado was integrated into the common area of the building, forming an art gallery; the ceiling of the entrance hall was decorated with exclusive paintings made by the artist who gave the project its name.

In the houses of Cacupé, the great slope of the land was used favorably, making all the houses have a privileged view. At Canajurê, the concept of a home resort with a magnificent landscaping treatment integrates the two distinct blocks due to the implantation on different levels.

Next, enjoy another project by Realiza Arquitetura that materializes the values explored in Lesson 14.

Loft Champagnat

- **Address**: Rua Padre Anchieta, 2286 – Bigorrilho, Curitiba – PR.
- **Total built-up area**: 9,487.71 m².
- **Distribution**: 20 floors.

Perhaps our most difficult project with the best aesthetic result.

The result was spectacular: the ogival prismatic shape creates unusual opportunities for the best environmental performance, allowing better sunlight, ventilation and views. Furthermore, the dialogue between the different ogival and rectangular prisms is simultaneously harmonious and conflicting. To crown the venture, the colors were delicately arranged to ratify the technological and innovative character of the project.

LESSON 15: SIMPLIFY

To the edge of essence

At this point, your creation has some clarity that is already moving, but something is still missing, isn't it?

Yes, the final cut is missing! The work now is to extract the core of the proposal, to make the architecture so strong and objective as to easily become a **logo**, a simple and easily reproducible symbol. Conceptually, the logo "means the visible representation of a concept. The type can be a symbol, image, or typography. Thus, a logo is composed of typography (letters) and symbol. Sometimes, the type used is so characteristic that it prints the essence of the brand" (Tressino, 2019).

This is the factor that architecture can bring to its spectacular projects and buildings: to make itself an essence, a mark of itself. A spectacular building has to speak for itself instantly and spontaneously. This is a priority at this stage of creation – as John Maeda says, quoted by Fernando Mascaro, "simplicity is subtracting the obvious and adding the significant" (Hessel, 2022), what will remain in memory. The logo is a powerful semiotic element precisely for this reason: for quickly and simply communicating a whole universe of information. Spectacular buildings can do the same thing.

> **Testimonial**
> The first time I heard this concept was in a master's degree class from a great friend who is a fan of Niemeyer. In the presentation, my colleague made the following statement: if you look at Niemeyer's works, you can see that his entire project becomes a logo. That was very revealing. Because the logo is the essence. Of course, not every spectacular building needs to reach this level; however, if the project has this semiotic power, the chance that we are in front of a spectacular building is very high, because the logo is very powerful. It's like the Empire State Building or 30 St Mary Axe: the strength of the design is so great that few strokes are enough to convey a message.

It is important to emphasize that simplicity need not be a factor for excluding complexity, at least from an artistic point of view: "Our minds are in flux constant flow of images, thoughts, associations, memories and dreams. And this existential fusion of irreconcilable categories is the essential field of art" (Pallasmaa, 2014, p. 157):

Paradoxically, the notion of simplicity is commonly used both in a pejorative sense and in recognition of a distinctive quality. In the same way, the notion of complexity implies something chaotic and irresolute, as well as a unity of a multifaceted field of phenomena. To further confuse the game between the two opposing notions in the arts, the fundamental meaning of the artistic and architectural work is always beyond the material work itself, as it serves as a mediator for relationships and horizons of perception, feeling and understanding. As Maurice Merlau-Ponty points out, "We came not to see the work of art, but to see the world according to that work" (apud MCGILCHRIST, 2010, p. 409). This philosopher's observation is also useful for architecture; a building frames and guides our perceptions, actions, thoughts and senses, rather than being the goal itself. It projects an epic narrative of human life and culture.

If you look closely, this is the most important stage of the entire project. So difficult to achieve, simplicity is a labyrinthine path, because the condensation that it needs needs to reconcile images and meanings, content and context, feelings and reason in "one shot". Artistic simplicity, which we relentlessly pursue in this Handbook, is continuous, arduous and progressive work, it is an abstraction – an effort to distill or compress countless visual, technical, mathematical, urban, environmental, social and aesthetic ingredients. in a single meaning: the significant, spectacular building that changes "our thinking, behavior and self-understanding" (Pallasmaa, 2014, p. 164).

Summing up

After all the surveys, efforts, research, studies, sketches, debates and reworks, a spectacular architectural project needs a "polishing": the search for simplicity. At this point, the architect must make a last effort, perhaps the most important: to bring simplicity to his project. Not the simplicity linked to the superficial and the ephemeral, but the instantaneous and the unmistakable, as in a logo. The project that manages to convey a powerful and multiple message purely and simply with its features can be considered spectacular.

Did Lesson 15 bring you a new perspective on simplicity? Excellent. Below is a case study that inextricably combines architecture and simplicity.

Case: RAC Rebouças

- **Address**: Rua Engenheiros Rebouças, 1315 – Rebouças, Curitiba – PR.
- **Total built-up area**: 75,298.36 m².
- **Distribution**: 9 floors and 2 basements.
- **Number of units**: 8 units from 2nd to 7th floor.
  - 6 units on the ground floor.
- **Total**: 62 units.
- **Parking lot**: 1,053 parking spaces distributed on 2 basements.

The implantation of the towers on the periphery of the large land, leaving one side free, is the heart of this project. Everything else is a consequence: the central square that integrates the project into the new neighborhood, Vale do Pinhão; the rectangular prismatic volumetry of the buildings and the square void at the top of the largest tower, recreating the square in the minds of observers.

See below for another great project by Realiza Arquitetura that has its DNA in simplicity.

Ibiza

- Delmar Maciel Castelo de Souza (Modulo.2 Arquitetos)
- **Address**: Rua 4900, 5720 – Barra Sul, Balneário Camboriú – SC.
- **Total built-up area**: 47,000 m².
- **Number of floors**: 40 floors.
- **Number of units**:
  - **North tower**: 31 residential units from 6th to 37th floor.
    - 1 duplex unit from 38th to 39th floors.
    - **Total**: 32 units.

- **Central tower**: 31 residential units from 6th to 37th floor.
  - 1 duplex unit from 38th to 39th floors.
  - **Total**: 32 units.
- **South tower**: 31 residential units from 6th to 37th floor.
  - 1 duplex unit from 38th to 39th floors.
  - **Total**: 32 units.
- **Total**: 96 units.
- **Parking lot**: located on the mezzanine from the 1st floor to the 4th floor.

Three needles.
Three claws clawing at the sky.
Man in the sharp quest to tame technology and its limits.

LESSON 16: CELEBRATE YOUR SPECTACULAR PROJECT

Gather your desires in a spectacular project

There is only one person who cannot help but admire the project: that person is you. If you try to please everyone, you will please no one; its priority and its commitment are with the result of the project. Therefore, exercise your inalienable right to impose your signature, your brand, your authorship. This is perfectly possible today – we are able to carry out authorial works as easily as we could not at the beginning of our work. And, by the way, we owe nothing to the international architecture scene. For example: **Zaha Hadid**, an Iraqi-British architect famous for her deconstructive buildings, who died a few years ago, conceived constructions very similar to projects that were being developed here in Brazil – such was the affinity of Brazilian architecture with international works in the area.

It is not a matter of claiming the originality of architectural works; it is about saying that Brazil is not a country that merely copies works that come from abroad. The Parallax project (mentioned in the case of Lesson 1), first conceived by our team, has already been built by another company. However, the claim of paternity of what is ours is fundamental. Anyone can be the creator of something spectacular, as Alvin Toffler explains. This is what moves me: the projects. Do something different, without necessarily aiming at profit, avoiding mere repetition.

In this glorious moment, which is to see your "son" rehearsing the first steps, you should extract the maximum pleasure from your work that is about to be finished, as this attitude is fundamental for the creative process of quality projects. Obviously, the pleasure factor must accompany the entire process – from inspiration to the final signature of the project. However, the delight you will experience at this time is that it will make you arrive at your spectacular project.

Finally, do not forget to celebrate your great achievement, as this has been a long journey, made up of many hours and hours of work. Rejoice! Now the project is done, beautiful and exciting. This living organism will be developed, publicly presented, constructed and used, and it will be the stage of the lives of many families, the scenario of many stories, being part of the city, of the unfolding of our civilization.

That's why we are passionate about this wonderful profession of inventing amazing buildings, spectacular buildings!

As we said earlier, it is time to celebrate! May Lesson 16, as well as the previous 15, inspire you to travel through the seductive world of architecture and aesthetics and to enjoy your own achievements. Let's go to the last case of this manual, which materializes the feeling that we want to convey in this Lesson and in the work as a whole.

Case: Costa Azul

- **Location**: Ilhota, Itapema – SC.
- **Total built-up area**: 46,000 m².
- **Distribution**: apartments, residences, residences with services, conveniences and lobby.
- **Number of units**: apartments – 35 units.
    - residences – 54 units.
    - residences with services – 120 units.
- **Total**: 209 units.

The concept of adapting to the topography of the region, incorporating the geometric and aesthetic lines of the land in the implantation and in the volumetry of the proposed constructions, was applied in this project. The constructions sneak into the gaps in the vegetation and in areas with less accentuated relief.

Wonderful views and landscapes are presented from inside the buildings. An integrated architectural ensemble respecting nature was the result achieved.

In addition, the slope facing the sea offers unique opportunities for spectacular projects, demonstrating total respect for the topography and areas of vegetation, an essential factor for projects like this, which are the exercise of meticulous patience to discover the ideal positions for the implementation of each construction.

Its insertion, orientation, shape, openings and materials must seek perfect harmony with the relief, climate and views. It's a real work of architectural acupuncture.

Then, celebrate with us some of the most inspired projects and ventures by Realiza Arquitetura.

Fischer Dreams

- Delmar Maciel Castelo de Souza (Modulo.2 Arquitetos)
- **Address**: Avenida Atlântica, 4770 – Barra Sul, Balneário Camboriú – SC.
- **Total built-up area**: 37,581.66 m².
- **Number of floors**: foundation of 7 floors + 1 tower with 43 floors + 1 tower with 46 floors + 1 basement.
- **Number of units**:
    - **Tower 1**: 43 residential units from 8th to 50th floor.
    - **Tower 2**: 88 residential units from 8th to 53rd floor.
    - **Total**: 131 residential units.
    - **Parking lot**: on the basement and from 2nd to 6th floor of foundation, totalizing 458 parking spaces.

Two monumental towers. Two pure glass prisms with a gentle rhythm marked by the exposed slabs; aesthetically, it is a celebration of the region's natural beauty. Simplicity bowing to natural exuberance.

Absolute

- Delmar Maciel Castelo de Souza (Modulo.2 Arquitetos)
- **Address**: Rua Doutor Brasílio Vicente de Castro, 111 – Campo Comprido, Curitiba – PR.
- **Total built-up area**: 60,223.83 m².
- **Distribution**: 2 towers (1 corporate and 1 hotel), 1 foundation and 1 basement.
- **Number of units**:
    - **Hotel tower**: 12 units on each floor from 7th to 21st floor.
        - **Total**: 180 units.
    - **Corporate tower**:
        - 3 rooms on each floor from 7th to 11th floor.
        - 7 rooms on each floor from 12th to 27th floor.
        - **Total**: 127 units.
- **Parking lot**: 586 parking spaces distributed on the basement and foundation.

Absolute was designed to offer convenience and infrastructure for the high-end business market. With a unique and innovative proposal, it is located close to one of the main Brazilian ports, integrating medium and large business rooms with a landscape that will delight the eyes. Companies are served by a modern and high-tech infrastructure.

ACMAs

Solar Anchieta
Terra Gutierrez
Viver Batel

Prudente 130

We have the privilege of being awarded year after year with project orders for this dear company: they are buildings that form a set based on constant evolution of constructive technology and functionality with aesthetics absolutely aligned with the place of each project and the ease of maintenance and durability. Gracious "treats" for the city and its happy residents.

Solar do Visconde

Stadiums

We have developed a series of stadium possibilities for Coritiba Futebol Clube. There were analyzes of occupation in the current land and also in other lands, always taking into account the aesthetics identified to the club and its "warrior soul", as well as the technical and functional aspects for multipurpose sports, commercial, residential, events and educational complex.

Ibis Miami

- **Location**: Miami, 46 NE 6th ST, Florida.
- **Total built-up area**: 32,298.24 m².
- **Number of floors**: 59 floors.
- **Number of units**: 12 units on each floor from 10th to 59th floor.
- **Parking lot**: 184 parking spaces distributed from 2nd to 7th floor.

The slender and sloping line proposes a new approach to the traditional and repetitive logic of urban design resulting from local legislation, where the base ends up constituting a separate volume from the tower.

The acute triangular shape creates a dynamic unity to the volumetric ensemble and the colors carry specific spirits for special moments in commemorative events and occasions.

Quartier

One block.
   One block project.
   The old medieval city recreated.
   The buildings are now the fortification that surrounds the block and forms a lush central area.
   The apotheosis of the intramural recreated with a contemporary look.

Thá Londrina

- **Address**: Rua João Huss – Gleba Fazenda Palhano, Londrina – PR.
- **Total built-up area**: 18,208.56 m².
- **Distribution**: 24 floors and 1 basement.
- **Number of units**: 181 residential units from 3rd to 23rd floor.
- **Parking lot**: 190 parking spaces distributed in the basements.

This building's aesthetic composition is supported by the dynamic selection of the colors of the windows on the balconies. Joy and joviality are highlighted by the diagonal compositions.

Collecting buildings

I am a building collector. There are many buildings that I consider mine (Garcez, Henrique VII). They are my babies – just like the buildings I created: I never tire of seeing them, of photographing them. I did the Brava Exhibition in honor of a building I designed (Brava Home Resort), in which I did several paintings of the building – such as the pleasure I have with architecture. I revisit it and extract fragments to turn them into art. It is like being in front of a child, someone you took care of, patted on the back, and let them go their own way. I thoroughly enjoy seeing how buildings I designed are standing the test of time, aging well. I proudly show my daughters the first building I built, and I can't help but marvel at its well-finished construction. It is a bit of a childish taste, after all I am a boy who likes buildings.

Frederico Carstens

Using creativity as an engine of architecture

When we were visiting one of our first works, I saw how our client spoke with joy and expectation about what his family's life would be like at the new house. On that occasion, I deeply felt the great responsibility of the architect's profession. Have that feeling even today when we go to our works that are already in use – houses, offices, apartments, hotels, large or small commercial areas; it is incredible to know that the spaces we create will be the setting for the lives of thousands of people. Therefore, for me, on top of being art, engineering, constructive technique, geometry, and mathematics, as well as composed of different materials and colors in a fantastic aesthetic composition, architecture is the stage of people's lives. Designing these stages for life is what we have been doing since we started our company, and, somehow, the traits of our projects connect us to the people who enjoy and will enjoy our spaces.

Antonio Gonçalves Jr.

Reference list

A BIOARQUITETURA de Neri Oxman e por que ela pode mudar o mundo. **Brilia**, 15 September 2021. URL: <https://blog.brilia.com/a-bioarquitetura-de-neri-oxman-e-por-que-ela-pode-mudar-o-mundo/>. Accessed: 26 April 2022.

A BIOFILIA na arquitetura e no design de interiores. **Tarjab**. URL: <https://www.tarjab.com.br/blog/arquitetura-e-decoracao/a-biofilia-na-arquitetura-e-no-design-de-interiores/>. Accessed: 26 April 2022.

ABOLAFIO JUNIOR, R. Biodesign: você ainda vai ter em casa. **Casa Vogue**, 3 December 2013. URL: <https://casavogue.globo.com/Design/noticia/2013/08/antena-biodesign.html>. Accessed: 22 April 2022.

AEC Daily. Por que incorporar paredes de musgo na arquitetura. **Archdaily**, 24 October 2019. Translated by Eduardo Souza. URL: <https://www.archdaily.com.br/br/927072/por-que-incorporar-paredes-de-musgo-na-arquitetura>. Accessed: 26 April 2022.

AFONSO, C. G.; QUELUZ, M. P. Paranismo: e seu legado sobre o design paranaense. **Tecnologia e Humanismo**, n. 32, p. 145-158, 2007. URL: <https://periodicos.utfpr.edu.br/rth/article/view/6418/4069>. Accessed: 26 April 2022.

AMORIM JUNIOR, E. F. de. **Catedral de Notre-Dame**. URL: <https://www.infoescola.com/franca/catedral-de-notre-dame/>. Accessed: 26 April 2022.

ARIELO, F. Roger Scruton: algumas lições sobre a beleza no mundo contemporâneo. **Revista Laboratório 1**, 1º December 2019. URL: <26 April 2022>. Accessed: 26 April 2022.

ARQUITETURA ocidental – França. 26 June 2020. URL: <https://delphipages.live/pt/artes-visuais/arquitetura/france>. Accessed: 26 April 2022.

BARBOSA, M.; HESSEL, R. Com queda em 2020, setor de construção civil está otimista para 2021. **Correio Braziliense**, 18 December 2020. URL: <https://www.correiobraziliense.com.br/economia/2020/12/4895666-com-queda-em-2020-setor-da-construcao-civil-esta-otimista-para-2021.html>. Accessed: 26 April 2022.

BARION, I. Como a Internet das Coisas pode influenciar no trabalho de arquitetos. **AqueceNorte**, 15 January 2020. URL: <https://aquecenorte.com.br/blog/internet-das-coisas/>. Accessed: 26 April 2022.

BIOTECNOLOGIA: descubra o que é e quais os seus usos. 8 July 2019. URL: <https://biotechtown.com/blog/o-que-e-biotecnologia/>. Accessed: 26 April 2022.

BORGES, R. Gastos com construção nos EUA têm máxima recorde em dezembro. **Money Times**, 1º February 2021. URL: <https://www.moneytimes.com.br/gastos-com-construcao-nos-eua-tem-maxima-recorde-em-dezembro/>. Accessed: 26 April 2022.

BOSI, F. A. A questão do juízo estético. **Vitruvius**, ano 17, January 2018. Resenhas OnLine. URL: <https://vitruvius.com.br/revistas/read/resenhasonline/17.193/6823>. Accessed: 26 April 2022.

BRANDÃO, R. E. O belo enquanto congruentia partium: a harmonia na beleza sensível em Santo Agostinho. **Griot: Revista de Filosofia**, v. 16, n. 2, p. 322-333, 2017. URL: <https://www.redalyc.org/journal/5766/576664554021/html/>. Accessed: 26 April 2022.

CARSTENS, F. R. S. B. **Arquitetura vertical de Curitiba**: anos 80 e 90 – uma análise pós-moderna. 205 f. Dissertação (Mestrado em Arquitetura) – Programa de Pesquisa e Pós-Graduação em Arquitetura, Universidade Federal do Rio Grande do Sul, Porto Alegre, Pontifícia Universidade Católica do Paraná, Curitiba, 2002.

CARVALHO, M.; CORNELLI, G. (Org.). **Filosofia**: estética e política. Cuiabá, MT: Central de Texto, 2013. v. 3.

CASTRO, V. M. de; DUGNANI, P. O filme "O círculo" e a vigilância nas redes sociais. In: JORNADA DE INICIAÇÃO CIENTÍFICA E IX MOSTRA DE INICIAÇÃO TECNOLÓGICA. 15., São Paulo, Universidade Mackenzie, 2019. URL: <http://eventoscopq.mackenzie.br/index.php/jornada/xvjornada/paper/download/1594/1141>. Accessed: 26 April 2022.

CLAUDE-NICOLAS LEDOUX. URL: <https://leben-in-portugal.info/wiki/Claude-Nicolas_Ledoux>. Accessed: 26 April 2022.

COMO FAZER uma maquete eletrônica: conheça os 10 programas que vão turbinar seus projetos. **VivaDecoraPRO**, 1º November 2017. URL: <https://www.vivadecora.com.br/pro/como-fazer-maquete-eletronica/>. Accessed: 26 April 2022.

CONTAIFER, J. Saiba por que a Catedral de Notre-Dame é importante para a arquitetura. **Metrópoles**, 15 April 2019. URL: <https://www.metropoles.com/vida-e-estilo/arquitetura-e-urbanismo/saiba-porque-a-catedral-de-notre-dame-e-importante-para-a-arquitetura>. Accessed: 26 April 2022.

COSTA, P. C. da; BUENO, G. da S. Construindo uma ruptura: tectônica moderna na obra de Erich Mendelsohn. **Revista de Arquitetura IMED**, v. 7, n. 2, 2018. URL: <https://seer.imed.edu.br/index.php/arqimed/article/view/3061/2137>. Accessed: 26 April 2022.

CRÍZEL, L. Software para projeto de iluminação: saiba escolher o melhor para seu planejamento. **IPOG**, 24 September 2019. URL: <https://blog.ipog.edu.br/engenharia-e-arquitetura/software-para-projeto-de-iluminacao/>. Accessed: 26 April 2022.

DESENHO à mão livre e o potencial criativo da tentativa e erro. **Cau/RS**, 14 June 2017. URL: <https://www.caurs.gov.br/desenho-a-mao-livre-e-o-potencial-criativo-da-tentativa-e-erro/>. Accessed: 26 April 2022.

DESIGN ecológico. **Gaia Education**. URL: <https://www.gaiaeducation.uk/elearning/design-for-sustainability-pt/dimensao-ecologica/>. Accessed: 26 April 2022.

DISCURSO de vendas: 4 técnicas que podem ajudar um profissional de arquitetura. **Archademy**, 13 January 2020. URL: <https://www.archademy.com.br/blog/discurso-de-vendas/>. Accessed: 26 April 2022.

DOMINGUES, M. C. C. **Arquitetura moderna e desenvolvimentismo**: o morar brasileiro. 110 f. Dissertação (Mestrado em Desenvolvimento Social) – Programa de Pós-Graduação em Desenvolvimento Social, Universidade Estadual de Montes Claros, Minas Gerais, 2016. URL: <https://www.posgraduacao.unimontes.br/uploads/sites/20/2019/05/Maria-Carolina-Castelano-Domingues.pdf>. Accessed: 26 April 2022.

DRUMOND, F. A nanotecnologia revoluciona o universo da arquitetura e da construção. **Casacor**, 18 February 2020. URL: <https://casacor.abril.com.br/arquitetura/nanotecnologia-revoluciona-o-universo-da-arquitetura-e-da-construcao/https://casacor.abril.com.br/arquitetura/nanotecnologia-revoluciona-o-universo-da-arquitetura-e-da-construcao/>. Accessed: 26 April 2022.

DURANT, W. **Heróis da história**. Porto Alegre: L&PM Pocket, 2013.

EDIFÍCIO de Curitiba trata 100% da água para consumo e é o 1º do mundo a receber certificação. **Bem Paraná**, 2 October 2019. URL: <https://www.bemparana.com.br/noticia/edificio-de-curitiba-trata-100-da-agua-para-consumo-ee-o-1o-do-mundo-a-receber-certificacao#.Yl8M8ujMKUk>. Accessed: 19 April 2022.

EM CURITIBA, Duet Mercês traz a natureza para dentro de casa. **Hub Imobiliário**, 22 September 2021. URL: <http://hubimobiliario.com/em-curitiba-duet-merces-traz-a-natureza-para-dentro-de-casa/>. Accessed: 26 April 2022.

ENTENDA a ciência por trás do Princípio de Pareto e saiba como aplicá-lo em diferentes áreas da empresa. **Rockcontent**, 24 August 2018. URL: <https://rockcontent.com/br/blog/principio-de-pareto/>. Accessed: 26 April 2022.

FERREIRA, I. L. P. O conceito de espetacular e a encenação contemporânea. **Rascunhos**, Uberlândia, MG, v. 6, n. 2, p. 23-25, August 2019. URL: <https://seer.ufu.br/index.php/rascunhos/article/view/45755/26594>. Accessed: 26 April 2022.

FIESP – Federação das Indústrias do Estado de São Paulo. **Congresso Brasileiro da Construção**. URL: <https://www.fiesp.com.br/observatoriodaconstrucao/congresso-brasileiro-da-construcao/>. Accessed: 26 April 2022.

FIESP – Federação das Indústrias do Estado de São Paulo. Centro de Indústrias do Estado de São Paulo. Departamento da Indústria de Construção e Mineração. **A cadeia produtiva da construção acelerando a retomada brasileira pós-pandemia**. November 2021. URL: <https://sitefiespstorage.blob.core.windows.net/observatoriodaconstrucao/2021/12/file-20211207183247-14construbusiness2021.pdf>. Accessed: 26 April 2022.

FIGUEIREDO, E. Volumetria? Descubra agora o que é e para que serve. **Homily**, 6 November 2020. URL: <https://www.homify.pt/livros_de_ideias/4826798/volumetria-descubra-agora-o-que-e-e-para-que-serve>. Accessed: 26 April 2022.

GALVEZ, M. F. R. **Dois pavilhões em exposições internacionais do século XX**: ideias de uma arquitetura brasileira. 160 f. Dissertação (Mestrado em História) – Programa de Pós-Graduação em História Social da Cultura, PUC-Rio, Rio de Janeiro, 2012. URL: <https://www.maxwell.vrac.puc-rio.br/colecao.php?strSecao=resultado&nrSeq=21750@1>. Accessed: 26 April 2022.

GBC BRASIL – Green Building Council Brasil. **Seja bem-vindo ao GBC Brasil**. URL: <https://www.gbcbrasil.org.br/>. Accessed: 26 April 2022.

GHISLENI, C. O que é pós-modernismo? **ArchDaily**, 18 July 2021. URL: <https://www.archdaily.com.br/br/964283/o-que-e-pos-modernismo>. Accessed: 26 April 2022.

GROZDANIC, L. Introdução ao marketing de arquitetura: como conceitos básicos podem ajudar seu negócio. **Archdaily**, 8 November 2016. Translated by Lis Moreira. URL: <https://www.archdaily.com.br/br/798831/introducao-ao-marketing-de-arquitetura-como-conceitos-basicos-podem-ajudar-seu-negocio>. Accessed: 19 April 2022

HAGA, H. C. R.; SACOMANO, J. B. **A logística e supply chain management na indústria de construção civil**. 1999. URL: <http://www.abepro.org.br/biblioteca/enegep1999_a0927.pdf>. Accessed: 26 April 2022.

HARMONIA. In: **Léxico: Dicionário de Português OnLine**. Disponível em: <https://www.lexico.pt/harmonia/>. Accessed: 26 April 2022.

HASSEGAWA, B. O que é venustas? 7 conceitos práticos com exemplos de utilização na arquitetura. **Comoprojetar**. URL: <http://comoprojetar.com.br/o-que-e-venustas-7-conceitos-praticos-com-exemplos-de-utilizacao-na-arquitetura/>. Accessed: 26 April 2022.

HESSEL, C. Todos por um. **Época Negócios**. URL: <http://epocanegocios.globo.com/Revista/Epocanegocios/0,,EDR84931-8384,00.html>. Accessed: 26 April 2022.

IMAGINARIO, A. **Catedral de Notre-Dame (Paris)**. URL: <https://www.culturagenial.com/catedral-notre-dame-paris/>. Accessed: 26 April 2022.

INOVAÇÃO na arquitetura: benefícios + 6 novidades para adotar em todos os seus projetos. **Marelli**, 10 September 2018. URL: <https://blog.marelli.com.br/pt/inovacao-na-arquitetura/>. Accessed: 26 April 2022.

INOVAÇÕES tecnológicas impactam setor de arquitetura possibilitando projetos que conciliam economia, resultado estético e funcionalidade. **Terra**, 26 August 2021. URL: <https://www.terra.com.br/noticias/inovacoes-tecnologicas-impactam-setor-de-arquitetura-possibilitando-projetos-que-conciliam-economia-resultado-estetico-e-funcionalidade,c250aa74a0937c8fdf4b7720560abee09r7uwd46.html>. Accessed: 26 April 2022.

"INTERNET das Coisas": entenda o conceito e o que muda com a tecnologia. **TechTudo**, 16 August 2014. URL: <https://www.techtudo.com.br/noticias/2014/08/internet-das-coisas-entenda-o-conceito-e-o-que-muda-com-tecnologia.ghtml>. Accessed: 26 April 2022.

MARINI, B. Arquitetura e harmonia. **O Florense**, 6 November 2019. URL: <https://www.jornaloflorense.com.br/noticia/economia/13/arquitetura-e-harmonia/10732>. Accessed: 26 April 2022.

MARQUES, J. R. O que é e como funciona o *benchmarking*? **IBC – Instituto Brasileiro de Coaching**, 17 February 2020. URL: <https://www.ibccoaching.com.br/portal/o-que-e-e-como-funciona-o-benchmarking/>. Accessed: 26 April 2022.

MATOSO, M. O que Neri Oxman pode nos ensinar sobre as construções do futuro. **Tabulla**, 6 February 2020. URL: <http://tabulla.co/neri-oxman-e-as-construcoes-do-futuro/>. Accessed: 26 April 2022.

MELLO, T. de. Estética. **G1**. Educação: Filosofia. URL: <http://educacao.globo.com/filosofia/assunto/temas-filosoficos/estetica.html>. Accessed: 26 April 2022.

MILAGRES, M. A importância de um desenho técnico para o seu projeto. **Ômega Júnior**, 10 June 2020. URL: <https://omegajunior.com.br/2020/06/10/a-importancia-de-um-desenho-tecnico-para-o-seu-projeto/>. Accessed: 26 April 2022.

MOREIRA, N. A maquete física na arquitetura. **Habitamos**, 2 December 2020. URL: <http://www.habitamos.com.br/a-maquete-fisica-na-arquitetura/>. Accessed: 26 April 2022.

O OLHAR reverso. **Dora Brasil Arquitetura e Consultoria**, 22 July 2020. URL: <https://dorabrasilarquitetura.com/2020/07/22/o-olhar-reverso/>. Accessed: 26 April 2022.

O QUE É INOVAÇÃO segundo Flávio Augusto. **meuSucesso.com**, 5 February 2021. URL: <https://meusucesso.com/noticias/power-house-21-o-que-e-inovacao-para-flavio-augusto-8908/>. Accessed: 26 April 2022.

O QUE É *mockup*? **BST!Design**, 2 October 2018. URL: <https://bstdesign.com.br/blog/o-que-e-mockup/>. Accessed: 26 April 2022.

O QUE É sustentabilidade? **Universo Uniprime**, n. 1, October 2016. URL: <https://www.uniprimebr.com.br/artigo/edicao01/o-que-e-sustentabilidade->. Accessed: 26 April 2022.

OLIVEIRA, D. 7 tecnologias que pautarão o futuro da arquitetura e construção. **ComputerWorld**, 19 November 2018. URL: <https://computerworld.com.br/inovacao/7-tecnologias-que-pautarao-o-futuro-da-arquitetura-e-construcao/>. Accessed: 26 April 2022.

OLIVEIRA, L. K. S. et al. Simulação computacional da eficiência energética para uma arquitetura sustentável. **Holos**, ano 2, v. 4, jul. 2016. URL: <https://www2.ifrn.edu.br/ojs/index.php/HOLOS/article/view/3981/1526>. Accessed: 26 April 2022.

PALLASMAA, J. The Complexity of Simplicity: The Inner Structure of the Artistic Image. In: KOSSAK, R.; ORDING, P. (Ed.). **Simplicity**: Ideals of Practice in Mathematics and the Arts. Springer, 2017. E-book. (Mathematics, Culture, and the Arts). p. 17-26. URL: <https://go.gale.com/ps/i.do?p=AONE&u=googlescholar&id=GALE|A570046257&v=2.1&it=r&sid=googleScholar&asid=a9237ea7>. Accessed: 26 April 2022.

PAREDES que geram energia. **Civilização Engenheira**, 21 September 2016. URL: <https://civilizacaoengenheira.wordpress.com/2016/09/21/paredes-que-geram-energia/>. Accessed: 26 April 2022.

PIRÂMIDES egípcias: os segredos por trás da arquitetura monumental. **Lider**, 2 October 2021. URL: <https://www.liderinteriores.com.br/blog/post-blog-piramides-egipcias-os-segredos-por-tras-da-arquitetura-monumental/>. Accessed: 26 April 2022.

QUIRK, V. Foster + Partners Vão Fazer Estruturas na Lua Usando Impressora 3D. **ArchDaily**, 13 February 2013. Traduzido por Fernanda Britto. URL: <https://www.archdaily.com.br/br/01-97054/foster-plus-partners-vao-fazer-estruturas-na-lua-usando-impressora-3d>. Accessed: 26 April 2022.

REALIZAR. In: **Dicionário Priberam**. URL: <https://dicionario.priberam.org/realizar>. Accessed: 26 April 2022.

REGO, R. L. Guggenheim Bilbao Museo, Frank O Gehry, 1991-97. **Vitruvius: Arquitextos**, ano 2, July 2001. URL: <https://vitruvius.com.br/revistas/read/arquitextos/02.014/867>. Accessed: 26 April 2022.

RODRIGUEZ, A. H. T. **A relação estética/ética na arquitetura**. 132 f. Tese (Graduação em Arquitetura e Urbanismo) – Faculdade de Arquitetura, Artes e Comunicação, Universidade Estadual Paulista, 2011. URL: <https://repositorio.unesp.br/bitstream/handle/11449/120846/rodriguez_aht_tcc_bauru.pdf?sequence=1#:~:text=O%20Arquiteto%20Luc%20Schuiten%20diz,o%20belo%20e%20o%20bem.>. Accessed: 26 April 2022.

SANT'ANA, A.; GONÇALVES JR., A. J.; CARSTENS, F. R. S. B.; COSTENARO, M. C.; FLEIGHT, R. L. A casa viva: uma identidade com o meio. **Revista Projeto**, v. 95, n. 97, jan. 1987. Ensaio & Pesquisa.

SANTOS, D. P. dos. **Observações sobre a doutrina do homem-medida**: uma tentativa de reconstituição do pensamento de Protágoras. 109 f. Dissertação (Mestrado em Filosofia) – Programa de Pós-graduação em Filosofia, Universidade Estadual de Maringá, 2017. URL: <https://philarchive.org/archive/SANOSA-3>. Accessed: 26 April 2022.

SANTOS, L. G. R. et al. Simulação computacional termoenergética na arquitetura. **Vitruvius: Arquitextos**, ano 17, April 2017. URL: <https://vitruvius.com.br/revistas/read/arquitextos/17.203/6525>. Accessed: 26 April 2022.

SCRUTON, R. **The aesthetics of architecture**. London: Methuen and Co., 1979.

SIMÕES, D. Chrysler Building, o famoso arranha-céu de Nova York, está à venda. **Casa e Jardim**, 12 July 2020. URL: <https://revistacasaejardim.globo.com/Casa-e-Jardim/Arquitetura/noticia/2019/01/chrysler-building-o-famoso-arranha-ceu-de-nova-york-esta-venda.html>. Acesso em: 26 abr. 2022.

SIZA, A.; MADUREIRA, A. Estórias Gráficas de Projeto Arquitetónico/Graphic Stories of Architectural Design. **Arquitetura Reversa/Reverse Architecture**. URL: <http://reversearch.blogspot.com/>. Accessed: 26 April 2022.

SOUZA, A. A importância do desenho a mão na arquitetura. **Perspectiva a mão livre**, 17 October 2016. URL: <https://www.modulo21.com.br/2016/10/17/a-importancia-do-desenho-a-mao-na-arquitetura/>. Accessed: 26 April 2022.

SUENAGA, C. et al. **Conceito, beleza e contemporaneidade**: fragmentos históricos no decorrer da evolução estética. 18 f. Trabalho de conclusão de curso (Tecnólogo em Cosmetologia e Estética) – Univali, 2012. URL: <http://siaibib01.univali.br/pdf/Camila%20Suenaga,%20Daiane%20Lisboa.pdf>. Accessed: 26 April 2022.

SZAFRAN, V. Concreto 'Frankenstein' se regenera sozinho. **Olhar Digital**, 16 January 2020. URL: <https://olhardigital.com.br/2020/01/16/videos/concreto-frankenstein-se-regenera-sozinho/>. Accessed: 26 April 2022.

TAVARES, S. G. **Simulação computacional para projeto de iluminação em arquitetura**. 183 f. Dissertação (Mestrado em Arquitetura) – Programa de Pós-Graduação em Arquitetura, UFRGS, 2007. URL: <https://lume.ufrgs.br/bitstream/handle/10183/8927/000591023.pdf?sequence=1&isAllowed=y>. Accessed: 26 April 2022.

TRAMONTANO, M. **Habitações, metrópoles e modos de vida**: por uma reflexão sobre o espaço doméstico contemporâneo. 3º Prêmio Jovens Arquitetos – Categoria "Ensaio Crítico". São Paulo: Instituto dos Arquitetos do Brasil/Museu da Casa Brasileira, 1997. URL: <http://www.nomads.usp.br/site/livraria/livraria_artigos_online01.htm>. Accessed: 20 April 2022

TRESSINO, N. O que é logotipo, isotipo, imaginotipo, isólogo? **Integração Digital**, 29 August 2019. URL: <https://www.integracaodigital.com.br/blog/2019/08/29/o-que-e-logotipo-isotipo-imagotipo-e-isologo/>. Accessed: 26 April 2022.

TREVISAN, A. M. Construbusiness: instrumento eficaz para multiplicar os resultados das políticas de desenvolvimento. In: FIESP – Federação das Indústrias do Estado de São Paulo. **Construbusiness**: base do desenvolvimento sustentado. 1998. URL: <https://sitefiespstorage.blob.core.windows.net/observatoriodaconstrucao/2015/07/2-construbusiness-1998.pdf>. Accessed: 26 April 2022. p. 4-5.

ÚNICA solução para o trânsito de Curitiba é reduzir o número de carros, mostra estudo. **Bem Paraná**, 11 July 2019. Mobilidade. URL: <https://www.bemparana.com.br/noticia/unica-solucao-para-o-transito-de-curitiba-e-reduzir-numero-de-carros-mostra-estudo#.YcM1imjMKM8>. Accessed: 26 April 2022.

VACCARI, L. S.; FANINI, V. **Mobilidade urbana**. Curitiba: Crea-PR, 2016. (Série de Cadernos Técnicos da Agenda Parlamentar). URL: <https://www.crea-pr.org.br/ws/wp-content/uploads/2016/12/mobilidade-urbana.pdf>. Accessed: 26 April 2022.

VEGINI, I. Projeto de piso retrátil para o Coliseu romano. **Archtrends Portobello**, 16 June 2021. URL: <https://archtrends.com/blog/coliseu-romano/>. Accessed: 26 April 2022.

Appendix A

Realiza Arte

This event is an opportunity to understand the delicate conceptual strategy of the art of architecture, of the artist as a mediator between the cultural cacophony of his time and the stratified public audience.

The quality of authorial artwork is directly proportional to the artist's innate ability to absorb the noted narratives of his time, distinguishing the structuring of the discourse from the nuances inherent in the development of its appropriation.

The cultural soup, this social, technological, religious, political, and mediatic soup fills all the pores of the artist, who, like a sponge, becomes hostage to this process and, using a survival strategy, develops these elements in spurts of expression that synthesize their time.

In a continuous movement of systole and diastole of heart and soul, the artist takes up his created work and reassesses it, dissects it, extracts its core, and renews it, causing the whole to fall apart into seminal fragments that then gain life and intensity. Parts that reinforce the whole vibrate in tune in an infinite part-whole-part-whole spiral.

This show presents a search for the germinal elements of the authorial creative process through the method of simplification, removing all supporting elements, and extolling the representative fragments of the architectural work.

In four decades of creation, the manual trace precedes the process, invading the virtual world; transforms itself into technical writing; materializes itself incorporating wood, glass, steel, and concrete; comes to life in the interaction with its users, and is reborn into carefully worked flashes with virtual graphics tools.

The exhibition and the project on which it was based are both created by the Realiza Arquitetura.

Appendix B

FAU Realiza

FAPI's Architecture and Urbanism course, guided by areas of expertise with an emphasis on sustainability and technology, management and entrepreneurship, and socio-environmental responsibility, proposes to face the challenges imposed by territorial conflicts experienced in urban centers, in order to provoke the critical spirit of the student to seek solutions that rethink the role of cities today.

The course aims to train qualified professionals who are able to act fully, incorporating into their professional practice all the knowledge acquired during the course through a pedagogical proposal focused on professional practice and ethics. Thus, this training ensures a balance between issues related to science and plastic and formal expression, with an emphasis on design practice integrated into the construction site, with technological mastery and critical vision, prepared for the full exercise of citizenship and able to work in all areas. the stages of the process of conception, production, and use of the building and the city.

About the founders of the dream

Frederico Rupprecht Silva Bompeixe Carstens (Frederico Carstens)

Founder of the Realiza Arquitetura, Frederico Carstens is an architect and urban planner, who graduated with a gold medal for first place in 1986 at the Federal University of Paraná (UFPR). He holds a master's degree in Architecture and Urbanism from the Federal University of Rio Grande do Sul (UFRGS) and the Pontifical Catholic University of Paraná (PUCPR), with the thesis "Curitiba's vertical architecture", and an MBA in Building Information Modeling (BIM). He has taught, and still teaches, undergraduate and graduate classes as a guest lecturer.

He is a plastic artist and participated in many events, such as the Brazilian Drawing Exhibitions and the Paranaense Contemporary Art Salon, as well as solo exhibitions, which included him in the "Dicionário das Artes Plásticas do Paraná", written by the art critic Adalice Araújo.

ISO 9001 quality system manager, he was the director of the Brazilian Institute of Architects (IAB), founder and vice president of the Brazilian Association of Architecture Offices (AsBEA-PR) – where he coordinated the first international seminars for sustainability in Brazil –, two times counselor of the Brazilian Council of Architecture and Urbanism (CAU) and of the Curitiba's Council of Urbanism. He was also a member of G10, a group of establishments from Paraná (Fiep, ACP, Sinduscon, Ademi, Crea, AsBEA, Creci, Fecomércio, CVI, among others) that collaborate with the Curitiba's urbanism legislation in association with the Curitiba's Institute for Urban Research and Planning (Ippuc).

He has produced many books, papers and lectures, and he was a weekly columnist for the newspapers *Indústria e Comércio*, *O Estado do Paraná* and *Gazeta do Povo*, with the column "Falando de arquitetura".

He is the author of more than 10 million m² of architecture and urbanism projects, with several of them awarded with prizes such as the Brazilian Master Real Estate Award. He was one of the creators of the world's first project to receive the LEED Zero Water certification.

Antonio José Gonçalves Jr. (Antonio Gonçalves Jr.)

Founder of the Realiza Arquitetura, Antonio Gonçalves Jr. is an architect and urban planner, who graduated in 1987 from the UFPR and holds a specialization degree in Project Management from the FAE Centro Universitário-Fundação Getulio Vargas (FGV).

He is a technical director at the Realiza Arquitetura, and he was the founder of the AsBEA-PR.

He wrote many books – as *O que é urbanismo* (Editora Brasiliense), *Um edifício e sua história* (about the UFPR's historic building), and *Realiza Arquitetura I e II* –, and produced various papers and lectures. He was also a weekly columnist for the newspapers *Indústria e Comércio*, *O Estado do Paraná* and *Gazeta do Povo*, with the column "Falando de arquitetura".

He is the author of more than 10 million m² of architecture and urbanism projects, with several of them awarded with prizes such as the Brazilian Master Real Estate Award. He was one of the creators of the world's first project to receive the LEED Zero Water certification.

Glossary

Academia	Gym	Gerência	Management room
Acesso de veículos	Vehicle access	Guarita	Security cabin
Administração	Administration	Hall de entrada	Entrance hall
Apartamento	Apartment	Hall de espera	Waiting hall
Apoio	Support	Hall de serviço	Service hall
Apoio recreação	Recreation support	Hall social	Social hall
Apoio/serviço	Support/service	Implantação	Implantation
Área de serviço	Service area	Lanchonete	Snack bar
Área técnica	Technical area	Lavabo	Washroom
Armazenagem	Storage	Lavanderia	Laundry room
Arquivo	Archive	Pavimento	Floor
Automação	Automation	Piscina	Pool
Banheiro	Bathroom	Planta	Plan
Banheiro para cadeirante	Accessible toilets	Planta térrea	Ground floor plan
Bicicletário	Bike rack	Praça	Square
Boate	Club	Quadra esportiva	Sports court
Boliche	Bowling area	Quarto	Bedroom
Bombas	Water pumps	Quarto de serviço	Service room
Brinquedoteca	Toy library	Recepção	Reception
Café	Cafeteria	Restaurante	Restaurant
Carga/descarga	Loading dock	Rouparia	Linen room
Churrasqueira	Barbecue grill	Sacada	Balcony
Circulação de veículos	Vehicle circulation	Sala de estudos	Study room
Circulação horizontal	Horizontal circulation	Sala de ginástica	Gym room
Circulação vertical	Vertical circulation	Sala de pressurização	Pressurization room
Cisterna	Cistern	Sala de reunião	Meeting room
Corte esquemático	Cross section	Sala de segurança	Security room
Cozinha	Kitchen	Salão de festas	Party room
D.M.L.	Cleaning supply storage	Salão de jogos	Playroom
Deck flutuante	Floating deck	Sauna seca	Dry sauna
Depósito	Warehouse	Sauna úmida	Steam sauna
Descanso	Break room	Secretaria	Secretary
Despensa	Pantry	Segurança	Security
Dormitório	Dormitory	Síndico	Building manager
Eclusa salão	Hall lock	Subestação	Substation
Eclusa social	Social lock	Suíte	Suite
Elevação	Elevation	Tênis de mesa	Table tennis
Escada	Staircase	Terraço	Terrace
Escritório	Office	Terraço coberto	Covered terrace
Estacionamento	Parking lot	Torre residencial	Residential tower
Estar	Living room	Varanda	Veranda
Estar/Jantar	Living room/Dining room	Vestiário	Locker room
Fraldário	Baby changing facility	Vestiário para funcionários	Locker rooms for employees
Galeria	Gallery		

Impressão: Gráfica Exklusiva
Junho/2022